젊은 투자자들은 절대 모르는 주식투자의 비밀

청춘의 투자학

젊은 투자자들은 절대 모르는 주식투자의 비밀

청춘의 투자학

초판 1쇄 발행 2010년 4월 5일
초판 3쇄 발행 2021년 8월 13일

지은이 이주영
펴낸이 김선식

경영총괄 김은영
콘텐츠사업1팀장 임보윤 **콘텐츠사업1팀** 윤유정, 한다혜, 성기병, 문주연
마케팅본부장 이주화 **마케팅2팀** 권장규, 이고은, 김지우
미디어홍보본부장 정명찬
홍보팀 안지혜, 김재선, 이소영, 김은지, 박재연, 오수미, 이예주
뉴미디어팀 김선욱, 허지호, 염아라, 김혜원, 이수인, 임유나, 배한진, 석찬미
저작권팀 한승빈, 김재원
경영관리본부 허대우, 하미선, 박상민, 권송이, 김민아, 윤이경, 이소희, 이우철, 김재경, 최완규, 이지우, 김혜진

펴낸곳 다산북스 **출판등록** 2005년 12월 23일 제313-2005-00277호
주소 경기도 파주시 회동길 490
전화 02-702-1724 **팩스** 02-703-2219 **이메일** dasanbooks@dasanbooks.com
홈페이지 www.dasan.group **블로그** blog.naver.com/dasan_books
필름 출력 스크린그래픽센타 **종이** 신승지류유통(주) **인쇄·제본** (주)현문

ISBN 978-89-6370-121-9 03320

다산북스(DASANBOOKS)는 독자 여러분의 책에 관한 아이디어와 원고 투고를 기쁜 마음으로 기다리고 있습니다.
책 출간을 원하는 아이디어가 있으신 분은 다산북스 홈페이지 '투고원고'란으로 간단한 개요와 취지, 연락처 등을
보내주세요. 머뭇거리지 말고 문을 두드리세요.

젊은 투자자들은 절대 모르는 주식투자의 비밀

청춘의 투자학

이주영 지음

굿앤웰스

주식을 처음 보는 순간부터 나는 사랑에 빠졌다

내가 주식과 사랑에 빠진 이유를 정확히 알 길은 없다. 우리 모두가 대개 처음 사랑을 할 때 그 사랑의 정확한 이유를 알 수 없듯이……, 스무 살 때부터 주식을 시작한 내가 돈, 명예, 그리고 성공을 목표로 투자를 시작했을 리도 없다. 그런 세속적인 것을 생각하기엔 순수하게도(?) 어린 나이였었고, 그 어느 한 사람도 내게 증권시장에서 주식을 하면, 돈을 벌고, 명예를 얻을 수 있으며, 성공도 할 수 있다고 가르쳐 주지 않았다.

스무 살 홀로 증권사에 찾아가 계좌를 만들어 자금을 넣고 HTS를 설치하고 HTS 사용법을 터득하고 현물, 선물, 옵션 매매까지도 홀로 터득했다. 그리고 홀로 투자도 받아 왔고 그 투자금은 시간이 지남에 따라 하나둘씩 늘어 갔다.

그때 처음 접한 증권시장에서 나는 온몸에 전율이 흘렀다. 우리나라에 대부분의 모든 기업이 상장되어 있고 그에 따른 수많은 기업과 그 옆에 붙은 주식가격 그리고 상상도 못할 정도의 거래량과 자금이동, 그 거대함은 어린 시절 꿈 많은 나를 완전히 사로잡았다. 증권시장을 바라보고 있는 순간 난 자본주의의 중심에 서 있었다. 그 엄청난 규모에 나는 완전히 압도되었다. 그리고 나는 사춘기 소년처럼 주식과의 사랑에 빠졌다.

"사랑의 힘이란……."

나에게 증권시장은 '일'이 아니라,

'사랑'이었기 때문에 나는 가장 젊은 시절 모든 열정을 불살랐으며 때론 목숨도 걸었다.

사랑이었기 때문에 즐거웠고 행복했고 기뻤고 웃었다.

그리고 사랑이었기 때문에 좌절했고 절망했고 고통스러워했으며 눈물을 흘렸다.

사랑이었기 때문에 겪을 수밖에 없는 격렬한 감정의 기복들과 이것을 극복해 가며 시간이 지날수록 성숙해져 가는 나의 모습을 보았다.

사랑에 빠진 초창기 시절, 사랑하기만 하고 사랑하는 방법을 몰랐던 나는 사랑하는 대상에 너무 집착했었다. 사랑하는 대상을 이해하지 못하고 너무 많은 것을 바랐으며 모든 것이 내 뜻대로 되지 않으면 스스로 상처받고 고통스러워하고 절망했다. 어린아이처럼 그저 떼만 썼다.

그리고 수많은 절망과 고통의 시간을 겪고 나서야 사랑하는 대상에게 집착해봐야 서로 상처만 더 커져간다는 것을 깨달았고, 집착을 넘어 그 대상을 이해하려고 노력했다. 결국, 더 이상 아프지 않기 위해 집착이 아닌 진실한 사랑을 하기 시작했다. 사랑의 열병을 단단히 앓고 나서야 사랑을 알게 되었다.

"사랑은 끊임없는 노력이 필요하다."

어쩌면 나는 주식의 화려한 겉모습에 반한 것인지도 모른다. 수많은 기업과 수많은 가격 그리고 그 안에서 흐르는 상상도 못할 자금의 이동, 그 안에 녹아있는 '부'의 규모, 그런 화려한 겉모습을 사랑한 나는 겉모습에만 집착했다. 그리고 겉모습의 집착은 돈에 대한 집착, 수익률에 대한 집착, 주식매매의 기술과 방법에 대한 집착으로 이어졌다. 화려한 겉모습을 사랑한 최후의 나는 역시나 비참했다.

사랑을 하려면 겉모습이 아닌 내면을 들여다볼 줄 알아야 한다. 겉모습의 화려한 유혹은 강렬할수록 금방 질리기 쉽고, 유행을 타며, 더 큰 아름다움의 유혹으로 인해 금방 사랑의 지조를 잃게 마련이다. 진정한 사랑이란 대상의 가치관, 행복의 원천, 꿈 그리고 서로 배려하는 마음 등…. 눈에 보이지 않는 많은 요소를 이해해야 한다는 것을 알게 되었다.

자본주의 시대를 살아가는 우리는 주식의 화려한 겉모습의 유혹을 결코 피해갈 수 없다. 아무리 그 유혹을 피하려 해도, 결국 홀린 듯이 주식과의 사랑에 빠질 수밖에 없다. 그만큼 주식의 화려한 유혹은 너무나 강렬하고 치명적이다. 증권시장은 자본주의 꽃이며 체제의 중심이 되고, 우리의 모든 '부'가 녹아 있는 곳이기 때문이다. 자본주의 체제 속에서 하루하루 돈을 벌기 위해 힘겹게 살아가는 우리가 증권시장에 녹아 흐르는 어마어마한 '부'의 유혹을 뿌리칠 수는 없다. 증권시장에는 우리가 그토록 바라는 '부'의 원천이 존재하기 때문이다.

피할 수 없는 치명적인 유혹, 사랑에 우리 모두는 상처를 받는다. 하지만, 대부분 우리가 증권시장에서 상처를 받는 가장 큰 이유는 우리 모두가 증권시장의 겉모습만을 사랑하기 때문이다. 단지 돈을 벌고 싶어 하고, 단지 높은 수익률을 바라고, 단지 주식매매의 비법과 기술만을 생각하기 때문이다. 이렇게 되면 결국 우리에게 돌아오는 것은 절망과 후회, 그리고 눈물뿐이다.

화려한 겉모습에 현혹되지 않고, 대상의 진정한 내면을 바라볼 줄 알아야 그때야 비로소 사랑을 할 수 있다. 이제는 사랑하기 때문에 기다릴 줄도 알고, 이해할 줄도 알며, 희생할 수도 있다.

그리고 기다림, 이해, 희생으로 말미암아 자본주의 체제 속에서 증권시장과 진정한 사랑을 하게 되었다.

"자본주의 시대를 살아가는 우리는 결코 증권시장을 피할 수 없다."

우리 대부분은 이미 한 번쯤 증권시장과 사랑에 빠졌을 것이며 또한 아직 증권시장과 사랑에 빠지지 않아도 결국은 이 시장과 사랑에 빠질 수밖에 없다. "이제 다시는 쳐다보지 않을 거야!", "이제 다시는 증권시장에 발을 들이지 않을 거야!"라고 쓰디쓴 눈물을 흘리면서 외쳐 봐도, 우리는 다시 증권시장을 사랑할 수밖에 없다.

스무 살부터 주식과 사랑에 빠진 나는 결코 순탄한 사랑을 할 수 없었다. 꼭 주식이라서가 아니라, 대한민국에서 또래들과는 다른 일을 하고, 다른 꿈을 꾼다는 것 자체가 얼마나 힘이 들고 외로운 일인지 굳이 말하지 않아도 다 알고 있을 것이다.

수많은 주위의 우려와 염려 그리고 걱정을 온몸으로 받아들이고 주위 모든 사람을 끊임없이 설득시키면서 주식과 사랑을 했다. 결코, 열정이 없었다면 할 수 없는 사랑을 나는 한 것이다.

그리고 그 사랑에 빠진 지 이제 거의 8년이라는 시간이 되어 간다. 8년이라는 시간 동안 주식과의 사랑에서 수많은 시행착오를 겪으면서 아파하고, 절망하고, 좌절하고, 눈물을 흘렸기 때문에 이제는 제법 어른스럽게 주식과 사랑을 할 줄 안다. 처음에 화려한 겉모습에 이끌려 끊임없이 사랑을 갈구하고 불안해하고 집착했다면, 이제는 화려한 겉모습의 안을 들여다보면서 인내할 줄 알고, 이해할 줄 알고, 희생할 수 있게 되었다.

인제 와서 돌이켜 생각해 보면 철없이 어리기만 했던 스무 살 그때, 그 시절에 주식과 사랑에 빠진 게 얼마나 다행인지 모른다는 생각을 한다. 그때는 정말 순수하고 무모했다. 순수하고 무모했기 때문에 모든 열정을 바쳤고, 목숨도 걸었으며, 뒤를 돌아보지도 않았다. 열정만큼 상처를 받았으며, 무모한 만큼 절망했으며, 목숨을 걸 만큼 절박했다. 하지만, 아픔 속에서 나는 급속하게 성장했으며, 절망 속에서 성숙해졌다.

글을 쓰고 있는 나는 지금 스물일곱이다. 만약, 지금부터 주식과 사랑에 빠진다면, 나는 그렇게 순수할 수도 없을 것이고, 열정을 쏟아 붓지도 않을 것이고, 결코 목숨을 거는 짓 따위도 할 수 없을 것이다.

어리고 순수한 마음만큼이나 처음 주식과 사랑에 빠지는 순간부터 난 돈이나 명예, 성공을 바라면서 주식을 대하지 않았다. 매 순간 온몸과 마음을 다해 진심으로 대했다. 그리고 그 진심은 결국 통했고, 그래서 이제는 화려한 겉모습이 아닌 내면까지도 이해하고 보듬어 줄 수 있게 된 것 같다.

"나의 주식과의 사랑은 나만의 것이 아니다!"

결국, 내가 그토록 사랑한 증권시장은 우리 모두가 만들어 가는 것이기 때문이다. 증권시장은 결국 우리 모두의 피와 땀 그리고 눈물로 이루어졌다. 그곳엔 우리 모두의 '부'가 녹아 있고, 우리의 꿈과 희망이 존재한다. 그 때문에 나의 사랑은, 나만의 것이 아니다. 나의 사랑이 지속되려면 우리가 모두 주식을 사랑해야 하고, 그 속에서 우리 모두가 바라는 진정한 '부'가 만들어져야 한다.

하지만, 우리는 이러한 사실을 종종 잊어버린다. 증권시장의 내면까지 천천히 바라보기엔 주식의 겉모습은 너무나 아름답고 화려하면서 강렬하기 때문이다. 우리는 그 아름다움에 유혹당하여 정신을 잃고 화려한 겉모습에 맹목적으로 달려든다. 그리고 결국 상처받고 절망한다.

"무엇이 진실한 사랑을 만드는가?"

우리는 화려한 겉모습의 유혹을 극복하고, 진정한 내면을 이해해야 사랑할 수 있다. 증권시장에서는 우리를 유혹하는 수많은 화려한 겉모습이 존재한다. 우리가 그 유혹을 뿌리치고 자본주의 시대 증권시장과 더불어 함께 살아가기 위해서는 무엇을 생각해봐야 하는지 이 책을 통해 함께 살펴 보자. 증권시장이 극복이나 정복의 대상이 아닌 진정한 사랑의 존재가 될 때, 우리는 모두 부자가 될 것이고 진정한 '부'를 누리게 될 것이다. 사랑하기 때문에 우리는 인내하고, 이해하고, 희생할 수 있을 것이다. 그리고 그 사랑 안에서 우리는 행복을 느끼며 살아갈 수 있을 것이다. 난 믿는다.

이주영 | http://blog.naver.com/kokoo614

11

THE INVESTMENT OF YOUTH

들어가는 글 · 주식을 처음 보는 순간부터 나는 사랑에 빠졌다 6

1장 스무 살 청춘의 위험한 사랑

아픈만큼 성숙한다 19
나는 망망대해에 떠있는 가냘픈 돛단배였다 23
내 모든 열정을 불살랐다 27
8년 동안 목숨을 건 사투를 벌였다 30
환상적이었다 35
나의 어리석음이 내 영혼을 갉아먹고 있었다 38
하루하루 외줄을 타는 심정으로 살았다 41

2장 풋내기 젊음, '주식'에게 말을 건네기 시작하다

젊은 청춘, 고민에 빠지다 49
젊은 청춘, 투기에게 투자철학을 알려주다 54
젊은 청춘, 시장의 위험을 밝히다 57
젊은 청춘, 과학과 예술의 투자를 말하다 61
젊은 청춘, 시장과 돈에게 철학을 이야기하다 65

3장 젊은 청춘, '돈'에게 말을 걸다

너무 사랑하기에 너무 무서운 존재 71
'돈'을 알면, '돈'이 보인다 77
'돈'에 대한 철학 1: 젊은 청춘, 돈에게 말을 건네다 81
'돈'에 대한 철학 2: 젊은 청춘, 돈의 본질을 이야기하다 88

4장 젊은 청춘, '가치'에게 말을 걸다

젊은 청춘, 진정한 가치란 무엇인지 고민하다 97

젊은 청춘, 절대적 가격은 없다고 말하다 101

젊은 청춘, 가치와 가격은 일치하지 않는다고 말하다 106

젊은 청춘, 희소성이 가격을 결정한다고 말하다 114

'가치'에 대한 철학 1: 젊은 청춘, 가치에게 말을 건네다 119

'가치'에 대한 철학 2: 젊은 청춘, 가치를 이야기하다 127

5장 젊은 투자자들은 절대 모르는 '투자의 진실'

젊은 청춘, 투자에 대해 이야기하다 139

젊은 청춘, '위험한 투자'를 할 수밖에 없는 이유를 밝히다 145

젊은 청춘, '합리적인 투자'를 이야기하다 151

젊은 청춘, 우리의 약속에 이의를 제기하다 156

젊은 청춘, 케인스를 생각하다 161

젊은 청춘, 케인스에게 말을 건네다 169

젊은 청춘, 실제적 경기변동을 바라보다 175

젊은 청춘, 실제적 경기변동의 원인과 투자방안을 이야기하다 181

젊은 청춘, 화폐적 경기변동을 바라보다 187

젊은 청춘, 화폐적 경기변동의 원인을 이야기하다 193

젊은 청춘, 화폐적 경기변동의 투자방안을 이야기하다 199

6장 위험한 청춘, '투자의 진실'을 밝히다

위험한 청춘이 바라본 언론매체와 금융기관들 207

젊은 청춘의 눈에 비친, 투기를 부추기는 언론매체와 금융기관들 213

젊은 청춘, 위험요소의 진실을 보다 218

젊은 청춘, 투자의 방향을 잡게 되다 222

젊은 청춘, 워런 버핏의 실전투자법을 이야기하다 228

7장 젊은 청춘, 기술적·기본적 분석을 말하다

젊은 청춘, 기술적 분석의 철학을 논하다 255
젊은 청춘, 기술적 분석을 말하다 265
젊은 청춘, 기본적 분석의 철학을 논하다 276
젊은 청춘, 기본적 분석을 말하다 287
젊은 청춘, 그레이엄의 투자방식을 말하다 294

8장 젊은 청춘, '투자의 길'을 말하다

젊은 청춘, 주식투자의 진실을 들여다보다 301
젊은 청춘, 풍요 속 빈곤 극복법을 논하다 309
젊은 청춘, 진실한 '부'는 어디에서 흘러나오는지 진단하다 317

9장 젊은 청춘의 투자학

젊은 청춘, 위험요소 극복을 위한 철학을 만들다 331
젊은 청춘, 실전투자 비법을 알게 되다 339
젊은 청춘, 적정가격을 이야기하다 347
젊은 청춘의 실전투자학 354
젊은 청춘, 실전투자 사례를 경험하다 358

10장 새로운 시작을 위해서

젊은 청춘, 위험의 정체를 파악하다 370
젊은 투자자가 말하는 투자의 진실과 비밀 372
젊은 청춘, 추상적이고 상징적인 투자를 설명하다 375
젊은 청춘의 또 다른 시작 379

나가는 글·뜨거운 늦여름, 나는 흐르는 눈물을 주체할 수 없었다 384
참고문헌 388

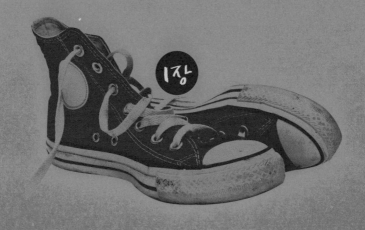

THE INVESTMENT OF YOUTH

스무 살 청춘의 위험한 사랑

아픈만큼 성숙한다 ● 나는 망망대해에 떠있는 가냘픈 돛단배
였다 ● 내 모든 열정을 불살랐다 ● 8년 동안 목숨을 건 사
투를 벌였다 ● 환상적이었다 ● 나의 어리석음이 내 영혼
을 갉아먹고 있었다 ● 하루하루 외줄을 타는 심정으로 살았다

내가 여기서 하려는 이야기는 스무 살 때부터 8년간 증권시장을 경험하면서 겪었던 것
에 대한 것이고, 나와 같은 20대에 있는 친구나 선·후배들이 함께 고민했으면 하는
이야기다. 이때 주식시장을 경험하면서 500포인트대를 저점으로 해서 2,000포인트대
까지 올라가는 대세상승도 경험하고, 대세상승에 따른 필연적인 큰 수익 때문에 주위
의 많은 친구와 지인으로부터 투자를 받기도 했다. 하지만, 서브프라임으로 2,000포인
트대를 고점으로 890포인트대까지 하락하는 폭락장 또한 경험했다. 이 과정 속에서 나
는 이루 형언할 수 없는 행복, 기쁨, 그리고 고난, 좌절, 절망을 경험하였다.

아픈 만큼 성숙한다

열일곱 살이 되던 여름, 아버지께서 간암으로 돌아가셨다.

어머니와 초등학교 5학년인 남동생은 무더운 여름날 뜨거운 눈물을 흘렸고, 우리는 아버지가 좋은 곳에서 우리를 지켜보길 기도했다.

평범한 회사원이었던 아버지는 집 한 채와 소정의 자산을 남기셨다. 이제 한창 공부를 시켜야 할 두 명의 아들을 둔 어머니의 심정을 이해할 수 있겠는가? 청천벽력 같은 삶의 현실과 무게 속에서 어머니는 남몰래 얼마나 많은 눈물을 흘리셨을지…….

운명의 장난인 것 같이 그때는 1999년이었다. IMF의 충격을 딛고 DJ 정부시절 경기부양을 위한 중소기업육성사업의 일환인 벤처 중심의 코스닥 광풍이 몰아치고 있었고 세계적으로도 IT거품이 일어나던 시기였다.

그때는 큰 폭으로 상승하는 코스닥으로 인해, 모두가 주식에 열광하던 시절이었다. 그때 남편을 잃고 2명의 자식을 둔 어머니는 유산으로 남은 소정의 자산을 코스닥에 투자하셨다. 그리고 결과는 비참했다.

어느 날 어머니가 열일곱 살인 나를 부여잡고 눈물을 보이셨다. 집안의 얼마 안 되는 돈이 주식으로 말미암아 대부분 사라졌다고 말씀하셨다. 나도 역시 좌절했지만……, 어머니를 위로해 드렸다. 그리고 그때부터 경제신문이나 경제뉴스를 대하는 나의 시각이 달라졌다. 하루하루 폭락한 어머니 계좌에 있는 주식의 가격에 관심을 두기 시작했으며 전방위적인 경제기사에 대해 관심을 갖었다.

고등학교 3년을 그렇게 보내고 난 후, 컴퓨터로 HTS를 접하게 되었다. 처음 HTS를 접할 때의 그 충격은 그 무엇으로도 형언할 수 없는 정도였다. 나에게는 마치 콜럼버스가 바다를 보며 신대륙에 대해 열망한 것과 같은 그런 느낌이라고나 할까. HTS가 보여주는 주식시장의 수많은 거래와 엄청난 자금이동이 나에겐 어마어마한 기회의 공간으로 보였다. 아무것도 모르던 시절 그저 컴퓨터로 비추어진 HTS에서 거래되는 우리나라의 상장된 수많은 기업과 자금이동이 나에겐 너무나 신선한 충격으로 다가왔다. HTS를 보면서 내가 자본주의 소용돌이의 중심에 있다는 생각이 들기도 했다.

그때부터 나는 주식시장과 사랑에 빠지기 시작했다. 철없고 겁 없는 스무 살 풋내기는 아무것도 생각하지 않고 오로지 주식시장에만 전념하기 시작했다. 겁도 없이…….

그 공간이 주는 기회와 성공의 환상 이면에는 피도 눈물도 없는 싸움판이라는 사실을 하나도 모른 채 말이다. 그리고 어느새 지금은 주식판에서 치열한 싸움을 한 지 8년이 되었다…….

나는 투자에 대해 배울 스승이 없었다. 그래서 몸으로 부딪힐 수밖에 없었고, 불이 뜨겁다는 걸 모른 채 직접 불에 데여 가며 심한 화상을 입으면서 그것이 뜨거운지를 하나하나 경험하면서 배워나갔다. 너무 무식하고 미련스러운 방법이었다. 너무 많이 아팠다. 그래도 나는 계속해서 주식판에 뛰어들었다. 그곳에서 난 도대체 무엇을 보았는지 무엇을 느꼈는지 왜 그리도 열심히 였는지 거의 8년 동안 하루도 주식시장을 보지 않은 적이 없었다. 하루하루 코스피200차트를 돌려 보고, 때론 전 종목의 차트를 돌려 보고, 각 종목의 시세를 체크하고, 뉴스를 보고, 공시를 보고, 회사재무제표를 보고, 회사 홈페이지를 구경하면서 끊임없이 정보를 갈구했다.

독서와 사색 그리고 실제 경험이 나의 주식 선생님이었다. 실수를 하나씩 고쳐 가고, 손실을 볼 때마다 눈물을 삼키며, 실수를 반복하지 않으려고 애를 썼다. 하지만, 주식시장은 정말 호락호락하지 않았다. 상황은 언제나 변했으며 난 늘 패배자였다. 아무리 발버둥치고 살아 보려고 해도 이길 수가 없었다. 거대한 시장 속에서 나는 너무나 무기력했으며 너무 고독했다. 한발자국만 헛디디면 낭떠러지 천릿길로 떨어질 것 같은 두려움을 느끼면서 스무 살부터 시작된 주식투자가 스물일곱 살까지 왔다. 8년 동안 말하지 않았던 고독과 두려움은 상상을 초월한다. 가끔 나 자신에게 묻기도 한다. 어째서 이 길을 걸어왔는지 도대체 어떤 목적과 어떤 이유로 이 길을 걸어왔는지……?

스무 살부터 시작된 투자가 스물일곱 살까지 계속될 수 있었던 이유는 단지 돈에 대한 집착 때문만은 아니었다. 그 속에서 스스로 성장하는 나 자신을 발견했고, 아무것도 모르고 무작정 시장에 뛰어들었던 내가 주식시장을 뛰어넘어 점점 경제에 대해 부족하나마 이해하게 되었고, 우리를 둘러싸는 자본주의의 거대한 시스템을 조금씩 이해하게 되었으며, 나라의 상장 기업과 산업에 대해서 공부하다 보니 우리나라를 더욱더 잘 알게 되어 가는 기쁨도 있었다.

유수의 펀드매니저들과 애널리스트들이 즐비해 있는 증권시장에서 8년간의 경험은 어쩌면 명함도 못 내밀 정도의 경력이다. 하지만, 스무 살부터 거의 전업투자로 나서다시피한 나의 주식경험은 어쩌면 우리 대부분의 일반 개미들이 경제나 주식에 대해 아무것도 모른 채 주식을 하는 거나 일반 다름이 없는 상황이기 때문에 내가 직접 불에 데이면서 겪은 나의 시행착오가 일반 우리 투자자들에게 도움이 되기를 바라는 간절한 마음에서 이 글을 썼다.

주식시장 안에서 난 정말 미쳐 있는 상태에서 살았고, 어떻게 살아왔는지 생각할 겨를도 없이 하루하루 삶과 죽음이 공존하는 길을 걸으면서 살아왔다. 막막함, 두려움, 고독감, 책임감, 절망감, 좌절감, 후회, 손이 떨리는 공포감을 느끼며 그렇게 하루를, 또 하루를 버텨 왔다.

나는 망망대해에 떠있는 가냘픈 돛단배였다

넓고 넓은 망망 바다 한가운데 가냘픈 돛단배처럼 언제 파도가 덮쳐 부서질지 모르는 죽음의 공포가 항상 나를 엄습했다. 아무리 길을 찾고 싶어도 어디로 나아가야 할지 알 수가 없었다. 나에겐 지도도 없었고, 나침반도 없었다. 또 아무리, 아무리 노를 저어 봐도 끝없는 바다밖에 보이지 않았다. 구름이라도 끼인 날이면, 언제 비가 내릴지 몰라 걱정했고, 또 바람이라도 세차게 몰아치면, 언제 폭풍이 올지 몰라, 공포에 떨며 하루하루 살아왔다.

사방이 끝없는 바다로 둘러싸여 있었다. 내게 가장 큰 공포는 도대체 내가 어디로 노를 저어야 하는지를 도대체 알 수가 없다는 사실이었다. 아무리 힘들어도, 아무리 아프고 고통스러워도 목표가 있다면, 내가 가야할 길을 알고 있다면, 그토록 처참하고 비참하지는 않았을 것이다.

하루하루 열심히 노를 저었다. 하지만, 방향 감각을 완전히 상실한 채나는 어디로 가는지도 알 수 없었다. 노를 젓고, 또 노를 저어서 가다 보면 '이 방향이 육지로 가는 방향인가?', '아니면 더 넓은 바다로 가는 방향인가?'에 대한 의심만이 가득해졌다. '이 방향이 나를 살릴 것인가?', '아니면 나를 말려 죽일 것인가?'라는 생각에 어찌해야 할 바를 몰랐다. 돌고 돌고 돌아서 결국은 제자리로 오는 경우가 허다했다.

넓고 넓은 바다 한복판에서 또다시 홀로 눈물을 흘리고 목 놓아 울었다. '도대체 어디로 가야 하나?', '난 도대체 어디로 가야 하나?'

주식시장은 우리 개미에게 그야말로 위험과 혼돈의 공간 그 자체이다. 그 공간에만 있으면, 결국 우리는 무엇을 원하는지, 무엇을 하고 있는지조차도 모르는 상태에 이르게 된다. 그 공간에서는 누구나 넓은 망망 바다의 가냘픈 돛단배와 같은 자신을 발견하곤 한다. 어디로 가야 할지 모른 채, 어디로 노를 저어야 하는지도 모른 채, 절망과 고독과 죽음의 고통 속에서 죽기 살기로 발버둥친다. 아무리 노력을 해도 제자리로 돌아오는 자신을 보면서 또다시 절망한다.

내가 하루하루를 버틸 수 있었던 것은, '사랑과 믿음'이 있었기 때문이다. 어머니는 나를 위해 하루하루 기도하셨다. 그 기도가 없었다면, 난 삶을 유지할 수 없었을 것이다. 그리고 함께 자란 형제 같은 나의 친구들은 나의 꿈과 성공을 진심으로 빌어주었으며, 실질적으로도 내게 너무나 큰 도움을 주었다. 고등학교 졸업 후, 일을 해서 한푼 두푼 모아 목돈을 만들어와서 한다는 말이 "주영아, 이 돈이 큰 수익이 나기보다는 너의 꿈에 밑거름이 됐으면 좋겠다."라는 말은 "큰 수익 좀 내주라….'라는 말보다 천 배나 더 큰 책임감을 느끼게 했다. 그리고 많은 지인분들이 나의 꿈을 지지해 주셨다.

아이러니하게도 내가 죽음의 고통을 겪으면서 주식시장에서 끝까지 포기하지 않았던 본질적인 이유는 '성공'이 아니었다. 주식시장에서 떼돈을 벌겠다는 생각은 이상하게도 없었다. 돈을 벌고자 했으면, 젊고 패기 넘치는 내가 굳이 죽음의 고통을 겪으면서까지 방향조차 잡지 못하는 주식시장을 선택하지는 않았을 것이다. 주식시장의 거대한 돈의 흐름 속에서 난 '나만의 꿈과 희망'을 보았다.

이곳에서 돈의 물줄기를 잘 통제하고 조절하면 우리가 모두 잘살 수 있다는 그런 왠지 모를 벅찬 감동과 열정이 쏟아져 나왔다. 그리고 고통과 좌절의 나날들을 거치면서 자꾸자꾸 성장하는 자신을 느낄 수 있었다. 아픈 만큼 성장하고 있었으며, 그런 자신을 보면서 더욱더 포기할 수 없었다. 한 걸음 한 걸음 하루만 그리고 또 하루만이라는 생각으로 버티며 이를 악물었다.

그리고 아직도 한참이나 노를 저어야 하고, 갈 길이 너무도 멀었지만, 이제는 어디로 가야 할지 방향을 찾은 상태에 이르게 되었다. 방향을 찾았기에 나는 내가 옳다고 믿는 그 방향이 과연 옳은지 그리고 정말 우리가 어떤 방향으로 걸어가야 하는지에 대한 이야기를 많은 사람과 함께 나누고 싶었다.

모든 걸 불태웠다. 나의 꿈을 위해 원도 한도 없이 도전했다. 자신을 스스로 벼랑 끝으로 몰았고, 그 고난은 나를 더욱더 강하게 만들었다. 나의 도전과 꿈을 열렬히 지지해 주었던 어머니와 친구 그리고 많은 지인에게 감사의 말씀을 드린다.

또한, 나의 경험과 노하우로 말미암아 아직도 위험한 주식시장에서 위험하게 투자하는 많은 개미가 이 책을 보고, 스스로 위험의 요소요소와 외부 적에 대한 위험요소 그리고 도저히 말로 설명할 수 없는 수많은 위험요소를 이해하고, 자신만의 투자를 완성했으면 한다.

주식시장은 화려하다. 많은 돈, 거대한 '부', 그리고 현란한 매매기법과 기술, 우리는 이러한 위험요소를 극복하면서 투자의 진실과 비밀을 들여다 봐야 하며, 진정한 '부'를 바라봐야 한다.

진실한 '부'를 바라볼 때, 우리는 그 진실에 의해, 진정한 부자가 될 수 있다. 우리가 진실함을 바탕으로 투자할 때, 인내하고 이해하고 그리고 희생할 수 있기 때문이다.

우리의 '부'는 주식이 만들어 주는 것이 아니며, 부동산이 만들어 주는 것도 아니며, 채권, 상품 매매에서 만들어지는 것도 아니다.

우리의 진실한 '부'는……, 우리의 '부'에 대한 비밀은……?

우리 모두의 '피' 그리고 '땀' 그리고 '눈물'로 만들어진다.

내 모든 열정을 불살랐다

아이러니하게도 젊은 시절 모든 것을 걸고, 주식시장에 매달렸던 건 단순히 '돈' 때문만은 아니었다. 스스로 생각해도 젊은 시절 모든 걸 포기하고, 주식시장에 매달린 이유가 단순히 돈이었다면, 정말 부끄럽고 젊은 청년으로서 그리고 남자로서 낯 깎이는 일이 될 것이다. 나는 주식시장에서 원도 한도 없이 모든 열정을 불살랐고, 다른 사람들은 보지 못한 '나만의 꿈과 희망'을 보았다. 이게 내가 주식시장에 매달린 이유다. 그리고 난 그곳에서 결국 내가 원하는 진리를 깨달았다.

주식시장에서 많은 전문가가 주식을 잘하는 방법이나 기술을 이야기하지만, 이 책은 방법이나 기술을 뛰어넘어 투자의 진실과 진리, 그리고 이면에 감추어진 투자의 진짜 비밀을 이야기하고 있다. 주식시장을 이기는 방법이나 기술은 시장의 상황이나 여건에 따라 달라질 수 있지만, 그것을 뛰어넘는 진실과 진리는 시대와 세기를 초월한다.

나는 아직도 피가 펄펄 끓어 오르는 20대 중반의 혈기왕성한 청년이다. 끓어 오르는 열정과 피만큼이나 아직은 나의 이익보다는 사랑을 선택하고, 나의 이익보다는 우정을 선택할 수 있다. 또한, 정의감에 불타오르고 내가 믿고 옳다고 여기는 것에 대해 목숨을 걸만한 '무모함'을 가지고 있다. 내가 어린 나이임에도 불구하고 경제, 재테크에 대한 글을 쓸 수 있었던 이유는, '똑똑함'이 아니라, 오직 '무식함' 때문이었다.

처자식이 없는 20대 중반이기에, 사실 돈도 필요 없다. 꿈과 열정이 있다면, 언제든지 돗자리만 깔고 길에서 자도 부끄럽지도 않다. 아직은 '돈' 보다는 '꿈'과 '사랑' 그리고 '우정'을 선택할 수 있다.

처음으로 증시를 접한 나는 '꿈'과 '희망'을 보았고, 열정만 가지고 무식하게 그 '꿈'과 '희망'을 향해 달려갔다. 하지만, 무식한 열정 덕분에 증권시장에서 속된 말로 '죽는 줄 알았다.'. 그만큼 증권시장은 힘들었고 험난했다. 정말 하루하루 한발자국만 헛디디면 죽음으로 떨어지는 낭떠러지를 올라가는 심정으로 살아왔다.

이런 경험 속에서의 눈물과 좌절, 고독, 절망……. 그리고 그것을 바탕으로 깨달아 가는 투자의 진실과 진리의 방법을 이 글에 고스란히 녹여내려고 애썼다.

증권시장은 개미들이 전혀 예상하지 못한 수많은 위험요소가 존재한다. 하지만, 그 위험요소의 본질이 무엇인지 아무도 명확하게 가르쳐 주지 않는다. 또한, 그 본질을 꿰뚫어 볼 수 있는 사람도 극히 드물다.

"사슴을 쫓는 자는 숲을 보지 못한다."

본질을 보지 못하는 가장 큰 이유는, 증권시장에 종사하는 사람 대부분이 현재의 높은 수익률, 많은 돈, 그리고 매매의 기술과 방법에 집착하기 때문이다. 증권시장은 단순히 기업의 주식 그리고 돈으로 이루어진 것이 아니다.

증권시장은 자본주의 체제 그 자체이며, 경제의 축소판이다. '경제'란 인간의 모든 활동을 총체적으로 말하는 것으로서, 자본주의 체제를 살아가는 우리의 삶과 행동, 그리고 감정에 영향을 미치고, 또 영향을 받으며 전체는 부분에 영향을 미치고, 부분 또한 전체에 영향을 미친다. 증권시장의 본질을 알려면, 전체를 분석하면서 부분을 보고, 부분을 분석해서 다시 전체를 합칠 수 있는 통찰력이 필요하다.

그래서 나는 이 책을 통해 매매의 기술과 방법을 뛰어넘어, 이러한 통찰력을 일반 개미들뿐만 아니라, 젊은 투자자들과 이야기하고 공유하려고 한다. 이것은 투자자들에게는 '위험한 투자'인 증권시장에서 승리할 수 있는 강력한 무기가 될 것이다.

8년 동안 목숨을 건 사투를 벌였다

"부자가 되고 싶다. 돈을 많이 벌고 싶다."

우리 일반 투자자들에게 부자가 되고 싶다는 목표에 대한 열망은, 우리가 살고 있는 자본주의 시대의 최대 과제일 것이다. 우리는 오늘도 부자가 되기 위한 힌트를 얻고자 경제, 재테크 분야의 책을 한 장 한 장 넘기고 있는지도 모른다.

이 글을 쓴 저자의 솔직한 상황에서 볼 때, 독자들이 단순히 '배움'을 위해 이 책을 읽는다고 생각하지는 않는다. 우리는 재테크 말고도 인생을 살면서 해야 할 일들과 생각해야 할 일들이 너무도 많다. 사회가 점점 복잡해지고 고도화되면서 우리는 사소한 것에 대한 생각조차도 귀찮아한다. 당장에 짊어져야 할 삶의 무게가 너무 힘겨워서 이것저것 생각하고 따지기 귀찮고 힘겨워한다.

"그럼 이 책을 보면, 남보다 쉽게 그리고 빠르게 부자가 될 수 있는가?"

이렇게 물을 수도 있다. 결국, 이것이 이 책을 읽으려는 독자들의 궁극적인 목적이기 때문이다.

저자의 이기적인 입장에서 이 물음에 답한다면 '예!'라고 대답할 수 있다. 경제, 재테크 분야의 책으로서 '돈 버는 방법'을 가르쳐 줄 수 없다면, 이 책은 그저 종이 뭉치일 뿐이라는 사실을 누구보다 잘 알고 있다. 같은 개미로서 8년간 증권시장에서 목숨을 건 사투를 벌이면서 때론 행복과 성취감에 빠지기도 했지만, 때론 좌절하고 절망 속에서 몸부림치기도 했다. 실제 경험을 바탕으로 수없는 고독감 속에서 눈물 젖은 빵을 먹으며 후회와 반성 그리고 사색의 시간을 거쳐 이 책이 탄생되었다. 또한, 수백 권의 책을 읽고, 또 읽고 공부하면서 실전에 적용시키면서 이 책의 하나하나를 완성해 나갔다.

증권시장을 슬쩍 들여다보면, 그곳에는 엄청난 '돈'과 '부'가 흐르고 있다는 사실은 누구든지 알 수 있다. 이런 흐름에 우리 개미들은 모두 꿈과 환상을 품고 달려든다. 하지만, 결국 우리에게 돌아오는 건 상처와 배신 그리고 절망뿐이다.

증권시장은 우리 젊은 투자자들과 서민들을 빈털터리로 만들고 있을 뿐이다. 2007년 중반까지 증시는 꿈과 희망이 가득했다. 2007년 코스피 주가지수는 2,000포인트대를 뛰어넘었고, 중국지수 또한 5,000포인트를 뛰어넘기 시작했다. 코스피지수가 2,000포인트를 뛰어넘자 각종 펀드 수익률은 폭등하기 시작했고, 모든 사람이 이에 광분하였다. 이쯤 되자 너도나도 펀드에 가입하면서 펀드 하나 들지 않은 사람들은 상대적인 박탈감에 빠졌다. 증권시장이 2,000포인트를 넘어서고 불꽃의 막판에 들어서자 증권주는 폭등하기 시작했고, 중국 관련 주식들은 그 꼭지를 알 수 없을 정도로 폭등했다.

코스피가 2,000포인트일 때 사람들은 주가 3,000포인트의 희망과 꿈을 봤으며, 중국지수가 아무리 고평가라 해도 광활한 중국의 대륙과 15억의 인구를 생각하며, 미래의 꿈과 희망만을 생각하며 악재는 신경 쓰지 않았다.

그러다가 어느 날인가 갑자기 미국에서 '서브프라임'이라는 정체를 알 수 없는 악재가 드러나기 시작했다. 모두 장밋빛 전망에 빠져 있던 그때 갑자기 미국에서 날아든 알 수 없는 부실 사태에 모두들 놀랐다. 그때야 갑자기 사람들은 현실 감각을 되찾는다. 미국경제도 문제였지만 당장 눈앞에 보이는 지수가 단기적으로 분명히 말이 안 되게 많이 올랐다는 사실을 말이다.

환상과 꿈에 가려져 마음속 깊이 감춰두었던 두려움이 밀려온 것이다. '아닐 거야. 아직은 고점이 아닐 거야. 아직 더 많이 오를 수 있어.'라고 자신을 추스르고 타이른다. 신규로 가입했던 펀드와 주식의 매수주문이 이제는 후회와 고통으로 남는다.

2007년 코스피지수는 2,085포인트를 꼭지로 890포인트까지 속절없이 떨어진다. 중국 상해종합지수 또한 6,124포인트에서 1,664포인트까지 떨어진다. 요즘은 누구나 한 개쯤은 가진 반 토막 펀드 앞에서 우리는 그저 망연자실할 뿐이었다. 2008년 증시는 그야말로 혼돈과 폭락의 연속이었다. 악재만 드러나면서 희망은 꼬리를 감춘 채 사라졌다. 우리 서민들 모두는 펀드와 증시에 상처를 받고, 고통 속에서 신음했다. 잊을 만하면 떠오르는 서브프라임의 악재와 그로 말미암은 미국 증시의 불투명성은 우리를 더욱더 공포스럽고 혼란스럽게만 했다.

미국, 중국, 유럽 등등의 각종 금융회사의 부실, 파산, 소비 심리 침체 등 누구 하나 장밋빛 전망을 하기가 무서웠던 그때를 뒤로하고, 어느덧 2009년 코스피 증시는 2008년 890포인트대를 바닥으로 슬금슬금 상승하며 다시 1,700포인트대를 찍는다. 서브프라임이라는 세계를 뒤흔든 악재는 어느 순간부터 자취를 감추며 무덤덤해진다. 2008년 말에서 2009년 초만 해도 비관으로 일관하던 증권사들은, 주가가 1,700포인트를 돌파하고서야 잘못된 비관적 전망에 대해 사과성명을 낸다.

2008년만 하더라도 다들 비관적이던 전망을 뒤로하고 어느덧 삼성전자와 현대차, 현대모비스, LG화학 등 우량대장주들은 신고가를 갱신하면서 주가를 상승추세로 견인하고 있다.

"우리들은 도대체 어떻게 하라는 것인가?"

화가 나고 속이 쓰려도 일단 과거는 잊어버리자. 어차피 다 지난 일이니까. 우리는 지금 당장 먹고살기도 바쁘다. 그러면 지금은 어떻게 투자해야 하는가?

주가는 앞으로 추가 상승이 가능한가? 아니면 다시 1,000포인트 초반까지 무너질 것인가? 속절없이 기다려야 하는가? 기다리다가 주가가 더 폭등하면, 어떻게 되는가?

그냥 기다려야 하는가? 아니면 지금이라도 추가로 매입해야 하는가? 도대체 누가 이 물음에 속시원히 대답해 줄 수 있는가?

증권시장은 우리들에게 그야말로 혼돈의 공간이며, 우리 투자자들을 자꾸 빈털터리로 만든다. 우리가 증시에서 힘들어하고 고통받는 가장 큰 이유는 뭘까? 증권시장에는 젊은 투자자들과 서민들만 모르는 많은 비밀과 진실이 숨어 있기 때문이다. 또한, 진실을 알고는 있지만, 우리의 욕망으로 인해 애써 진실이라 믿고 싶지 않은 거짓을 진실이라고 믿기 때문이다. 우리는 이러한 숨어 있는 진실을 깨닫고, 애써 부정했던 진실을 다시금 생각해 보는 것만으로도 지금보다는 훨씬 더 노련하게 투자할 수 있다.

"지금 이 순간은 어떻게 투자해야 하는가?"

'지금'이라는 이 순간이 어떠한 시점이든지 이 책을 읽고 난 후에는 훨씬 노련하게 투자할 수 있다고 저자는 확신한다. 결국, 진리는 한 가지로 통하기 때문이다.

"앞으로는 어떻게 투자해야 하는가?"

'앞으로는'이라는 시점이 언제든지 간에 이 책을 다 읽은 독자들은 앞으로 어떻게 투자해야 하는지 해답을 찾을 수 있다고 역시 저자는 확신한다. 투자의 진리와 진실은 결국 역시 한 가지로 통하기 때문이다.

환상적이었다

"환상적이었다."

처음, 컴퓨터로 증권사의 HTS를 설치하고 상장사 회사의 주가 움직임을 보았을 때, 수많은 자랑스러운 우리나라 기업의 이름과 그 옆에 붙은 주식가격 그리고 실시간으로 변동하는 가격, 셀 수도 없는 거래량은 마치 내가 현대문명의 꽃인 자본주의의 중심에 우뚝 서 있는 것 같았다.

어린 마음에 나는 내가 이곳에서 살아남을 수만 있다면, 원하는 건 모든 할 수 있고, 세상을 내가 원하는 방향으로까지 이끌어 갈 수 있겠다는 강렬한 끌림과 느낌이 들었고, 소위 말하는 온몸에 '전율'이 느껴졌다. 그리고 그 길로 나는 뒤도 안 돌아보고 주식시장에 내가 가진 모든 열정을 쏟아 붓기 시작했다. 결코, 열정으로 대하지 말아야 할 곳에서 아무것도 모르는 풋내기 스무 살의 나는 무작정 떼돈의 환상과 성공의 확신을 하고 자기 무덤을 파기 시작했다.

떼돈에 대한 열정으로 시작한 증권매매는 역시나 나에게도 그저 노름판일 수밖에 없었다. 물론 당시에 나는 너무나 진지했다. 기업이나 가치는 안중에도 없었다. 나의 관심사는 매매해서 그저 '돈을 버느냐?', '돈을 잃느냐?' 하는 것뿐이었다.

처음엔 우리의 모든 개미가 그러하듯, 눈에 바로바로 보이는 '기술적 분석'에 심취했다. 나의 관심사는 딱 하나였다. 얼마나 싸게 사서 얼마나 비싸게 파는가? 하루에 거의 전 종목의 차트를 돌려보다시피 했다. 단 하루도 코스피200 차트를 돌려보지 않은 적이 없었다. 나의 눈에는 그냥 그게 다 돈으로 보였다. 차트 패턴을 분석하면서 '어떤 게 급등할까?', '어떤 종목을 사면 돈이 될까?' 하는 생각뿐이었다. 눈에 보이는 차트만 보면서 본질적으로 매수 대상이 되는 기업의 가치는 생각해 보지도 않았다.

얼마나 미련하고 멍청한 짓인지 차트로만 매매하는 나는 삼성전자나 포스코, 현대차, 현대중공업이 그냥 다 똑같아 보였다. 그냥 차트의 그림만이 다를 뿐이었다. 신문이나 TV에 나오는 증권프로그램에서 매수 추천을 하면, 해당 회사의 기본을 살펴보지도 않은 채 해당 회사의 차트 보는 것만 해도 바빴다.

난 온종일 바빴다. 차트만 봐도 볼 것이 많았는데, 거의 전 종목을 다 돌려봤기 때문에 언제나 정신없이 바빴다. 열정만 가지고 떼돈을 벌겠다는 허황한 과욕은, 점점 나를 정신없게 만들었고, 주가가 급등하면 급등하는 대로 주가가 폭락하면 폭락하는 대로 나의 피는 말라 갔다.

주가가 오르면 오르는 대로 조금이라도 더 빨리 따라붙어 매수해야 한다는 압박감이, 주가가 폭락하면 폭락하는 대로 조금이라도 더 빨리 탈출해야 한다는 압박감이 나의 신경을 하나하나 곤두서게 했다.

밤잠을 설치며 미국 증시의 움직임 동향을 살폈고, 하루하루 온종일 뉴스라는 뉴스는 실시간으로 다 보고, 다 들었다. HTS에서 수시로 뜨는 공시와 뉴스, TV를 통해 계속 나오는 시황분석은 나의 사고 능력을 떨어뜨렸다. 이런 일련의 모습은 무언가 열심히 하기는 하는데 내가 도대체 뭘 하는지 알 수도 없는 상태를 만들었다.

하루에도 몇 번이나 천당과 지옥을 오고 갔다. 매수한 종목이 급등하면, 기쁨과 환희라는 행복의 감정에 빠져들었고, 매수한 종목이 폭락하면 아픔과 고난, 절망이 뒤따랐다. 눈여겨보고 있던 종목이 매수하기 전에 급등이라도 하면 조금이라도 과감하게 행동하지 못해 빨리 매수하지 못한 자신을 자책했다. 또한, 과감하게 행동해서 손실을 보면, 좀 더 신중하지 못하게 행동한 자신을 자책했다. 이러나저러나 후회와 고난의 연속이었다.

진정으로 나는 '투자'가 아닌, '투기'를 하고 있었다. 주식시장이 아닌, 주식 투기판의 정점에 서 있었다. 차라리 화투를 치거나, 경마를 하거나, 강원랜드에서 도박을 하면, 내가 지금 돈을 따려고 노름하고 있다는 사실을 확실히 인식하고 있을 것인데 주식시장에서 차트를 보면서 돈을 넣었다 뺐다 하는 행위는, 그것이 '투기'가 아닌 '투자'라는 핑계를 나 자신에게 만들면서 비겁한 방패막이 역할을 했고, 난 이 핑계로 투기를 하면서 하루하루를 버텨 갔다.

'난 지금 헛짓거리를 하는 게 아니다. 자본주의 꽃인 주식시장에서 승리하기 위해 고생을 하는 것이다.'라는 지저분한 핑계를 만들면서 현실을 외면하고 자신을 스스로 더 나락으로 빠뜨리고 있었다. 투자대상이 되는 존재의 가치를 외면한 채 당장의 수급(수요와 공급의 싸움)과 주가가 이 정도 고점이면 더 상승할까? 아니면 하락할까? 주가가 이 정도 하락하면 반등할까? 아니면 더 하락할까? 라는 눈치로 매매하는 방법은 진정한 의미의 노름이었다.

나의 어리석음이
내 영혼을 갉아먹고 있었다

어설픈 열정과 떼돈의 열망으로 시작된 나의 어리석음은 내 영혼을 점점 갉아먹고 있었다. 누구보다도 이성적이고 철저한 분석과 정확한 정보를 바탕으로 투자해야 할 주식시장에서 나는 다분히 감정적이고 동물적인 행동을 했다. 투자의 기준 또한 그때그때 달랐다. 노름판에 빠져 있던 나는 사물을 객관적으로 볼 능력을 상실했다.

　총명함을 잃어 갔고, 다크서클은 나날이 깊어졌으며 온몸의 신경이 하나하나 곤두서는 느낌이었다. 그러던 어느 날 그날도 역시 아침 일찍 일어나 미국 지수를 살피고, 신문을 보고, 기업공시를 살펴보고, 주가차트를 돌려보면서 매수할 종목과 매도할 종목을 골라두고, 또다시 하루를 투자라는 핑계 하에 노름을 하면서 보내려고 하는 나는 문득 생각하게 되었다.

　'나는 도대체 무엇을 위해서 이런 행동을 하는 거지?'

　스무 살에 다른 모든 걸 포기하고 증권을 선택한 건 '돈'이 아니라, 증권시장의 '가능성'을 봤기 때문이었다. 나에게 그곳은 우리의 미래가 있는 곳이고, 대한민국의 나아갈 방향이 있는 곳이라고 판단했다. 그 때문에 시작한 투자가 어느새 나의 이성을 잡아먹고 하루하루 시세차익만을 노리고 돈에 굶주린 노름꾼만이 서 있는 곳이 되어 버렸다.

순간 나를 믿어주는 많은 사람의 얼굴이 떠올랐다. 나를 위해 하루하루 기도하는 어머니부터 나를 믿고 지켜봐 주는 친구들과 지인들……. 겨우 시세차익만을 노리고, 돈을 벌려고 하는 나 자신이 너무 부끄러워 견딜 수가 없었다. 난 이 거대한 부의 자본주의 안에서 자본의 흐름 속에서 '남은 과자 부스러기나 먹으려는 거지 같은 개미'였다.

그런 생각에 이르게 되자 나의 행동이 진정 투기이고, 노름이라는 사실을 깨닫기 시작했다. 부끄럽고 또 부끄러웠다. 내가 파놓은 무덤에 스스로 들어온 기분마저 들었다. 결국, 이때까지 했던 옳다고 믿었던 수많은 행동, 즉 차트를 분석하고 뉴스를 보고, 공시를 보고, 미국 다우지수, 나스닥지수에 집착하고, 모든 종류의 신문을 하루도 안 빠지고 읽었던 그 수없이 나름 바빴던 세월이 다 허튼 세월이라는 것을 뒤늦게 깨달았다.

하늘이 무너지고 있었다. 난 천하의 바보였었다. 좌절과 절망 속에서 방바닥을 긁으면서 지난날의 세월을 반성했다. 그리고 가슴 찢어지는 반성을 하고 나서야 '투자의 본질'이 되는 대상의 가치에 대해 생각하게 되었다.

주식을 매수하기에 앞서 다양한 방법으로 기업을 분석하기 시작하였고, 기업 또한 자본주의 사회의 일원으로서 사회 전제에 큰 영향을 받게 된다는 경제적 흐름 또한 알게 되었다. 그리고 내가 그토록 갖고 싶어하던 만 원짜리 화폐인 원화는, 정부에서 얼마든지 찍어낼 수 있는 종이 증서라는 것과 단순히 종이에 불과한 화폐에 돈의 가치를 만들어 내려고 얼마나 많은 경제학자가 밤잠을 설치며 통화량을 조절하고 금리를 조정하는지를 알게 되었다.

아울러 이런 흐름을 알게 될수록 자본주의 시스템이 저절로 굴러가는 것이 아니라, 끊임 없이 실패하면서 발전해왔다는 것도 알게 되었다. 그리고 우리가 절대적이라고 믿는 '돈의 가치'마저 단 한 순간에 사라져 버릴 수 있다는 무서운 사실도 알게 되었다.

결국, '돈이라는 것의 가치'는 절대적인 것이 아니라, 우리 인간이 스스로 가치를 부여하고, 가치 있게 사용할 때만 진정으로 가치가 있게 되고, 가치가 없는 것에 가치를 부여해서 돈을 쏟아 붓게 된다면, 돈이라는 것도 단지 종잇조각에 불과할 수밖에 없다는 것을 알게 되었다.

눈에 보이는 세종대왕님이 있는 만 원짜리는, 그저 껍데기일 뿐이며, 진정한 가치는 우리가 스스로 만들어가야 한다는 것을 깨닫게 된 순간, 나는 그때야 머리가 맑아지는 느낌이 들었다. 그것은 나에게 투자기준을 만들어주었고, 내가 투기와 투자를 구분할 수 있는 하나의 전환점이 되었다.

하루하루 외줄을 타는 심정으로 살았다

지난날 투기를 투자라 믿으면서 증권시장이라는 온전한 투기판에서 열정을 불사르며 아무리 노력해도 계속 늪으로 빠지는 듯한 느낌을 받았던 수많은 나날…. 빠져나오려 하면 할수록 더 깊이 빠져드는 듯하고, 나의 목을 점점 더 견고하게 죄는 듯한 고통의 시간…. 하루하루 주가변동의 움직임에 지나치게 동요하고, 조바심 내고, 주가하락에 몇 날 며칠을 잠도 못 자고, 하루하루 초조해 하고 불안해 하면서 살아온 나날을 생각하면 그저 자조 섞인 웃음만 나온다.

하지만, 온몸으로 미련스럽게 들이받았던 나의 투기행위는, 나를 투기로부터 완전히 자유롭게 해주었다. 원도 한도 없이 온전히 투자를 가장한 투기를 했고, 누구에게도 방해받지 않고 오히려 지지를 받으면서 노름을 해봤기 때문에 그것에 빠져들 수밖에 없었던 이유와 그때의 상황과 감정, 그리고 폐해를 누구보다도 잘 알고 있다. 그래서 또 한 번 그저 다시 웃는다. 투기에 대해서 경험을 해보니, 투자를 하려는 사람은 누구든지 투기를 피할 수밖에 없다는 사실도 알게 되었다.

투자는 고도의 이성적 판단에 따라 이루어진다. 투기는 이와 반대로 극도의 감정적 판단이거나 이성적 판단의 탈을 쓴 감정의 판단에 의해 행해진다.

우리는 정신을 바짝 차리면서 투자를 하려고 하지만, 불쑥불쑥 투기의 행동을 한다. 인간은 감정적 동물이기 때문이다. 우리는 감성과 이성을 분리할 수 없는 존재이기 때문에 더 그렇다. 지속적이고 반복적으로 이성적 판단을 할 수 있는 사람은, 고도로 지적인 훈련을 받거나 감정적 행동을 하다 뼈아픈 경험을 한 사람 정도이다. 그리고 앞의 두 가지 경우도 절대 완전하지는 않다.

우리가 흔히 아는 이야기로 뉴턴을 들 수 있다. 그 또한 최고의 지성인임에도 "천체의 움직임은 계산할 수 있지만, 인간의 광기는 도저히 계산할 수 없다."라며 쓰린 눈물을 흘리며, 주식시장을 떠났다. 사실 뉴턴은 인간의 광기를 계산 못 해서 실패한 것이 아니라, 뉴턴도 자신의 이성적 판단보다 감정적 판단을 근거로 매매했기 때문에 실패한 것이다.

뉴턴은 분명히 해당 회사의 가치를 알고 있었다. 그는 해당 회사의 주식을 미리 매수한 다음, 고점이라 생각했던 지점에서 팔아 큰돈을 벌었다. 하지만, 뉴턴이 고점이라 생각한 지점에서 주가는 천정부지로 올랐다. 그는 나중에 결국 고점에서 다시 매수를 함으로서 벌어들인 돈을 다 잃었다.

뉴턴은 자신과의 싸움에서 진 것이다. 더 정확히 말하면, 이성적 판단보다 감성적 판단이 앞섰다. 투기와 투자는 동전의 양면처럼 항상 같이 붙어 다니며, 우리가 잠시라도 방심하면 경계가 모호해진다.

'이성적 판단'을 하려면, 성실하고 절제된 행동과 가치를 계산할 수 있는 사고력, 그리고 탁월하고 적절한 현실감각이 필요하다. '이성적인 행동'은 그에 알맞은 행동거지와 마음가짐이 필요하다. 이성적 판단으로 투자하려면 하루하루 기도하는 마음으로 수양해야 한다.

이와 반대로 '투기적 판단'은 우리에게 '알 수 없는 묘한 희망과 꿈'을 만들어 준다. 투기적 판단은 다분히 감정적이다. 논리적인 판단과 기대수익률과 위험률을 계산하기보다는 '막연한 희망과 환상'을 불러일으킨다. 이것을 사면 큰돈이 될 것 같은 느낌, 다른 사람은 다 망해도 나만은 대박이 날 것 같은 환상. 그것은 마치 우리가 로또라는 복권을 사면서 '이것만 당첨되면…' 하는 마음과 비슷하다.

투기는 우리에게 환상을 불러일으킨다. 가슴이 뛰고 흥분하기 시작한다. '누가 뭘 사서 큰돈이 벌었다더라.', '누가 어떤 행동을 해서 대박이 났다더라.'라는 식의 소문은 우리의 가슴을 설레게 한다. 그리고 우리는 꿈과 희망을 품기 시작한다. '나도 대박 날 수 있어…!', '저 사람도 저렇게 하는데, 나는 왜 못 해?'라는 생각을 품기 시작한다. 우리는 철저하고 냉정해야 할 기대수익률과 위험에 대한 판단을 '오직, 하면 된다!'라는 자신감과 꿈, 그리고 기대감에 묻히게 한다.

그리고 자기가 믿는 대로 자기가 판단한 대로 인생을 몰방하기 시작한다. 그것은 어느새 냉철한 이성적 투자가 아니라, 그 사람의 꿈과 희망으로 탈바꿈된 감성적 투자로 변질한다. 마치 뭐에라도 홀린 것처럼 그리고 그 꿈에서 깨어나 현실을 보고 나서야 자신의 행동이 잘못된 것임을 깨닫는다.

투자는 사실 굉장히 재미없는 일이다. 투자하기 위해서 독서가 필요하고, 경험이 필요하고, 많은 사고력과 반성이 뒤따라야 한다. 하지만, 투기는 달콤하다. 그곳에는 언제나 부푼 꿈과 희망이 있기 때문이다. 그 꿈과 희망의 대상이 가치 있는 것인지 정당한지는 항상 우리에게 중요하게는 보이지 않는다. 단지 꿈과 희망을 품을 수 있게 하는 것만으로도 그 당시에는 투기가 충분한 가치가 있어 보인다. 물론 허상의 대상으로 꿈과 희망을 품은 대가는 정말이지 처절하지만, 그때 당시에는 그 어떤 것과도 바꿀 수 없는 한 줄기 빛으로 다가온다.

투기와 투자를 구별해 내는 것만으로도 우리는 자본주의에서 높은 위치를 차지할 수 있다. 자본주의 안에서 '돈'이란 돌고 돌 수밖에 없는 운명이고, 그곳에서는 항상 투자와 투기가 일어난다. '투자'를 아는 당신은 금세 부자가 될 수밖에 없고, '투기'를 하는 당신은 늘 잠시의 꿈과 환상만을 보고, 곧 차가운 현실을 보게 될 수밖에 없다.

하지만, 어떤 행동이 투자인지 어떤 행동이 투기인지를 구별하는 것은 정말이지 쉽지가 않다. 모든 행동의 결과는 목적에 따라 달라지기 때문이다. 사실 돈을 벌고 싶다는 생각만으로 자본을 투입하는 행위는 진정으로 투기와 투자를 모호하게 한다. 당장에 돈을 벌고 싶다는 생각만 하고 있다면 당장 돈을 벌 수 있는 행동은 모두 투자가 되기 때문이다.

돈을 벌지 못하는 행위는 투자를 해도 결국 비난을 받는다. 또한, 돈을 벌어도 가치가 없다면 역시 비난을 받는다. 하지만, 당장에 돈을 벌어 주지 못하더라도 사회와 국가에 큰 도움이 된다면, 그것을 스스로 투자라 할 수 있다.

우리는 주식이든 부동산이든 채권이든 기타 상품자산을 매매할 때, 먼저 '투자가 무엇인지에 대한 기준을 정하는 것'이 무엇보다 중요하다는 사실을 알아야 한다. 그것을 하지 못했을 때, 결국은 투기라는 너무나도 강력하고 달콤한 유혹이 우리를 찾아올 것이고, 우리는 그 유혹을 절대 피하지 못한다. 그리고 결국에 가서 마지막은 잠깐 동안 꿈과 환상만을 맛본 채 차가운 현실을 보게 될 수밖에 없다.

나는 이 책에서 '투기'와 '투자'라는 것에 대해서 끊임없이 이야기할 것이다. 그리고 그 경계를 나누려고 노력할 것이다. 무엇이 우리에게 투자가 되고, 무엇이 우리에게 투기가 되는지 이 책을 통해 함께 이야기 나누어 보자. 결국, 우리는 증권시장을 투자의 대상으로 바라 봐야 한다. 그것이 우리를 진실된 '부'로 인도하고, 그러한 철학이 위험한 주식시장에서 우리를 승리하게 만들 수 있기 때문이다.

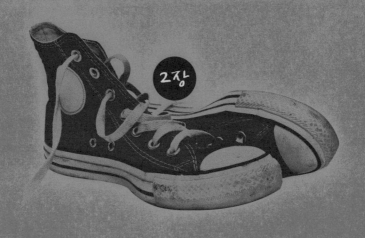

2장

풋내기 젊음, '주식'에게 말을 건네기 시작하다

젊은 청춘, 고민에 빠지다 ● 젊은 청춘, 투기에게 투자철학을 알려 주다 ● 젊은 청춘, 시장의 위험을 밝히다 ● 젊은 청춘, 과학과 예 술의 투자를 말하다 ● 젊은 청춘, 시장과 돈에게 철학을 이야기하다 자본주의 체제를 살아가는 우리에게 '증권시장'은 늘 '꿈'과 '환상', 그리고 '동경'의 대상이다. 우리가 아무리 눈길을 주지 않으려고 해도 다시금 증권시장의 문을 두드리고 있는 우리 자신의 모습을 보게 된다. 하지만, 결국 남는 건 상처와 절망뿐이란 걸 알게 된다.

우리는 '욕심'이라는 욕망 때문에 다시 증권시장에 발을 들여 놓는 것일까?

누구보다 돈의 소중함을 아는 우리가, 결국은 패배할 수밖에 없다는 것을 뻔히 알면서도 증권시장에 자꾸 발을 들여놓는 이유는 무엇일까?

우리는 증권시장에서 분명히 '어떤 꿈과 희망'을 보게 된다. 자본주의 시대를 살아가는 우리는 증권시장을 결코 거부할 수 없다.

증권시장에서 꿈과 희망을 본 우리는 헛것을 본 것일까? 증권시장의 진실은 도대체 무엇일까?

여기에서는 증권시장의 '위험의 원인'과 '정체' 그리고 그것을 극복하는 데 필요한 우리의 자세와 철학에 대해서 살펴본다.

젊은 청춘, 고민에 빠지다

"나는 지금 증권투자를 하고 있다."

이 말의 의미는 무엇일까?

아무렇지도 않은 말일 수도 있지만, 의미를 곰곰이 생각해 보면 상당히 난해하다. 투자라는 말 자체가 상징성을 띠고 있기 때문이다. '투자'의 사전적 의미는 '사업에 밑천을 댐, 또는 출자'이다. 우리 투자자의 대부분 목적은 결국 '돈'을 벌려고 투자를 한다. 사업이나 기업에 투자하는 가장 큰 이유는, 투자한 기업이 더 큰돈을 벌어 줄 것이라고 기대하기 때문이다. 처음부터 기업이 적자를 내면서 투자한 나의 돈을 갉아먹을 것으로 생각한다면 누가 투자하겠는가?

결국, 우리가 투자하는 이유는 돈을 벌기 위해서다!

"투자를 했기 때문에 돈을 벌었다." vs. "돈을 벌려고 투자한다."

말장난 같지만, 이 의미의 차이를 알 수 있겠는가? 이것 또한 상당히 난해하다. 그러면 간단히 예를 한번 살펴보자.

1. 어떤 기업의 성장성이 보인다. 경영자들은 열정에 불타오르고, 영업이익은 차츰 증가하고 있으며, 회사는 공격적으로 확장하고 있으며, 신제품 출시도 임박해져 있다. 하지만, 이것은 잠재적이다. 이것이 주가에 반영되려면 최소 2년 이상이 걸릴 것 같다.

2. 무난한 어떤 기업이 있다. 하지만, 난 이 주식이 앞으로 2주일간 폭등할 것임을 직감한다. 차트의 기술적 신호가 매수구간이라 말하고 있으며, 나의 믿을 만한 친구가 회사의 은밀한 호재를 가르쳐 주었다.

1번과 2번 중, 우리의 선택은 어떨까? 2년 동안 투자해서 벌 것인가? 아니면 2주 동안 투자해서 벌 것인가? 그리고 여기서 생각해 봐야 할 문제는 과연 우리는 2번을 '투자'라고 해야 하는가? '투기'라고 해야 하는가?

2년을 바라보며, 회사의 잠재적이고 장기적인 성장에 돈을 투입하는 것이 투자인가? 2주를 바라보며, 차트의 일시적인 매매신호나 호재성 뉴스에 돈을 투입하는 것이 투자인가?

우리는 모두 돈을 벌려고 투자한다. 그렇다면, 돈만 벌게 되면 수단이나 과정이나 방법은 어떻게 되든 상관없이 그저 '돈만 벌면 그만!'이라는 목적이 전부일까? 나는 투자 이야기를 하면서 도덕이나 윤리를 논하자는 게 아니다. 우리 모두가 결국은 돈을 벌려고 투자한다는 것은 너무나 당연하기 때문이다.

"증권투자는 돈을 벌려고 하는 것이다."

이것은 너무나 당연한 말이다. 누가 이 말에 토를 달 수 있겠는가? 하지만, 내가 말하고자 하는 것은, 돈을 벌고자 하는 목적이 전부가 되어 버리면서 그 목적에 도달하는 수단과 방법, 그 과정 자체를 무시해버린다면, 우리는 절대로 '투자'와 '투기'를 구별할 수 없게 된다는 것이다. 우리는 상식적으로 1번이 투자라는 것을 알고 있고, 2번은 투기라는 것을 알고 있다. 그런데 2번이 아닌 1번을 선택하는 것은 미련한 행동이라고 생각한다. 그 이유는 간단하다. 1번보다 2번이 돈을 빨리 벌 수 있고, 확률이 높다고 생각하기 때문이다. 하지만, 과연 기술적 신호는 정확한가? 그리고 친구의 은밀한 정보는 정말로 은밀한가?

투자의 세계에서 우리가 꼭 명심해야 할 것은, 절대로 공짜는 없다는 것이다. 기대수익률이 큰 만큼 위험이 커진다는 사실을 명심해야 한다.

"나에게 '투자'란 무엇인가? 나에게 '투기'란 무엇인가?"

증권시장에서 매매하는 우리는 먼저 이것부터 생각해봐야 한다. 투자와 투기를 구별할 수 없다면, 우리 투자자들은 어떤 투자라도 투기로 탈바꿈시킬 수 있는 비범한 능력(?)을 발휘한다. 앞으로 시장의 전망은 어떻게 될지, 어떤 기업이 얼마나 장기적으로 성장할 수 있는지, 어떻게 기술적으로 매매해야 단기적으로 시장의 심리를 이용해 수익이 날지, 어떤 기준으로 기업을 기본적으로 분석해서 재무제표의 양적 분석과 기업의 질적 분석을 병행하여 장기간으로 매수해둬야 하는지, 이런 기술이나 방법은 사실 둘째 문제다. 투자를 하려면 먼저 '투자'와 '투기'를 스스로 구분할 수 있어야 한다.

만약에 유전이 터지면 수익률을 10배 이상이라고 기대해보자. 아직 터지지 않은 유전의 가능성만을 보고 유전에 투자한다고 가정할 때, 1,000억이 있는 사람이 100억을 투자한다면 그것은 투자이고, 100억 있는 사람이 몰빵해 100억을 몽땅 투자한다면 그것은 투기라고 말할 수 있다. 유전은 발견되지 않고 터지지 않을 수도 있기 때문이다. 똑같은 상황에서 같은 투자대상에 같은 100억이라는 자본을 투입하는 행위에도 투자주체의 상황에 따라 투자와 투기로 나누어질 수 있다.

그렇다면, 우리는 여기서 유전이 아닌 주식시장을 한번 생각해 보자.

1. 아주 우량한 기업이 있고 장기적인 주가상승이 예상된다. 이미 그 우량주식에 투자해서 큰돈을 벌었다. 하지만, 이에 만족하지 않고 신용과 미수를 사용해 레버리지 효과를 극대화하려고 한다. 이것은 투자인가? 투기인가?

2. 시장의 환경이 점점 좋아지고 있고, 시장의 대세상승이 예상된다. 이번에는 정말로 한몫 잡고야 말 것이다. 나는 있는 돈, 없는 돈 전부 다 끌어모아서 투자를 감행한다. 이것은 투자인가? 투기인가?

이것이 '투기'라는 사실은 다들 알고 있을 것이다. 결국, 우리는 우량한 기업이나 시장의 좋은 환경을 가지고 있어도 투자와 투기를 구분하지 못한다면 스스로 무너지게 되어 있다.

"좋은 투자여건이나 투자대상 그리고 투자방법을 잘 알고 있어도 투자와 투기를 구별하지 못하면 결국엔 투기의 마력에 빠져 실패해 버린다."

코스피가 2,000포인트를 찍을 2007년 8월, 현대중공업 주식은 50만 원을 돌파했다. 울산에 사는 나는 주위에 현대중공업 사원 중에서 '떼돈 벌었다!'라는 이야기를 심심치 않게 들었다. 이유는 과거에 회사에서 사원들에게 월급 대신 주식을 배분한 적이 있고, 그때는 현대중공업 주식이

1~2만 원을 호가하던 시절이었다. 여기서 재미난 것은 떼부자가 된 사원들은 주식을 팔지 몰라서 그냥 들고 있었을 뿐이라고 했다.

여기서 우리는 무엇을 느끼고 생각해야 하는가?

주식투자에서 우리가 진정 알고 싶어 해야 하는 것은 무엇인가? 시장의 환경? 기업의 전망? 기업의 정보? 뉴스와 소문? 투자비법? 동물적 감각?

젊은 청춘, 투기에게 투자철학을 알려주다

"투자와 투기를 구분하지 못하면 다 소용없는 일이다."

모든 투자방법과 비법을 공부하고 깨닫기 이전에 먼저 투자주체인 자신이 '투자'와 '투기'를 구분할 수 있는 철학을 가지고 있어야 한다. 여기서 굳이 '철학'이라고 부르는 이유는 도무지 무엇이 투자이고 투기인지 구별하는 방법이 없기 때문이다.

'투자는 무엇이다.', '투기는 무엇이다.'라고 딱 잘라 정의하고 싶지만, 그것은 결국 자기 생각을 남에게 강요하는 것밖에 되지 않는다. 스스로 자신만의 기준을 잡고, 경험과 독서, 사색으로 만들어 내야 한다. 투자방법은 셀 수도 없이 많고, 투기방법 또한 셀 수도 없이 많기 때문이다. 시장상황은 날마다 변화하고, 사람마다 투자환경이 다르고, 가치관이 다른 상황에서 일괄적인 정의는 공감할 수 없는 헛소리일 뿐이다.

투자와 투기의 구분은 스스로 결정하고 판단해야 한다. 그것이 주식투자의 위험을 한 단계 감소시킬 수 있는 결정적 요인이 될 수 있다. 투자와 투기를 구분한 가치투자가의 대가 '벤저민 그레이엄'이 말하는 투자의 정의를 한번 보자.

"투자행위란 철저한 분석에 바탕을 두고, 투자원금의 안정성과 적당한 수익성이 보장되는 것을 말하며, 이런 모든 조건을 충족시키지 못하는 모든 행위는 투기라고 말할 수 있다."

이 정의에서 투자와 투기를 나누고 있지만, 이것은 벤저민의 방법일 뿐 우리 투자자들에겐 사실 별소용이 없다. 단지 이 정의로 투자하려면 엄청난 자료와 공부 그리고 그것을 경험적으로 분석할 수 있는 능력이 필요하기 때문이다. '철저한 분석', '적당한 수익성'은 도대체 무엇을 말하는가? 어디까지 분석하면 철저한 분석인가? 적당한 수익은 과연 얼마인가? 연 5%? 7%? 10%? 15%? 20%? 원금의 안정성을 지키면서 우리는 어느 정도의 수익을 바라봐야 할까?

공부하지 않기 때문에 그리고 자료가 없어서 우리 투자자가 앞의 정의로 투자하지 못한다는 이야기가 아니다. 정의 자체가 상징성을 띠기 때문이다. 벤저민의 똑같은 정의를 가지고도 다르게 해석해서 다르게 투자하는 펀드매니저들도 부지기수다.

내가 하고자 하는 말은, 결국은 '투자'와 '투기'를 가르는 기준은 스스로 결정해야 하며, 그에 대해 철학적 판단으로 투자해야 한다는 것이다.

남이 하면 불륜, 내가 하면 로맨스~.

남이 하면 허튼짓, 내가 하면 취미와 휴식~.

돈 못 버는 투자보다 돈 잘 버는 투기가 좋다….

투기를 하는 모든 사람은 그 상황에 누구보다 진지하다. 그것을 투자라 믿기 때문이다.

우리는 투자와 투기를 구분할 수 있는가? 무엇이 투자인가? 무엇이 투기인가? 주식투자에서 성공하고 싶다면, 가장 먼저 투자와 투기를 구분할 수 있는 자신만의 철학을 가져야 한다. 아니 꼭 필요하다. 그것을 구분하지 못한 상황에서 주식매매 비법이나 방법만을 알려고 노력하고, 또 그 방법을 터득했다고 해도 결국은 투자대상을 스스로 투기로 만들어, 아는 비법이나 방법보다 더 큰 패배감과 그리고 죽음과 같은 고통만 겪게 될 수도 있다.

젊은 청춘, 시장의 위험을 밝히다

증권시장은 우리 젊은 투자자들에게 환상과 희망을 품게 한다. 수많은 기업의 주식가격과 가격 변동성을 좌지우지하는 공시와 소문들, 그리고 떼돈에 대한 뉴스는 우리를 강렬하게 유혹한다. 그리고 우리들은 불나방처럼 주식시장의 빨간 불꽃을 향해 달려든다.

물불을 가리지 않고 주식시장에 달려들 때면, 이미 주식시장은 활활 불타는 상태다. 전광판은 상승의 빨간색 불빛만이 가득하고, 대부분 언론매체는 희망과 장밋빛의 경기와 전망만을 보도한다. 모두가 흥분하고, 모두가 축포를 터트리지만 사실 모두의 마음속엔 두려움이 숨어 있다. 그 두려움을 피하고자 일부러 더 과장해서 기뻐하고 더 환호한다. 마음속 깊은 곳엔 두려움이 싹튼다. 하지만, '아닐 거야. 아직은 고점이 아닐 거야. 주가는 계속 상승할 거야.'라는 생각으로 자신을 위로하며 한 발짝 한 발짝 용기 있게 나간다.

두렵지만 아직은 희망이 있다. 언론매체는 계속해서 호재성 자료를 낸다. 희망이 있기 때문에 조금의 악재 따위는 신경 쓰지 않는다. 희망만이 들린다. 계속, 계속……

그리고 그 거품이 희망을 다 덮어 버리고, 한순간에 마음속 깊이 감춰 두었던 두려움이 밀려든다. 갑자기 사람들은 두려워하기 시작한다. '이렇게 상승하는 게 말이나 돼?', '이런 상승이 계속할까?' 갑자기 악재가 드러나기 시작한다. 마음속 깊이 감춰둔 두려움이 밀려온다. 모두가 함께 도망치기 시작한다. 거품이 순식간에 빠진다. 우리는 다시 절망의 나락으로 빠진다.

주식시장은 우리에게 혼돈과 위험의 공간이다. 분명히 우리는 그곳에서 꿈과 희망을 보지만, 결국엔 그 꿈과 희망은 한낱 부질없는 우리의 욕심과 헛된 꿈에서 생겨났다는 것을 알게 된다.

"주식시장에서 꿈과 희망을 본 우리는 헛것만 본 것일까?"

증권매매는 우리 투자자에게 노름이고 투기일 뿐인가? "주식은 노름이야!", "주식은 도박이야!"라고 외치고 소리치고 "내가 다시는 증권시장에 발붙이면 성을 간다."라고 다짐하지만, 우리는 결국 다시 증권시장에 문을 두드릴 수밖에 없다. 우리는 결국 증권시장에서 다시 꿈과 희망을 볼 수밖에 없기 때문이다.

그것은 우리의 착각이 아니다. 증권시장엔 정말로 꿈이 있고 희망이 있기 때문이다. 그곳엔 우리 모두의 땀과 열정이 있다. 코스피에는 대한민국 주요 기업 대부분이 상장되어 있고, 기업의 성장과 후퇴에 따라 주가 움직이며, 국가와 세계의 경제상황에 따라 주가는 계속 움직인다.

대한민국 증권지수인 코스피가 망하면 주식투자를 하는 사람만 망하는 것이 아니라, 국가 자체의 존재가 위협받게 되며, 대한민국에서 보증하는 대한민국의 원화가치 또한 크게 손상된다. 결국, 우리는 모두 함께 망하게 된다.

코스피가 세계적으로 대접받게 되면, 우리나라는 선진국 대열에 들어서며 우리나라 정부가 보증하는 대한국민의 원화 또한 세계적으로 가치를 인정받는다. 결국은 우리 모두가 잘살게 된다.

"증권시장은 진실로 우리 모두의 희망이다."

증권시장에 상장되어 있는 수많은 기업과 그 속에서 돌고 도는 거대한 돈의 흐름, 그 안에는 결국 우리 모두의 '부'가 녹아 있다. 우리 모두의 땀과 열정 그리고 미래에 대한 희망이 있다. 이런 공간에서 우리는 어떻게 희망을 보지 않을 수 있단 말인가?

그러기에 우리는 증권시장에서 더욱더 혼란스러워하고 속상해하며, 절망하고 좌절하며 고통스러워한다. 사랑을 하고 기대를 한 만큼 아파하고, 상처를 받고 이에 또 절망한다. 처음엔 정말 투자를 하려고 했던 것인데 결과적으로 거품이 빠지고 나면, 투기를 하고 있던 자신에게 실망하고 머리를 쥐어뜯으며 고통스러워한다. 투자라고 했지만, 결국엔 투기하는 자신을 보면 실망하고 좌절할 수밖에 없다. '얼마나 소중히 여기며 모아둔 돈인데 얼마나 성실하게 일해서 겨우겨우 모은 돈인데~.'라는 생각에 잠을 이루지 못한다.

"증권시장은 왜 이토록 혼란스럽고 위험한가?"

증권시장은 단순히 기업과 주식의 가격으로만 이루어진 것이 아니기 때문이다. 눈에 보이는 것은 단지 껍데기일 뿐이다. 주식시장의 본질은 여간해서는 보이지 않는다. 본질을 보는 눈을 기르기가 쉽지 않을뿐더러 주식시장의 진실을 생각하기에는 당장에 우리를 유혹하는 것들이 너무도 많다. 현재의 수많은 기업, 수많은 가격, 수많은 뉴스와 기사, 수많은 공시, 수많은 투자기법, 수많은 소문 등등이 우리를 현혹하며, 우리의 이성적 사고를 압도한다. 우리는 그 속에서 여간해서는 진실과 거짓을 구별할 수 없다.

"무엇이 진실인지 무엇이 거짓인지 우리는 구별할 수 있는가?"

혼란스럽기만 하다. 아무리 정보를 모으고 아무리 노력해도 마지막엔 눈물만 흘릴 뿐이다. 투자를 하려면 세상을 바라보는 스스로의 기준과 철학이 필요하다. 천체의 체계적이고 과학적인 움직임과는 달리 우리의 경제학적, 사회학적 움직임은 체계적인 것 같으면서도 체계적이지 않고, 과학적인 것 같으면서 전혀 과학적이지 못하기 때문이다. 사회는 끊임없이 역동적으로 변화한다.

자본주의의 꽃이라 불리는 증권시장은 사회 변화의 중심이다. 모든 사람의 열정과 꿈, 희망이 증권시장에 집결되어 있다. 그곳엔 우리의 모든 꿈과 희망 그리고 열정, 아픔, 고통, 절망이 공존해 있는 공간이다.

그 때문에 이 공간에서 진실을 보려면 우리는 우리만의 기준과 철학이 있어야 한다. 그리고 이 공간은 스스로 움직이며 살아 숨 쉬고 있기 때문에 항상 변화할 수 있다는 사실을 알아야 한다.

젊은 청춘, 과학과 예술의 투자를 말하다

흔히 투자는 '과학과 예술의 조합'이라고 한다.

"투자는 과학이다."

우리는 대개 수치를 들어 설명하는 것을 좋아한다. 숫자는 객관적으로
보이기 때문이다. 따라서 대부분의 우리는 숫자로 경제를 이해하고 공부
하려 한다. 그래서 숫자를 통해 표현하는 것을 좋아한다. 각 나라의 GDP
성장률, 올해의 무역지수, 기업의 영업이익, 기업의 재무제표 등등 경제는
마치 고도의 숫자적 통계로 이루어진 것 같고, 우리는 그 숫자의 의미를
파악하기 위해 노력한다. 숫자는 막연한 경제를 바라보는데 기준을 마련
해 준다. 하지만, 곰곰이 한번 생각해 보자. 숫자로서 우리는 투자의 진실
을 알 수 있을까?

"기업투자의 핵심은 미래의 수익을 가늠하는 일이다."

숫자는 과거와 현재의 수치를 말해줄 뿐이다. 과거와 현재를 바탕으로

미래를 도출할 수도 있겠지만, 그것은 어디까지나 가정밖에 되지 않는다. 증권가격의 가장 핵심적인 요소는 바로 '미래의 수익'이다. 과거와 현재의 수치로 과연 미래를 얼마나 정확하게 추론할 수 있는지 생각해 보자. 또한, 극단적으로 볼 때 그 수치는 과연 진실을 말하고 있는지? 통계치는 정말 적절한지? 사실 이것조차도 굉장한 의문이다. 어떤 권위나 지위를 이용해서 숫자를 조작할 수 있는 여지가 없는지도 항상 비판적인 시각으로 봐야 한다. '투자에서 과학'이란 '정확한 수학적인 공식을 통해 미래를 예측하려는 시도'인데, 투자에서 수학적 수치가 어디까지 적용되고 통할지는 항상 의문이다.

특히 계량경제학의 방정식들에 실수(숫자)를 채워 넣는 일의 위험성에 대한 케인스의 경고는 신랄하다.

"그것은 마치 사과가 땅 위에 떨어지는 것이 사과의 동기, 땅에 떨어지는 것이 가치 있는 일인지의 여부, 그리고 땅에 사과가 떨어지기를 원하는지의 여부, 자신이 지구의 중심에서 얼마나 멀리 떨어져 있는지에 대한 사과 쪽의 계산 실수(實數)에서 비롯되었다고 말하는 것과 같다."

하지만, 경제학적으로 수학을 무시하는 태도 또한 크게 지탄받아야 한다. 모든 이론은 부족하나마 이론화되고 체계화되어야 하기 때문이다. 그래야, 그전의 연구를 바탕으로 지식의 상아탑을 쌓아갈 수 있다. 또한, 객관적이고 사실적 논리를 이끌어 내려고 수학을 이용하는 것은 필연적이다. 다만, 그 수학을 무조건 신봉해서 투자하게 되면 큰 어려움에 봉착할 수 있다.

"투자는 예술이다."

투자는 예술의 과정이다. 투자는 모두가 인간의 관점에서 바라봐야 하기 때문이다. 우리에게 '금'이 '금'일 수 있는 이유는 우리가 '금'이라 부르고 귀하다 생각하기 때문이다. '금'은 스스로 귀하다고 말하지 않는다. 심지어 땅속 깊은 곳에 묻혀 있는 금을 채굴하고 네모로 만들어 '골드바'라고 부르며 그것에 가치를 부여하는 주체는 바로 우리다.

투자할 때, 우리는 자연 그대로의 것을 바라보지 않는다. 우리 인간이 스스로 변형하고 그것을 우리에게 가치 있는 것으로 만들려고 투자한다. 다분히 인간중심적이며 자연과는 전혀 관련이 없다.

"투자라는 행위는 인간이 주체이다."

그래서 투자는 예술적인 행위가 될 수도 있다. 어떤 대상에 가치를 부여하고, 그것에 의미를 부여할지는 우리가 정해야 할 몫이다.

얼마나 희망과 꿈을 품느냐에 따라 가치와는 상관없이 투자에 거대한 자금이 몰리기도 하고, 얼마나 좌절하고 고통을 겪느냐에 따라 가치와는 상관없이 투자자금이 거대하게 빠져나가기도 한다. 인간이 자연을 바라보는 관점 그리고 그것에 가치를 부여하고 그 가치에 꿈과 희망을 불어넣은 자체가 예술행위가 아닐까?

하지만, 이것을 투자에 접목시키면 우리는 극도의 스트레스를 받는다. 우리가 사물을 바라보는 태도나 관점에 전혀 일관성이 없기 때문이다. 오늘의 사랑이 내일의 배신이 되고, 오늘의 사랑이 내일의 스토커가 될 수도 있으며, 과거의 보물이 오늘은 쓰레기가 될 수 있기 때문이다. 예술의 진정한 혼은 다양성을 인정하고 자유로움을 추구하는 것이 아닐까?

"투자는 과학과 예술의 결합이다."

하지만, 우리는 더욱더 혼란스러워하고 스트레스를 받을 수밖에 없다. '투자의 과학'이란 숫자를 말하는 것이지만 움직이면서 끊임없이 변화하는 우리 인간의 행동이나 결과를 얼마나 정확하게 숫자로 나타낼 수 있을지, 과연 정확하기는 한 건지, 또한 그것을 바탕으로 미래의 행동반경이나 결과를 예측할 수 있는지 의심해봐야 한다. '투자의 예술'이란 우리 인간의 관점에서 가치와 감정을 나타내는 것이지만 그것은 도대체 어떤 기준을 정해야 할지 우리는 알 수 없다. 모두의 가치와 기호 그리고 감정의 기준을 누가 어떻게 알 수 있단 말인가?

결국, 우리에게 '과학적이고 예술적인 투자를 해라.'라는 말은 굉장히 의미심장하고 추상적이어서 얼핏 그럴 듯하지만, 결국은 '동물적 감각으로 투자해라!', '묻지 마 투자해라!'라는 말과 일맥상통하지 않을까 한다.

이토록 혼란스러운 증권시장에서 우리를 더욱더 어지럽게 하는 것이 있으니 그것은 바로 '돈'이다. 우리는 사실 모두 '돈'을 벌려고 투자한다. 하지만, 역설적이게도 돈을 벌고 싶으면, 돈 벌기를 포기해야 한다. 돈 자체의 욕심을 버려야 한다는 의미다.

젊은 청춘,
시장과 돈에게 철학을 이야기하다

좀 더 쉬운 설명을 위해 예를 하나 들어 보자.

"자식을 이기는 부모가 있을까?"라는 질문을 던져보자. 부모가 자식을 이기지 못하는 이유는 자식이 부모를 위하는 마음보다 부모가 자식을 사랑하는 마음이 100배, 1,000배는 더 강하기 때문이다.

"사랑하는 사람을 이길 수 있을까?" 우리는 사랑하면 희생하고 주기만 한다. 사랑하는 자체가 행복하기 때문이다. 미운 자식에겐 '떡' 하나 더 주고 사랑하는 자식에겐 '매'를 아끼지 말아야 하지만 어디 그게 쉬운 일인가?

우리는 사랑하기 때문에 희생한다. 그리고 사랑하기 때문에 행복이 되고 기쁨이 된다. 하지만, 사랑하기 때문에 우리는 집착하고, 사랑하기 때문에 우리는 그 사랑을 잃을까 안절부절못하고, 사랑하기 때문에 두려워한다. 진정으로 사랑하는 마음은, 진정으로 아픔과 고통을 안겨주며, 죽음을 불사하는 사랑하는 마음은, 죽음을 불사하는 분노와 실망을 우리에게 안겨준다.

"진정으로 사랑하는 사람을 우리는 이길 수 있는가?"

"……."

"……."

우리는 돈을 단지 돈으로만 보는가? 아니면 돈을 너무 갖고 싶어하고, 너무 사랑하며, 너무 사랑하기 때문에 두려워하는가?

돈과의 싸움에서 돈과 사랑에 빠진다면 우리에게 과연 승산은 있는가? 결론을 말하자면, 우리 투자자의 대부분은 돈과의 싸움에서 절대로 이길 수 없다. 우리는 모두 돈을 너무 사랑하면서도 너무 두려워하기 때문이다.

우리가 가장 이성적으로 대하고 극복해야 할 대상과 사랑에 빠졌는데, 어떻게 사랑하는 대상을 이성적으로 대할 수 있겠는가? 사랑하는 대상을 극복할 수 있겠는가? 정신을 똑바로 차리고 이성적으로 돈을 대해도 증권시장과의 싸움에서 이길 가능성이 희박한 우리가 돈 자체를 감정적으로 대한다면, 우리는 돈과의 싸움에서 100전 100패할 뿐이다.

"우리는 돈을 과연 이성적으로 대할 수 있는가?"

이것에 대한 물음을 스스로 던져 보자. 과연 사랑하는 대상을 이길 수 있는지……?

다른 수많은 위험요소도 역시 존재한다. 그중 핵심은 바로 투자대상이 되는 가치의 기준과 큰 틀(전체)을 바라보게 하는 자본주의 체제에 대한 이해 그리고 돈의 생성 원리다.

기준을 잡고 투자하려면 회사의 어떤 가치에 투자해야 할지도 정해야 한다. 기업은 굉장히 복잡하게 구성되어 있기 때문이다. 경영자가 있고,

투자자가 있고, 그 회사에서 일하는 직원들이 있으며, 회사마다 제품이 다르고, 비즈니스 모델도 다르고, 회사의 문화 자체도 다르다. 기업은 저마다의 환경이 다 다르다. 모든 기업을 일괄적으로 계산할 수 있다고, 생각하고 믿는 그 자체가 굉장히 순진한 생각일 뿐이다.

또한, 현재의 자본주의 체제에 대한 이해가 있어야 한다. 체제를 이해해야지만 우리가 살아가는 자본주의 삶의 진실을 볼 수 있다. 돈이 어떻게 만들어지고 생성되는지, 돈의 진정한 가치는 무엇인지 등을 알아야 돈을 이성적으로 바라볼 수 있다. 그 속에서 경제를 알게 되고, 통화량과 환율, 그리고 금리의 원리를 알게 되고 진실과 거짓을 볼 수 있다.

경기변동은 왜 이토록 급격하게 일어나는지, 우리가 열심히 살고 있지만 왜 살아갈수록 힘들어지는지, 비로소 알 수 있다.

결국, 이 사회는 아무것도 저절로 이루어진 것이 없다. 우리가 그토록 열망하는 돈조차 그저 우리의 편의를 위해 만들어진 하나의 사회적 산물일 뿐이다. 모든 문제는 우리가 만들어 내는 것이고 또한 그 문제해결의 실마리는 우리가 스스로 풀어야만 한다.

지금의 이 체제가 어떻게 만들어졌는지, 문제점을 고치지 못하는 이유가 무엇인지, 이러한 문제점에서 어떤 선택을 해야 최선의 선택이 되는지? 우리는 계속 자신과 사회에 질문을 던져야 한다.

"증권시장은 왜 그토록 혼란스러운가?"
증권시장은 과학적이지만 숫자만으로는 충분하지 않고, 증권시장은 예술적이지만 우리에게 더욱더 아름다운(?) 혼란을 부추긴다. 또한, 우리는 돈을 너무 사랑하지만, 두려워하여 이성적으로 대하지 못하고, 가치에 대해 투자하고 싶어도 가치에 대한 정의조차 스스로 정하지 못한다. 그리고 경제 전체의 원리를 이해하려고 노력하지만, 여간해서는 우리의 눈에는 보이지 않아 이해하지 못한다. 정부나 기관, 외국인, 각종 언론매체 등을 포함한 모든 단체는 언제나 우리 일반 투자자들을 압도한다. 수많은 권력기관과 세력들이 자신만의 이익을 추구하면서 우리 개미를 사지로 내몰기에 시장은 언제나 혼란스럽다. 그 밖에도 수많은 파도와 태풍이 우리를 고난으로 내몰고 있다.

증권투자가 우리 개미들을 사지로 내몬다는 것은 공공연한 사실이다. 우리를 죽음과 고통의 공간으로 인도한다. 하지만, 증권시장 안에는 또한 우리의 희망과 꿈이 있다. 그 꿈과 희망은 결코 헛것은 아니다.

우리가 시장에서 이길 수 있는 승산은 거의 없지만, 우리는 시장을 이용해서 부자가 될 수는 있다. 이기지는 못하지만, 이용할 수는 있다는 것이다.

투자를 할 때, 수많은 생각을 통해 '철학'을 만들고 '기준'을 만들어나갈 때 비로소 시장을 이용할 수 있게 된다. 방법이나 기술 따위는 처음부터 존재하지도 않는다. 만약 방법이나 기술이 있다고 해도 그 기술이나 방법은 한때일 뿐이다.

돈을 이성적으로 대하고 세상의 흐름과 사물의 본질을 꿰뚫어 볼 수 있는 자신만의 철학이 필요하다는 것이다. 투자에 대한 철학이 없다면 주식시장은 노력하면 할수록, 알면 알수록 혼란스럽기만 할 뿐이다.

앞으로 그 철학을 하나하나 만들어갈 것이다.

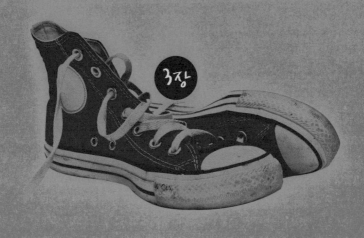

젊은 청춘, '돈'에게 말을 걸다

너무 사랑하기에 너무 무서운 존재 • '돈'을 알면, '돈'
이 보인다 • '돈'에 대한 철학 1: 젊은 청춘, 돈에게 말을 건네
다 • '돈'에 대한 철학 2: 젊은 청춘, 돈의 본질을 이야기하다

"너의 화폐는 진정한 능력 그 자체다."

아테네의 부유한 귀족 타이먼은 주변 사람들이 자신의 돈 때문에 아첨하는 줄도 모르고 그들에게 아낌없이 돈을 준다. 그러나 그가 파산하자 그가 '친구'라고 믿었던 모든 이들이 등을 돌린다. 사람들을 피해 산속 깊이 들어가 나무뿌리를 캐 먹으며 연명하던 타이먼은 우연히 황금을 캐고서, 자신의 삶을 망친 돈의 능력을 이렇게 저주한다.

"돈은 '검은 것을 희게, 추한 것을 아름답게, 늙은 것을 젊게' 만들고, 심지어 '문둥병조차 사랑스러워 보이도록' 만들며, '늙은 과부에게도 젊은 청혼자들'이 오게 한다."

〈아테네의 타이먼 4막3장〉

우리는 모두 돈을 벌고자 투자한다. 하지만, 아이러니하게도 돈을 벌려고 투자하기 때문에 모두 망한다. 돈을 위해서만 투자하다 보면 돈을 이성적으로 대할 능력을 상실하기 때문이다. 주식매매의 무서움은, 매도한 뒤 3일 뒤에 주식이 현금화된다는 것에 있다. 또한, 주식계좌에서는 손익을 실시간으로 알 수 있다. 주식매매는 속된 말로 '현금박치기'다. 이런 상황에서 돈을 이성적으로 대하지 못하고, 감정적으로 대하면 투자의 세계에서 우리는 100전 100패할 뿐이다. 우리는 대개 투자를 하면서, 돈을 너무 사랑하고, 그 사랑으로 말미암아 돈을 너무 두려워한다.

"돈의 승자가 되기를 원하는가?"

너무나 사랑하면서 너무나 두려워하는 대상을 우리는 이길 수 있는가?

"사랑하는 사람을 이길 수 있는가?"

여기에서는 '돈'을 감정이 아닌 '이성'으로 대하기 위한 여러 방편에 대해 생각해볼 수 있는 시간을 갖는다.

너무 사랑하기에
너무 무서운 존재

우리는 대부분 아주 어렸을 때부터 혹은 걸음마를 시작할 때부터 절약에 대해 교육받는다. '보지 않는 TV는 꺼라!', '음식을 남기지 마라!', '필요 없는 물건은 사지 마라!' 등등 많은 잔소리를 들으면서 성장한다. 그리고 나이가 들으면서 우리가 평생을 통해 듣는 절약교육과 잔소리는 '돈 귀한 줄 알아라!', '돈 아껴 써라!'로 마무리된다.

살면서 우리는 '저번에 그렇게나 많은 돈을 줬는데 돈을 이렇게밖에 못 쓰느냐?', '돈이 너무 많다. 방안에 돈이 너무 많으니 나가서 좀 뿌리고 와라.'라는 식의 교육은 인생을 살면서 들을 수가 없는 소리다.

어렸을 때 부모님은 말씀하신다. '넌 아무 걱정 하지 말고 공부에만 전념해라!', '우리 자식이 공부만 잘하면 세상 부러울 것이 없겠다!'라는 잔소리는 어느덧 나이가 들면서 공부만 열심히 하는 건 허튼짓이 된다. 가장 중요한 것은 취업과 연봉이 되며 '힘들게 공부시켰더니 취직도 못한다.'라면서 구박을 한다.

좀 더 직설적으로 말하자면 우리가 그렇게 나름 열심히 공부했던 그 모든 과정이 결국 공부 자체가 목적이 아니라, 돈이 목적이었음을 깨닫게 된다. 결국은 돈을 더 많이 벌려고 교육받고 공부를 한 것이다. '자라서 훌륭한 사람이 되라.'라는 말은 '자라서 돈 많이 벌어라.'라는 말과 동의어가 되어 버린다.

가슴 아프지만 이게 우리의 현실이다.

더 슬프게 말하자면 어쩌면 우리는 돈을 벌려고 태어난 것일 수도 있다. '돈, 돈, 돈…………, 돈……………'은 우리를 평생 따라다닌다. 태어나서 죽을 때까지 아니 죽는 순간에도 우리는 돈을 생각한다. 돈은 자본주의 시스템에서 살아가는 우리에게 너무나 강력한 존재이다. 음, 강력한 존재라는 표현으로는 부족한 것 같다.

돈은 우리에게 하나의 신앙이다. 우리는 태어나면서부터 죽을 때까지 절대적인 권력을 지닌 돈을 숭배하고, 돈을 위해 일생을 헌신한다.

'돈 님'은 나의 목자이시니 내게 부족함이 없으리로다.

'돈 님'이 나를 푸른 초장에 누이시며 쉴 만한 물가로 인도하시도다.

내가 사망의 음침한 골짜기로 다닐지라도 해를 두려워하지 않을 것은 '돈 님'께서 나와 함께하심이라.

'돈 님'이 내 곁에 있으므로 나의 평생에 선하심과 인자하심이 정녕 나를 따르리니 내가 '돈 님'의 집에 영원히 거하리로다.

……….

……….

……….

이 패러디에 쓴웃음이 지어지는가? 하지만, 누구도 부정할 수는 없을 것이다. 돈은 우리 사랑의 대상이고 동경의 대상이 되어 버렸다. 우리는 돈을 좇아 산다. 너무너무 사랑하기에 너무너무 무서운 존재.

지금의 이 세상은 그분만 있으면 나의 삶이 기쁨이 되고 행복이 되고 천국이 되며, 그분이 없으면 이 삶이 고통과 지옥이 되어 버리는 그분은 바로 '돈 님'. 비약이 심할 수도 있지만, 아무튼 주식투자는 이런 '돈 님'을 직접 다루는 일이다. 그리고 투자자들은 자산을 안전한 포트폴리오의 정석으로 통하는 자산배분 비율인 부동산, 채권, 주식, 현금의 비율(일명 3:3:3:1의 비율)로 나눌 정도의 목돈이 있지 않다. 그래서 우리 투자자들은 가진 현금자산 대부분을 주식시장에 넣는 일이 비일비재하다.

그리고 주식은 부동산과는 달리 주식계좌를 보면, 수익이 나고 손실이 나는 것을 실시간으로 알 수가 있다. 과연 그런 상황 속에서 일반 투자자 중 감정에 휘둘리지 않고, 이성적인 판단을 하며 자제력을 잃지 않을 사람이 얼마나 되겠는가? 돈을 다루는 것 자체가 어떻게 보면 인간의 본성 자체를 뛰어넘는 일이다.

여기에서 우리는 왜 그렇게 수없이 많은 펀드매니저와 애널리스트, 그리고 경제학을 공부한 박사와 그 외 평생 투자를 위해 노력하는 사람이 비참하게 시장에서 패배하는지의 의문점을 풀 수 있다.

돈을 좇지 않고, 돈을 다스릴 수 있는 능력을 갖추기에는 수많은 직접경험과 간접경험이 필요하다. 주식매매를 하면서 망해 보지 않고 성공한다면 그것은 진정한 성공이 아니다. 결국, 더 큰 손실을 잠재적으로 가지는 것이다.

실패 없는 성공은 결국 자기 확신을 하게 되고, 그 확신은 결국 욕망을 불러 일으키며 그 욕망은 욕심과 탐욕, 미래에 대한 낙관과 확신으로 가득 채워진다. 주가가 올라갈 때, 우리는 항상 본능적으로 주식을 가장 많이 보유하며, 이 주가가 최고의 고점까지 다다르면 사람들은 가치와 가격을 분리하면서 밑도 끝도 없는 자신감으로 가득 찬다. 이제 새로운 시대가 열렸으니 과거와 다르다는 논리와 자기 확신으로 가득 차게 된다. 일반 투자자는 어느 정도 수익이 나면, 속된 말로 '눈에 보이는 게 없어진다.'.

미국의 경제학의 아버지로 불리는, 당시 가장 유명한 경제학자였던 피셔(irving fischer)도 공황이 터지기 불과 며칠 전까지 "미국 경제는 영원한 호황의 입구에 들어섰다."라고 주장함으로써 경제학 사상 가장 멍청한 실수를 남기고 말았다.

이것이 바로 주식가격이 가치와 상관없이 말도 안 되게 올라가는 원리다. 주가가 올라갈 때 주식을 못 사서 다들 안달하고, 일단 주식에서 수익이 나기 시작하면 적금을 깨고 주식에 붓고 거기서 더 수익이 나면 미수를 쓰고 신용까지 사용하면서 갈 때까지 간다. 이미 눈앞의 걱정 따위는 없어진다.

찬란한 희망과 '돈 님'의 축복만 가득한 것이다. 그리곤 무용담이 늘기 시작한다. 난 '요렇게 해서 돈 벌었다!'. 그 무용담은 부풀어지고, 소문이 나고, 그 소문을 들은 사람들은 '저런 사람도 저렇게 해서 돈 버는 데 나라고 왜 못 벌어?'라는 생각과 돈 버는데 뒤처지면 안 된다는 생각에 초조해한다.

'아니야! 저놈은 저렇게 위험하게 투자하다가 결국 망할 거야?', '난 소중하니까 저렇게 투자할 수 없어.'라고 마음을 추슬러 보지만, 막상 돈 번 친구나 소문의 주인공이 집을 바꾸고, 차를 바꾸고 거들먹거리면서 '허허 허 그저 주식에 몰빵했을 뿐인데 요렇게 잘살게 되었네? 너는 요즘 회사 는 잘 다니니? 연봉은 얼마나 되니? 그렇게 벌어서 언제 이런 차 타겠니?' 라고 놀리면 미칠 것 같고, 속이 쓰리고 배가 아프고 잠도 오지 않는다. 그 리고 결국은 이성이 마비되고 '아, 그때 과감하게 매수했어야 했는데~. 역시 용기 있는 자만이 성공과 미인을 얻는군. 난 너무 소심해. 이러다간 정말 인생의 패배자가 될 거야.'라고 생각하면서 그 뒤로는 이성적 판단 따위를 스스로 소심한 생각으로 치부해 버린다. '이것저것 다 따지고 돈 은 언제 버나?'라는……

이게 바로 주가가 올라갈 때 묻지 마 상승의 원동력이 된다.

'올인' 받고 '콜', '올인' 받고 또 '콜', 또 '올인'~~. 떼돈 아니면 죽음을 달라, 라고 투자와 가치 따위는 사라지고 진정한 폐인 노름꾼으로 전락해 버린다.

그리고는 망한다.

망하고 나서야 자신의 행동이 얼마나 미련스러운지 깨닫는다. 하지만, 안타까운 건 이렇게 망하고 나서도 우리의 행동은 그 상황이 되면 또다 시 반복한다는 것이다. 기회만 되면 우리는 모두 항상 죽을 것 같이 자책 하고 후회하면서도 다시 그 행동을 반복한다. 이게 바로 돈의 마력이다. 우리는 그 유혹을 이길 수 없다.

우리는 모두 돈을 사랑하기 때문이다. 그리고 돈을 무서워하기 때문이다. 사랑의 대상과 두려움의 대상이 되는 돈을 이성적으로 대할 수 있는 사람은 없다. 아무리 부정하려고 해도 또 아무리 발버둥쳐도 우리는 돈을 이길 수 없다. 투자는 기본적으로 돈을 다루는 일이다. 그래서 투자하려면 돈에 대한 철학이 있어야 한다. 돈에 대한 철학이 없다면 결국 투자의 싸움은 허망하게 끝난다. 돈은 인간의 이성을 마비시키는 마력을 소유하고 있기 때문이다.

"돈은 나에게 어떤 의미인가?"
"돈은 무엇인가?"

내가 투자라고 생각하는 행동을 할 때 결국 '내가 원하는 것은 무엇인가?'에 대한 기본적인 물음이 없다면, 이성과 냉정은 사라지고 희망, 행복, 기쁨과 동시에 절망, 두려움, 좌절감, 긴장감이 우리의 마음을 수시로 파고들며 그 감정의 변화로 결국 우리를 미치게 할 것이다.

'돈'을 알면, '돈'이 보인다

"우리는 왜 그토록 돈에 집착하는가?"

조금은 시시한 이야기일 수도 있지만, 이제는 당연한 것이 되었는데, 우리는 TV나 신문, 라디오, 인터넷 등의 대중 언론매체 없이는 불편하고 답답해서 살지 못하는 지경까지 이르렀다. 대부분 사람이 집에서 쉬거나 휴식을 취할 때, 또는 필요한 정보를 얻으려고 할 때, 우리는 TV나 인터넷 등의 대중매체를 이용한다. 이것이 지금 우리의 일상생활이 되어 버린 지 오래되었다.

생활 일부가 된 TV, 인터넷, 신문매체, 그리고 그 외의 기타 미디어들……. 이런 일련의 매체에 의한 행동은 습관처럼 굳어지고 있다. 일단 습관이 되어 버리면 '왜?'라는 의문점을 가지지 않고 비판 없이 그냥 받아들인다. 하지만, TV나 인터넷, 신문, 기타 미디어 등은 저절로 만들어지는 것이 아니라, 이윤추구를 위해 만들어지는 하나의 법인기업에 지나지 않는다는 사실을 생각해봐야 한다. 우리가 접하는 대중매체는 '상업주의의 꽃'이다.

TV나 라디오, 인터넷을 접할 때 우리는 끊임없이 광고에 노출된다. 그리고 그 광고는 우리에게 끊임없이 상품을 광고하고 물건 자체가 인간의 존엄성을 결정짓게 해 버린다. 더 좋은 아파트에 살면 품격이 높아지는 것처럼, 더 좋은 차를 타면 사회적 지위가 올라가는 것처럼 광고하고, 어떤 물건을 가지고 있지 않으면 사회적으로 뒤처진 느낌이 들게 한다. 더 비싼 옷과 더 새로운 상품을 가진 사람이 더 멋있게 보이게 하려고 갖은 애를 쓴다.

우리는 비판 없이 습관화된 대중매체를 접하고 거기에서 상품을 차별화하고 멋있어 보이게 하는 전문화된 마케팅 기법으로 말미암아 점점 물질에 세뇌된다. 지속적인 반복과 일상에서의 세뇌 효과는 인간의 이성적 능력을 감퇴시킨다.

"이따위 물건이 나의 가치를 좌지우지할 수 없다. 난 나 자체로 소중하니까!"

물질이 인간의 존엄성을 해쳐서는 안 된다는 것을 우리는 모두 알고 있다. 이 기본적인 물음에 반박할 사람이 어디 있겠는가? 하지만, 세뇌의 효과는 너무나도 강력하다. 인간의 본성은 항상 우리의 이성을 마비시키고 자기합리화에 빠지게 한다. 기본적인 본성의 식욕, 수면욕, 성욕 등의 예를 들어만 봐도 우리는 늘 패배자가 된다. 먹고 싶은데 참을 수 있는 능력, 지금 자고 싶은데 끝까지 참아내고 일을 해내는 능력이 있지만, 웬만한 마음가짐이 아니고서는 항상 자기합리화에 빠져, '이번 한 번만…'이라는 마음가짐으로 금세 편안함을 추구하는 게 우리 모두의 모습이며 그것이 또한 일상이 되어버렸다.

"물질이 인간의 존엄성을 해쳐서는 안 된다."

이 기본 대전제는 만고불변의 진리이다. 인간의 편의와 생활의 이로움을 위해 만들어진 물질이 인간을 능멸하게 하는 것은 우리가 모두 용납할 수 없다. 하지만, 이 물질의 이면에는 인간의 욕심과 남보다 잘나고 싶은 과시욕 그리고 안정적인 미래를 바라는 인간의 본성이 잠재되어 있다. 그래서 우리는 절대적인 대전제인 "물질이 인간의 존엄성을 해쳐서는 안 된다."라는 것을 알고 있으면서도 결국은 물질과 돈에 무릎을 꿇게 된다.

자본주의 속에 살면서 대중매체의 상업주의 탓에 불가피하면서도 강력한 세뇌 효과와 기본적인 인간의 본성을 반하면서 다음과 같이 말할 수 있는 사람이 이 시대에 과연 얼마나 존재할까?

'난, 돈 따위 안중에도 없다. 돈보단 내가 더 소중하다. 이따위 돈, 너 다 가져라.'

'난 가치 없는 돈은 필요 없다. 공돈도 필요 없다. 일하지 않으면 먹지도 않겠다.'

'진정한 가치를 창출하는 게 아니라면 그에 따라오는 돈은 그저 종이에 불과하다. 이런 돈은 난 필요 없다, 나는 진정한 가치를 찾아 떠나겠다.'

우리는 어떤가? 돈의 사회적인 세뇌의 틀을 벗어났는가? 아니면 우리의 본성을 벗어나 돈을 객관적으로 바라볼 철학을 가지고 있는가? 이에 대한 기본적인 물음이 있어야 한다. 그렇게 해야만 돈이 우리를 파멸하고 능멸하는 것을 막을 수 있다.

'돈을 활용해서 부가가치를 만들어 내는 투자'라는 행동을 할 때, 우리는 항상 돈을 지배하는 것이 아니라, 돈에 지배당할 수 있다는 사실을 인식하고 있어야 한다.

실제로 내가 돈을 투자하고 내가 돈을 쓰지만, 진정으로 내가 의도한 행동인지 아니면 사회의 세뇌와 나의 본성에 의해 나의 이성과는 상관없이 돈에 의해 조정되고 있는지 항상 파악하고 있어야 한다.

우리는 투자라는 행동을 할 때 돈을 좇고 있는지 아니면 돈을 다스리고 있는지 항상 생각해야 한다. 돈을 좇고 있을 때, 돈을 이길 수 있는 확률은 제로에 가깝다. 이 말은 곧 투자라는 행동을 할 때, 돈을 벌 수 있는 확률이 제로에 가깝다는 이야기다.

당신은 돈을 좇고 있는가? 아니면 돈을 다스리고 있는가?

'돈'에 대한 철학 1
젊은 청춘, 돈에게 말을 건네다

인정해야 한다. 우리는 투자를 할 때, 투기가 아닌 투자를 하기가 얼마나 어려운지 스스로 인정해야 한다. 우리는 투자를 해야만 가치 있는 돈을 만들어 낼 수 있고, 승리할 수 있다.

하지만, 우리는 '돈 님'의 마력 때문에 정신을 차릴 수가 없다. 그럼, 우리는 혹시 '돈은 무엇인가?'에 대해 생각해본 적이 있는가? 돈의 마력을 이기려면 돈 자체에 대해서 생각해봐야 한다. '돈이 돈이지, 돈이 뭐 다른 게 있느냐? 그냥 많으면 좋은 거야~! 돈이 최고~!!'라고 말한다면 또다시 투자를 가장한 투기 탓에 고통과 후회의 시간 속에서 방바닥을 긁으면서 참회의 시간을 보내게 될 수도 있다.

'돈은 무엇인가?'에 대해 질문해보고, 돈이 무엇인지에 대해서 생각하는 시기를 거쳐야 비로소 투기를 이겨낼 수 있는 첫걸음을 내딛게 되는 것이다.

'돈, 돈, 돈은 도대체 무엇인가?' 아, 정말 어렵다.

"우리는 너를 알고 싶다. 돈아, 너는 도대체 무엇이냐?"

어렵다. 사실 돈에 대한 철학을 만들어 내려면, 상상을 초월하는 통찰력을 가지고 있어야 한다. 돈에 대한 철학이 있다는 것은 자본주의 시스템 자체를 꿰뚫고 있다는 것과 같은 의미이기 때문이다.

이 말을 다르게 표현하면 우리는 인생을 살면서 '돈을 좇지 않고 돈을 다스리며 살 수 있다.'라는 뜻이다. 그것은 우리가 모두 원하는 삶이다. '돈을 다스리며 살 수 있는 삶……!'

그러면 진지하게 돈한테 물어보자 "돈아, 너는 무엇이냐? 너는 무엇이기에 평생 동안 내 인생을 좌우하고, 나의 사랑과 두려움의 대상이 되느냐? 난 너 때문에 미치겠다. 난 너를 그토록 사랑하는데 넌 항상 곁에 있는 듯하면서 도망쳐 버리는 이유가 뭐냐? 난 너 없으면 못 살겠다. 너 없는 인생은 상상도 하기 싫다." 등등 '돈'하고 이야기를 해보자.

나는 사실 이야기를 해봤다. 근대 화들짝 놀랐다. 내가 이야기를 하는 돈은 세종대왕님이 그려져 있는 그냥 종이였기 때문이다. 뭔가 이상했다. 내가 늘 머릿속에 생각하는 그런 사랑과 두려움의 존재가 아니라, 그냥 '종이' 그 자체였기 때문이다. 뭔가 부족했다. 그래서 통장에 있는 돈을 다 찾아서 돈다발을 쌓아 봤다. 좀 많으면 이야기가 통할 것 같아서 있는 현금이란 현금을 다 쌓아 봤지만……, 더 당황이 되었다. 무더기로 쌓아 보니 그냥 종이 뭉치였다.

돈의 실체를 보면 우리는 모두 인정하고 싶지 않을 것이다.

'돈은 그냥 종이다.'라는 사실을 말이다. 돈이란 돈 자체에서는 아무런 의미가 없다.

우리가 돈에 대해 가장 크게 오해하는 것은, 돈을 사물로 이해한다는 것이다. 그러나 세종대왕의 얼굴이 그려져 있는 저 종잇조각은 왜 자신이 돈인지 말해주지는 않는다. 돈은 어떤 사물로부터 나오는 게 아니기 때문이다. 어쩌면 저 종잇조각이야말로 돈 행사를 하면서 진짜 돈을 가리고 있는지 모른다.[1]

믿기 싫고 인정하기 싫겠지만, 종이에 불과한 돈이 우리 최고의 가치가 되는 이유는 어이없게도 우리가 모두 돈이 가치 있다고 믿기 때문이다.

마르크스는 이성을 통해 신의 현존을 증명하려는 사람들을 비웃으며, 그 시도가 헛된 이유를 화폐의 비유를 통해 설명했다. "당신이 지폐의 사용법이 알려지지 않는 곳에서 당신의 지폐를 사용해보라. 당신은 웃음거리가 될 것이다. 그것은 다른 신을 숭배하는 나라에 당신의 신을 데려가는 것과 같다." 신을 존재케 하는 것은 이성이 아니라, 신앙이다. 따라서 이성을 통해 신의 현존을 증명하려는 시도는 오히려 신을 통해 이성의 부재를 증명하게 될 것이다. 화폐 또한 그렇다.[2]

자본주의 체제의 핵심은 가치가 없는 종잇조각에 불과한 돈에 가치를 불어 넣고 그것을 신앙화한다는 것이다. 그리고 그 신앙을 자본주의 체제의 세계에 퍼뜨려, 인류가 모두 돈을 가지려는 공동의 목표를 가지고 좀 더 효율적이고 능동적으로 움직이게 한다. 즉, 돈을 효율적이고 생산적으로 사용하기 위해 모두 온 힘을 다한다.

이 때문에 우리 인류는 더욱더 급속도로 발전하고 눈부신 문명을 이룰 수 있다. 돈은 '숫자'이기 때문이다. 숫자이기 때문에 자본주의 세계 속에서 인간의 모든 행동은 돈을 통해 계산된다고 볼 수 있다.

예를 들어 우리는 어떤 집에 사는지, 어떤 옷을 입는지, 어떤 음식을 먹는지, 어떤 차를 타고 다니는지, 어떤 일을 해서 임금을 받는지 등등의 모든 활동을 돈으로 계산할 수 있다. 그리고 직업에 맞춰 버는 돈을 계획적으로 쓰면서 생활하는 사람을 경제적인 사람 혹은 잘사는 사람이라고 한다. 반대로 직업에 비해 버는 돈보다 많이 쓰는 사람을 우리는 비경제적인 사람 혹은 '저런 개념 없는 사람'이라고 비난한다.

이렇듯 '돈'이란 숫자는 개개인 인간의 행동이 기회비용을 통해 자원을 효율적으로 활용하는지, 비효율적으로 활용하는지를 수학의 기본인 사칙연산(더하기, 빼기, 곱하기, 나누기)으로 계산되어 진다. 또한, 이런 사칙연산의 행위를 통해 우리는 범위를 확장해서 공동체 또는 일반적으로 법인이라 부르는 기업, 그리고 범위를 더 넓혀서 국가까지도 그 효율성을 숫자로 측정할 수 있다.

사람이나 기업 그리고 국가까지도 숫자로 말미암아 객관적으로 비교할 수 있는 체제가 바로 자본주의다. 자본주의는 숫자로 이루어진 세계이다. 똑같은 돈(숫자)을 가지고 얼마나 낭비 없이 자원을 활용하고, 부가가치를 창출해 내는지를 객관적으로 판단할 수 있다.

이런 원리를 알고 난 다음부터 나는 내가 살아가는 세상이 조금 다르게 보였다. 눈에 보이는 모든 사물이 전부 숫자로 보였다. 마치 영화 〈매트릭스〉의 네오가 된 듯한 기분이랄까? 건물을 봐도 저 건물은 임대료가 얼마이고, 그중에서 관리비와 세금은 얼마이고, 차를 봐도 저 차는 가격이 얼마이고, 세금대비 효율성은 어떤지? 길가에 있는 가로수를 봐도 저건 얼마인지? 등등……. 세상이 온통 숫자로 보였다. 그리고 실제로 이 세계에 존재하는 대부분의 사물이 숫자로 전부 다 대입된다는 사실에 놀랐다.

'아~~ 이게 자본주의 체제구나……'라는 감탄이 절로 나왔다. 이런 체제 안에서 숫자는 우리에게 너무 소중하다. 어떤 것이 효율적인지 계산해야 하고, 우리의 삶이 더 발전하고 풍요해지려면, 한정된 자원을, 숫자를 통해 더욱 능동적이고 효율적으로 이용해야 하기 때문이다. 만약, 숫자가 가치 없는 것이 되면, 자본주의 체제 자체도 붕괴해 버릴 것이다. 그러면 여기서 '숫자의 의미'는 무엇인가?

이것이 바로 우리가 그토록 가슴 설레며 바라만 봐도, 계속 바라보고 싶고, 불러 봐도 계속 불러 보고 싶고, 늘 가까이하고 싶고 우리 인생 평생 사랑의 대상이 되는 '돈'이다. 자본주의 체제에서는 인간의 모든 활동과 재화, 용역까지도 숫자로 이루어져 있기 때문에 돈으로 모든 것을 지배하고 통제할 수 있다. 간단하게 말하면 돈으로 못할 것이 없다.

돈은 돈 자체로서는 그냥 종잇조각일 뿐이고 숫자일 뿐이다. 하지만, 자본주의 체제에서 살아가는 우리는 돈을 무엇보다 소중히 여겨야 하고 신봉해야 한다. 그렇게 해야지만 우리가 살아가는 이 체제가 유지되며, 사람들의 모든 활동을 숫자로 측정해, 사칙연산을 통해 최대한 효율적으로 자원을 활용할 수 있다.

"돈에 가치를 불어 넣는 일", "돈에 절대적인 신앙심을 만드는 일"
여기부터가 우리 경제와 가치의 기본적인 출발점이 된다.
하지만, 우리가 단순히 생각해도 종이에 불과한 돈에 가치를 부여하고, 일반 사람들 모두가 돈을 신봉하게 하는 일은 상상을 초월할 정도로 어려운 일이며, 그게 과연 가능하기는 한 것일까, 라는 의문이 들기도 한다.

이 때문에 실제로 자본주의 체제를 유지하기 위해서 국가의 최고 핵심적인 권력기관과 국가 최고의 엘리트들이라고 하는 많은 사람이 돈에 가치를 부여하기 위해서 끊임 없이 노력한다. 종이에 불과한 돈에 절대적인 가치를 부여하기 위해서 정말 많은 경제학자가 뜬눈으로 밤을 새우며 연구를 지속하고 있다. 과학자가 미래 발전을 위해 존재하다면, 경제학자들은 현실세계를 유지하는데 절대적인 역할을 하고 있다.

가치가 부여되지 않은 돈은 그저 종잇조각에 불과하다. 그 때문에 권력기관이나 경제학자들이 끊임없이 가치를 부과하지 않으면, 돈의 가치와 이에 대한 신앙은 순식간에 힘을 잃어버린다. 사실 아무리 머리 빠지게 연구해서 돈에 가치를 부여하고 신앙심을 넣어도 돈은 계속해서 가치를 잃어 간다. 계속해서 말하지만, 돈이라고 하는 화폐는 종잇조각에 불과하기 때문이다. 이런 현상을 경제용어로 세련되게 표현하면 '인플레이션'이라 한다. '인플레이션'은 돈의 가치가 시간이 지날수록 지속적으로 하락하는 형태이고, 시간이 지날수록 돈과 물건을 교환할 수 있는 비율이 떨어지는 형태이다.

숫자로 이루어진 자본주의 체제는 수학을 통해 인간의 활동을 완연히 효율적이고 생산적으로 만든다. 모든 활동을 수학적으로 계산할 수 있다는 것은 객관화시킬 수 있다는 것이고, 인류는 객관화된 목표를 통해 전속력으로 달려갈 수 있다는 것이다. 그래서 과거보다는 상상할 수 없을 정도로 모든 것이 발전하고, 끊임없이 신개념의 물건이 나오며, 인류는 풍요해지고 윤택해진다.

인류의 문명은 끊임없이 발전하고 있다. 찬란한 문명과 지식, 지혜는 산을 이루고, 도서관에 진열된 책과 지식과 지혜는 이제는 감히 어느 인간도, 어느 한 사람도 독차지할 수 없을 정도로 거대한 상아탑이 되어 버렸다. 하지만, 돈은 어떤가? 돈은 그냥 종이일 뿐이다. 인류가 발전한다고 해서 종잇조각의 돈이 금박지나 은박지로 변하는 것은 아니다. 오히려 돈 자체는 인간의 편의를 위해 더 하등한 것이 되어 버렸다. 그냥 '숫자'로 변하고 있다. 요즘은 우리가 현금 대신 사용하는 카드를 생각하면 될 것 같다.

돈은 그냥 종이일 뿐이지만 재화와 용역은 발전을 거듭한다. 그 상황 속에서 더 좋은 물건과 바꾸려면 돈은 지속적으로 더 많이 필요하다. 제5장에서 본격적으로 다루겠지만, 돈을 더 많이 자유롭게 찍어내고자 세련된 형태의 금본위제가 폐지되었고, 현재의 체제인 채무화폐가 만들어졌다.

젊은 청춘, 돈의 본질을 이야기하다

자본주의 체제 안에서 살아가는 우리는 늘 고민하고, 또 고민해야 한다. 자신에게 물어보자. '나는 어떻게 해서 이런 종잇조각에 불과한 돈을 가치 있다고 믿는 것일까?', 나의 꿈이나 환상인가? 아니면 어렸을 때부터 모든 사람이 내게 말한 '돈 귀한 줄 알아라!', '돈 좀 아껴 써라!'라고 귀에 못이 박이도록 들어온 세뇌 효과에 의해 신앙적이 된 것인가? 이도 저도 아닌 그냥 남들이 다들 좋아하는 돈이 돈이기 때문에 그저 사랑스러운 것인가?

하지만, 우리는 바보가 아니다. 잠깐은 속일 수 있을지 몰라도 '종이는 그저 종잇조각일 뿐이다.'라는 사실을 금방 알게 될 것이다. 돈을 가지면 무언가 실질적인 보상이 있어야 한다. 보상이 없다면 '이따위 종이 쪼가리는 필요 없다. 난 물물교환을 원한다. 나한테 이런 종이는 주지 마라.'라고 말할 수도 있다.

종잇조각에 불과한 돈에 가치를 불어 넣고, 그것을 신앙으로 만들 수 있는 장치는 바로 '금리'다. '국가에서 보증하는 화폐'인 돈은, 국가에서 그 가치를 보증하고, 돈을 가지고 있으면, 나중에 금리를 쳐서 더 준다는 조건이 붙는다.

'돈은 가치 있는 거야! 돈 들고 있으면 돈 더 줄게!'라고 정부에서 세뇌를 시키면서 돈이 가치가 있다고 믿게 한다. 직설적으로 말하면, 현재의 피상적인 돈의 가치는 금리에 의해서 결정된다. 돈 가치의 생명은 바로 '금리'다. 예를 들어 1,000만 원을 들고 있을 때 일 년 금리가 4%이면, 1년 뒤에 가질 수 있는 돈은 1,040만 원이 된다. 그리고 일 년 금리가 10%이면, 1년 뒤에 가질 수 있는 돈은 1,100만 원이 된다. 어떤 때에 돈이 더 귀해지고, 가치가 있게 되는가? 이왕이면 돈을 더 많이 받을 수 있는 금리 10%가 4%보다 더 가치가 있다.

여기서 우리가 알 수 있는 사실은, 돈은 돈 자체가 가치 있는 것이 아니라, 인간에 의해서 인위적으로 돈의 가치가 결정될 수 있다는 점이다. 실질적으로는 종잇조각밖에 되지 않는 종이에 감성적인 신앙적 가치를 불어 넣고, 거기에 더해 시간이 지나면 종잇조각이란 화폐를 더 준다는 조건인 이성적 가치를 불어 넣어 우리의 돈은 완성된다. 이것이 우리의 절대적인 존재인 '돈 님'이 완성되는 과정이다.

종이에 가치를 불어 넣어 '돈 님'을 만들어 내는 일, 여기서부터 자본주의 체제의 경제적인 문제가 시작된다. 종이에 가치를 불어 넣으려면 감성적인 신앙적 믿음만으론 부족하다. 이 때문에 돈을 많이 가질수록, 돈을 오래 들고 있을수록, 이자를 쳐서 돈을 더 준다는, 눈에 보이는 이성적 믿음을 불어 넣었다.

하지만, 여기서 우리는 뭔가 이상한 문제점을 발견할 수 있다. 종잇조각 1,000장이 나중에 시간이 흘러, 금리로 이자를 받아서 2,000장이 되더라도 그것은 단지 종이일 뿐이다.

　여기에 '인플레이션'이 발생하는 핵심적인 원인이 있다. 안 그래도 종 잇조각밖에 안 되는 돈을 단지 오래 들고 있다는 이유만으로 이자를 쳐서 그 종이를 더 준다는 말이다. 다시 의미를 부여해보면, 결국 필연적으로 돈의 가치는 시간이 지나면 지날수록 떨어진다는 의미다.

　종잇조각이나 숫자에 불과한 돈은, 그 자체로서는 아무런 의미가 없다. 돈이 증가할수록 그와 바꿀 수 있는 물건이나 재화가 많아지거나 아니면 기존의 가격보다 더 가치 있는 새로운 상품을 만들어서 더 비싸게 살 수 있는 물건이 많아져야만 돈의 가치가 겨우 유지된다.

　여기서 자본주의 체제 안에서 살아가는 우리의 고통과 아픔의 핵심적 인 원인이 나타난다. 우리는 자본주의에서 살아가려면 죽기 살기로 일해 야 한다. 죽기 살기로 공부하고, 끊임없이 연구하고, 기존의 물건보다 더 비싸게 팔릴 수 있는 무언가를 만들어내고, 기존의 서비스보다 더 훌륭한 서비스를 제공해서 기존의 가치보다 더 가치 있는 것을 만들어 내야 한 다. 그렇게 해서 무엇이든지 더 비싸게 팔아야만 시간이 지나면, 금리에 의해서 저절로 불어나는 돈 가치의 하락을 막을 수 있다.

　죽기 살기로 일해야만 되고, 일이 없으면 맨땅에 삽질(재정적자정책; 뉴딜 정책 등)이라도 해야 한다. 이렇게 해야지만 돈의 가치가 겨우 유지되기 때 문이다. 돈의 가치가 조금이라도 손상될 때, 우리는 경제공황이라는 걸 겪는다. 좀 더 쉬운 표현으로 '불경기를 겪는다.'.

　돈의 가치가 없어진다고 한번 생각해 보자. 만약, 그렇게 된다면 그곳 은 우리에게 있어 살아 있는 생지옥이 될 것이다. 우리가 신앙이라 믿었 던 돈이 한순간에 진짜 종잇조각이 되어 버린다면 어떻게 될까? 우리가 그동안 먹을 것 안 먹고, 입을 것 안 입고, 아끼고 아꼈는데 통장의 돈이 진짜 종이가 되어 버린다면 어떻게 될까? 그동안 돈을 아끼려고 노력한 우리의 인생은 송두리째 사라질 것이다. 예금된 돈이 없다는 것은 '가치가 저장된 돈의 기능'이 사라져 버리기 때문에 사람들은 미래보다는 당장에 먹고살 생각만 할 것이다. 그렇게 되면, 약탈과 살인이 난무할 것이고, 인간은 더욱더 야만적이고 동물적으로 변해버릴 것이다. 물건이나 음식은 얼마든지 만들어 낼 수 있지만, 그것을 교환할 수 있는 수단이 사라져 버려 물물교환이 일어나게 된다. 그렇게 되면 원활한 공급과 수요를 만들어낼 수 없어서 공급과 수요 모두가 침체할 것이다. 상점에 물건들이 잔뜩 쌓여 있어도 그것과 교환할 수 없어 굶어 죽는 사람들이 길거리 사방에 널리게 된다. 또한, 기존의 객관적인 사칙연산의 수학적 논리로 공정하게 분배하고, 일한 만큼의 대가를 가져가는 일조차도 무너질 것이다. 다시 말하자면, 돈 없는 우리 세계는 상상조차 하기 싫은 생지옥을 방불케 할 것이다.

자본주의 체제의 근본은 '돈'이다. 돈이 그 가치를 잃어버리면, 자본주의 체제 속에서 살아가는 우리는 다 죽는다. 아니면 우린 모두 짐승이 될 것이다. '돈'이란 숫자는, 이성과 본능 속에서 끊임없이 고민하는 인간에게 이성적 능력이 본능을 이기게 하는 절대적인 힘이 된다. 우리는 눈에 보이는 숫자의 개념인 돈이 있기 때문에, 현재의 고통을 이겨내고 미래를 위해 노력하며, 우리가 노력한 대가를 돈으로 보상받을 수 있다는 절대적인 희망을 품는다. 이것이 돈의 본질이다. 돈의 근원적인 '돈의 힘'은 인간 이성의 힘에 의해서 만들어진다.

돈에 대한 믿음은 우리 인간의 이성에 대한 믿음이다.

그저 숫자일 뿐인 돈에 인류 최고의 가치를 부여하고, 사칙연산을 통해 불안정한 우리 인류의 미래를 예측하고, 이성적으로 통제하는 것이 자본주의의 핵심이다. 하지만, 이 핵심 속에서 또 다른 자본주의 문제점이 발생한다. 인간의 이성에 대한 믿음의 기초로 만들어진 자본주의 문제점은 무엇일까?

우리의 이성은 온전한 것인가? 이에 대해 이야기해 보자. 우리는 우리의 이성이 온전하다고 말할 수 있을까? 다들 인정하겠지만, 우리 인간의 이성은 불안정하다. 그래도 희망을 걸어 보자. 보통 사람들과는 다른 흔히 우리가 최고의 인재, 최고의 엘리트라 칭하는 그 사람들은 완벽하게 이성과 감성을 분리할 수 있을까? 이에 대해 물어보면 그들도 결국은 우리와 다를 것이 없는 인간이란 사실을 곧 알게 된다.

인간의 이성과 감성은 그 경계가 모호하며 완벽히 분리될 수도 없다. 우리는 평생에 걸쳐서 '본능과 이성'의 싸움을 보면서 살아간다. 이런 이유 때문에 자본주의는 아직 완성된 체제가 아니며, 지금 이 순간도 끊임없이 발전해 나가고 있다. 자본주의는 인류의 '이성과 본능'과의 끊임없는 '대결과 갈등' 그리고 '희망과 낙관', '절망과 비관'으로 하루하루 역사를 이뤄가고 있다.

잠시라도 우리가 모두 정신을 잃을 때, 부자가 되겠다는 욕망과 본성이 이성을 이기고, 숫자에 의해 미래를 예측하지 않게 되면, 우리는 모두 막연한 낙관과 희망에 가득 차게 되며, 그에 따라 불가피한 투기가 발생한다. 그리고 그 투기로 말미암아 낙관과 희망이 사라지면서 현실만을 바라보게 된다. 그렇게 되면 우리는 순식간에 절망과 비관으로 가득 차게 되고, 이에 따라 경기침체가 발생한다.

경기변동이란 것도 실제로 어떤 이론이나 수치로 만들어지는 것이 아니라, 그 시대의 상황과 삶과 기분에 의해 결정된다. 경기를 말할 때 금리나 GDP, GNP, 수출지수, 수입지수, 재정적자, 소비자생산지수, 실업률 등을 숫자로 표현하기 때문에 우리는 그런 것들이 어렵게 느껴지거나 전문가들만 분석할 수 있다고 생각한다. 하지만, 실제로 그런 숫자들은 과거 인간의 활동을 숫자로 표현한 것밖에 지나지 않는다. 결국은 인간의 활동과 기분 자체가 경기의 결과로 연결된다.

우리는 항상 정신을 차려야 한다. 본능이 이성을 이기면 우리가 이룩한 모든 체제는 붕괴하고, 순식간에 약탈과 살인, 방화가 난무하게 된다. 우리는 우리를 인간답게 만드는 이성적 능력을 항상 지켜야 한다.

평소에 별생각 없이 사용하는 '돈'이란 숫자는, 그 자체가 귀중한 것이 아니며, 그 숫자를 가치 있게 만들려고 우리 공동의 합의에 따라 만들어진 헌법을 통해 만든 국가 권력기관과 최고의 학문적 지위를 가진 모든 박사님과 최고의 엘리트들 그리고 우리 모두의 이성적 능력으로 만들어진다는 사실을 알아야 한다.

"돈은 돈 자체로서 가치가 있는 것이 아니라, 돈이란 숫자에 가치를 부여하는 인간의 이성적 능력이 가치 있는 것이다."

"돈은 무엇인가?"

우리는 결국 돈을 벌려고 투자하는 것이다. 하지만, 돈에 대한 철학을 가지고 있지 않다면, 그저 눈앞에 보이는 숫자에만 연연하게 되고, 진정 가치 있는 것은 항상 뒷전으로 밀려 버릴 것이다. 가치가 동반되지 않는 돈놀이는 결국 의미가 없다. 그렇게 되면 우리의 투자는 항상 눈에 보이는 숫자에만 연연하게 될 것이고, 투자를 가장한 투기의 함정에 언제든지 걸려들게 된다.

"돈이나 벌면 되지, 무슨 놈의 개똥철학? 돈 버는 법이나 가르쳐 줘……."라고 말한다면…?

'우리 다 같이 죽자.'라는 말과 같다. 돈만 벌어들인다는 것은 종잇조각 이나 더 가지려 하는 것과 같기 때문이다. 가치가 동반되지 않는 돈은 의미가 없다. 돈이 의미가 없어지면 자본주의 체제는 결국 무너질 수밖에 없다.

모두가 원하기 때문에 가지려고 하는 건지, 미래가 불안하기 때문에 가지려고 하는 것인지, 우리는 모두 '돈'이란 녀석을 많이 갖기를 원한다. 하지만, 돈이 진정 의미하는 것이 무엇인지 한 번쯤은 생각해봐야 한다. 그리고 무엇 때문에 돈을 갖으려고 하는지도 한 번쯤은 꼭 생각해봐야 한다. 그렇게 해야만 결국은 돈을 다스릴 수 있는 힘이 생긴다. 돈을 다스린다는 것은 투기를 배척하고 투자에 성공한다는 의미와 같다.

투자를 하고 싶다면, 먼저 '돈'이 무엇인지부터 생각해 보자.

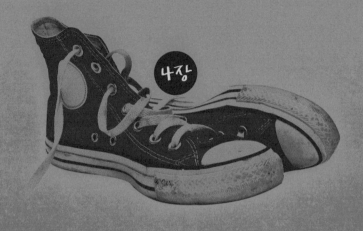

4장

젊은 청춘, '가치'에게 말을 걸다

젊은 청춘, 진정한 가치란 무엇인지 고민하다 ● 젊은 청춘, 절대적 가격은 없다고 말하다 ● 젊은 청춘, 가치와 가격은 일치하지 않는다고 말하다 ● 젊은 청춘, 희소성이 가격을 결정한다고 말하다 ● '가치'에 대한 철학 1: 젊은 청춘, 가치에게 말을 건네다 ● '가치'에 대한 철학 2: 젊은 청춘, 가치를 이야기하다 투자하기 위해서 우리는 '가치'에 대해 스스로 정의를 내려볼 필요가 있다. '가치'라는 단어 자체가 추상적이며 상징성을 띄기 때문이다. 법인기업은 수많은 가치의 집합체이다. 기업마다 경영자가 다르고, 순자산이 다르고, 주요상품이 다르고, 기업문화가 다르며, 마케팅과 영업방식 역시 다 다르다. 수많은 기업의 가치 요인 중 우리는 무엇을 중심으로 투자해야 하는가?

또한, 주식투자에는 수많은 방법과 기술이 존재한다.

심리를 이용한 단기 기술적 방법, 질적 분석, 양적 분석을 통한 기본적 방법, 그리고 경기변동을 이용하는 거시적 방법, 뉴스를 이용한 공시매매, 테마주 매매 등.

그런데 이런 수많은 투자법은 오히려 우리에게 혼란만을 안겨 준다. 이런 곳에서 우리는 도대체 어떤 가치의 기준으로 매매해야 하는가?

가치에 대한 철학을 정립하지 못한다면, 우리는 투자의 기준을 잡을 수 없고, 증권시장은 결국 우리에게 절망만을 가득 안겨 줄 것이다. 여기에서는 우리가 어떤 가치를 기준으로 투자해야 하는지 생각해 보는 시간을 갖도록 한다.

젊은 청춘,
진정한 가치란 무엇인지 고민하다

자본주의 체제 속에서 살아가는 우리는 항상 지갑을 들고 다녀야 한다. 지갑을 들고 다니지 않아 낭패를 당하는 경우가 종종 있기 때문이다.

가볍게 산책하려고 해도 우리는 불안하다. '혹시라도 하는 생각'으로 꼭 챙기는 것은 바로 '돈'이다. 우리의 생활은 어디를 가나 우리에겐 '돈'이 문제다.

주말에 영화를 보려 해도, 가볍게 쇼핑을 하려 해도, 공부를 하려고 해도, 여행을 가려고 해도 가장 먼저 생각해야 할 것은, '이것을 하려면 돈이 얼마나 필요할까?'를 먼저 생각한다. 우리의 생활을 과장해서 말하면 돈을 쓰는 생활이다. 우리는 끊임없이 돈을 재화와 용역으로 바꾸며 살아간다.

그리고 일상생활에서 돈을 가지고 재화와 용역으로 바꾸는 일은 곧 '습관'으로 굳어져 버린다. 일해서 돈을 벌고, 돈을 벌면 그 돈으로 필요한 물건을 산다. 일을 해야 돈을 벌고, 돈이 있어야 먹을 것도 사고, 친구들이나 애인과 놀러 갈 수도 있고, 갖고 싶은 물건을 살 수 있다고 생각하게 된다.

돈을 더 벌려면 자기계발이나 공부를 해야 하고, 좋은 직업(≒돈 많이 버는 안정적인 직장)을 생각하게 된다. 돈을 많이 버는 사람은, 성공한 사람 혹은 많이 배운 사람이라고 생각하게 된다.

이런 이유로 어느 새부턴가 우리는 우리의 가치를 돈으로 평가해 버리는 일이 습관이 되었다. 뭐든지 숫자로 계산해 버리면 간단하기 때문이다. 가치가 있는 것은 +(플러스), 가치가 없는 것은 −(마이너스) 등으로 우리는 눈앞에 보이는 사람과 사물, 심지어 눈에 보이지 않는 것까지도 돈으로 계산하려 든다.

그렇다고 우리의 이런 행태를 구박하고 싶지는 않다. 하루하루 먹고사는 것도 힘든 우리는, 돈을 쓰는 행동이 습관으로 굳어질 수밖에 없고, 이러한 행동의 반경이 습관이 되면 비판 없이 변하게 되는 것은 어찌 보면 당연하다. 그런데 이렇듯 습관이 되어 버리면 그 행동을 할 때, 우리에게 '왜?'라는 질문은 불필요해진다.

아침에 일어나 양치를 하는 사람에게 "너는 왜 아침에 꼭 일어나서 양치질하니?"라고 누가 물어본다면? "…… 뭐?"라는 구박 섞인 눈초리만 받게 될 것이다.

하물며 이렇게 단순한 습관마저도 비판 없이 변해버리는 상황에서 속된 말로, 태어나자마자 '돈 아껴 써라!', '돈 귀한 줄 알아라!' 등으로 구박받고, 돈을 신앙처럼 여기면서 성장하고, 돈으로 모든 재화와 용역을 교환하면서 살아온 우리는 습관적으로 싼 것은 덜 좋은 물건, 비싼 것은 더 좋은 물건으로 인식하게 되고 이러한 것을 습관의 힘으로 아무런 비판 없이 받아들이게 된다.

이런 이유로 우리는 사회의 관계적, 관습적 강요나 습관으로 굳어진 대상에 대해 일종의 편견을 가지게 된다. 그래서 우리는 무엇이 진정한 가치인지에 대해 생각을 나눠봐야 한다. 어떤 것이 가치가 있는지, 어떤 것이 가치가 없는지 우리는 스스로 판단할 수 있는가?

투자의 기본은 투자대상의 정확한 가치 측정이다. 가치가 동반되지 않는 투자는 이미 투자가 아니다. 가치가 없는 투자는 이미 투자의 생명을 잃어 투자를 가장한 투기의 모습을 하고 있을 뿐이다. 올바른 투자자라면 투자를 할 때 가장 먼저 생각해 봐야 할 부분이 투자대상의 가치를 측정하는 것이다.

'가치…, 가치…, 가치…, 아~ 이 녀석이 가치 있는 것이라면 나의 재산을 몰방해도 불안하지 않을 텐데.'라는 생각을, 나는 항상 한다. 하지만, '진정한 가치란 또 무엇인가?'에 대해 질문하다 보면 극도의 스트레스를 받게 된다. 사실 나 또한 무엇을 사면 돈이 된다는 말을 듣거나, 생각은 많이 해봤지만, '무엇에 투자하면 가치가 향상될까?'라는 생각은 해본 적이 없었다. 스스로 생각해 봐도 부끄러울 뿐이다. 나 역시 항상 투자를 가장한 투기만 일삼고 있었을 뿐이었다.

'무엇이 진정한 가치인가?'에 대한 질문은 너무나 철학적이다. 어떤 식으로든 결말이 쉽사리 날 수 있는 주제가 아니다. 경제학적 관점에서 볼 때 가치는 '희소성'을 바탕으로 둔다. 희소성이란 단어는 너무나 흔해서 이제는 누구나 잘 알고 있지만, 이 희소성이란 인간의 본래 가치와는 상관없이 사회적 관계 속에서 형성된 가치에서 비롯된다.

예를 들어, 우리 몸에 필수적인 물은 인간에게 본래 없어서는 안 되는 대상이지만 일상생활에서는 너무나 흔한 나머지 본래 가치는 그 가치를 잃게 된다. 대신 금이란 물건은 인간에게 어떤 이로움을 주지는 않지만 단지 물보다 흔하지 않기 때문에 물보다 굉장히 귀하게 여긴다.

먼저, 부르주아 경제학자들은 이렇게 물었다. 도대체 금에는 어떤 신비한 힘이 있어서 다른 상품들과 교환될 수 있고, 그것들의 가치척도가 될 수 있는가. 그들은 다른 상품들과 비교함으로써 금의 신비를 밝히고자 했다. 하지만, 그들 중 누구도 금 속에서 가치의 원자를 찾지는 못했다. 애당초 가치란 그렇게 발견될 수 있는 게 아니었다. 가치는 한 상품이 다른 상품들과 맺는 '관계'이지, 한 상품에 내재한 고유성이 아니기 때문이다.[3]

젊은 청춘,
절대적 가격은 없다고 말하다

우리가 흔히 가치가 있다고 믿는 것들은 정말 가치가 있는 것일까? 일상 생활이 아닌 극단적 상황으로 몰고 가보자.

사막 한가운데 비행기가 추락했다고 가정해 보자. 생존자는 5명이다. 뜨거운 태양과 불타는 열기, 죽음의 공포 상황에서 '물'과 '금' 중 어떤 것이 가치가 있겠는가? 이 상황에서 금을 가지려고 물을 포기하는 사람이 있을까? 일단 누구든 살고 보려 할 것이다. '이 금 다 줄 테니, 물 좀 주시오.'라고 말할 것인가? '이 물 다 줄 테니, 금 좀 주시오.'라고 말할 것인가? 생명이 위급한 상황이라면 아마도 금은 돌덩이보다 못한 취급을 받을 것이다.

여기서 우리가 생각해 봐야 할 부분은, 우리에게 절대적 가치는 없다는 것이다. 그리고 우리가 흔히 말하는 가치에서 본래 가치와 사회적 가치의 차이를 알아야 한다. 본래 가치를 지닌 따뜻한 태양, 숨 쉴 수 있는 공기, 마실 수 있는 물과 우리에게 열량을 공급하는 음식 등은 그 자체가 없으면 우리 인간 자체의 생존 자체가 불가능하다. 하지만, 이런 것들은 흔해서 상대적으로 덜 흔한 것들에게 우리는 가치를 부여한다.

사회적 가치는 희소성에 근거하여 공급과 수요의 원리에 따라 가치와 가격이 결정된다. 우리에게 '금'은 귀하다. 하지만, '금'은 어째서 귀한 것일까? 금은 물보다 흔하지 않기 때문이다. 그리고 우리 모두 '금'은 귀하다고 믿기 때문이 아닐까? 연금술사를 아는가? 구리를 금으로 만들 수 있는 기술을 만들겠다고 연구한 사람들이다. 이 사람들은 결국 구리를 금으로 만드는 데 실패했고 다 망했다. 하지만, 구리를 금으로 만들었다고 하더라도 달라질 건 없었을 것이다. 연금술사들은 눈앞에 보이는 가격에만 집착했던 것이다. 만약, 구리를 금으로 만들 수 있다면 '금'은 더는 금이 아니기 때문이다.

결국, 희소성과 가치란 절대적이지 않다. 이 모든 것은 결국 우리 인간의 선택이요 뜻이다. 어떤 것이 귀하고 어떤 것이 가치 있는 것인가? 우리는 과연 이성적으로 판단할 수 있는가?

분명한 건 본래의 가치는 둘째로 치고서더라도 경제학적으로 희소성이 없으면 대상의 가치 또한 사라진다. 여기에는 사물인 대상뿐만 아니라, 기업도 포함된다.

어떤 기업도 희소성이 없으면 힘을 가질 수 없다는 사실을 기억해야 한다. 그래서 기업들은 발전하고 성장하면서 경쟁이 되는 다른 기업보다 더 희소성을 띠려고 끊임없이 노력한다. 그리고 우수한 기업은 희소성의 원리를 이용해서 기업의 이익을 최대화시키는 데 아주 능수능란하다. 이 희소성이야말로 기업이 만든 상품의 가격을 결정하는 핵심적인 역할을 하기 때문이다. 희소성의 힘이 적으면 가격은 원가에 맞추어 책정되게 마런이다. 반대로 희소성의 힘이 세면, 가격은 수요와 공급이 균형을 이룰 때까지 올라간다.

기업이 가치와 희소성을 이용하여 최대의 이익을 취하는 대표적인 예로는, 우리가 흔히 말하는 '명품'이 바로 그것이다. 명품 가방은 명품이란 이름에 걸맞게 일반 가방과는 비교도 안 될 정도로 가격이 비싸다.

명품 가방은 뭐가 특별하다는 것일까? 3만 원에 시장에서 파는 가방과 300만 원 명품 가방은 어떤 차이가 있기에? 100배의 가격 차이가 나는 것일까? 명품 가방은 일반 가방보다 100배나 가치가 있는 것일까? 가방의 본래 기능인 물건을 담아둔다는 보통의 가방과 기능적으로 차이가 있는 것인가? 아니면 재질이 일반 가방보다 100배나 좋은 가죽과 천을 사용한다는 이유가 있는 것인가?

사실 우리는 모두 알고 있다. 명품 가방에서 로고를 떼버리면 보통 가방과 그리 큰 차이가 없다는 것을 안다. 하지만, 우리 모두 아는 것이 또 하나 있다. '샤넬'이나 '루이뷔통' 가방은 보통 가방과는 달리 아주 비싸다는 것이다. 여기에서 희소성이 생긴다. 비싸다는 희소성, '이 가방은 비싸서 아무나 가질 수 없다.'라는 희소성이 생긴다.

간단한 예로 명품 가방이 가격을 내린다면 그것은 더 이상 명품 가방이 아니다. 아무나 가질 수 있기 때문이다. 마치 구리를 금으로 만들 수 있으면 금은 더는 금이 아닌 원리와 같다. 명품 가방이 명품 가방인 이유는 보통 가방보다 100배 이상 비싸기 때문이다.

물론 그 희소성을 만들려면 회사가 치러야 할 수많은 마케팅 전략이 있었을 것이다. 평범한 가방을 디자인과 회사의 로고로 특별한 가치를 부여한 것이다. '이 가방은 소중하다. 이 가방은 일류 패션 디자이너와 스타

들이 들고 다니는 가방이다!', '이 가방은 비싸서 아무나 들고 다닐 수 없다!', '이 가방을 들고 다니면 부자처럼 보일 거다!'라는 희소성을 부여한 것이다. 지속적인 광고와 브랜드 네임, 자금력으로 우리에게 세뇌시킨 것이다.

백화점에 가면 명품관은 뭔가 특별하게 보인다. 가방 하나하나에 굉장히 남다른 가치를 부여하기 위해서 조명과 화려한 장식이 있다. 다른 매장과는 뭔가 분위기가 다른 것 같다. 점원도 다른 매장보다 예뻐(?) 보이는 것 같다. 가방을 대하는 사람들 또한 뭔가 굉장히 귀한 물건을 대하는 듯한 태도를 보인다. 여기서 우리가 알 수 있는 사실은 '희소성'이란 얼마든지 조작할 수 있다는 것이다. 가방은 가방일 뿐이다. 명품 가방이라고 해서 자기 발로 걸어 다니는 것은 아닐 것이다. 기업은 고도의 마케팅 전략, 그리고 자금력을 동원해 인위적으로 희소성을 만들어낸다.

무한경쟁 시대인 자본주의 체제하에서 기업은 다른 기업보다 더 희소성을 지녀야만 경쟁력을 가질 수 있고, 수익을 낼 수 있다. 그래서 신제품을 개발하고 생산하고 다른 기업과 차별화되는 서비스를 선보여야 한다.

끊임없이 가격과 희소성에 균형을 맞추려고 하며, 필요하다면 가격을 위해 일부러 고객에게 불편함을 주면서까지 희소성을 부여한다.

가장 극단적인 사례는 운수업에서 찾을 수 있다. 기차나 비행기의 일등석은 일반석에 비해 비싸지만, 사람을 출발지에서 도착지로 옮겨주는 근본적인 수송의 역할은 일등석이든 일반석이든 마찬가지이기 때문에, 부유한 여행객들로부터 더 많은 돈을 갈취해내기란 쉬운 일이 아니다. 기업이 가격 표적화의 효과를 내려면 최고 서비스와 최저 서비스 간의 차이를 과장해야 한다.

예를 들어, 기차 일반석에 좌석 테이블이 없는데도 불구하고 일반석이 너무 쾌적하다면, 일등석의 잠재고객이 더욱 저렴한 일반석을 선택할 수 있다. 따라서 일반석 여행객들에게는 어느 정도 불편을 주지 않을 수 없다.

가난한 사람들을 불편하게 만든 이유는 그들을 괴롭히고 싶어서가 아니라, 부자들을 겁주기 위해서였다. [4]

기업의 얄팍한 상술에 따라 우리는 살아가면서 자꾸 스트레스를 받는다. 기업은 어떤 식으로든 수익을 내야 하기 때문에 고의로 자꾸 부자들과 가난한 사람들을 차별화한다. 그리고 본래 가치와는 상관없이 끊임없이 사회적 가치를 만들어 내려고 목숨을 건다. 바로 그 가치에 의해 기업의 운명이 좌우되기 때문이다. 회사의 로고와 이미지는 회사의 생명과도 같다.

그래서 투자자는 인위적으로 조작된 사회적 가치 뒤에 있는 '본래 가치를 볼 수 있는 통찰력'을 가져야 한다. 어떤 것이 참이고, 어떤 것이 거짓인지 알 수 있는 능력을 갖출 때 진정한 투자자로서 한 발짝 더 나갈 수 있다.

젊은 청춘,
가치와 가격은 일치하지 않는다고 말하다

'가치'와 '가격'은 일치되는 것이 아니다. 대상에 대한 '가치'가 '가격'으로 연결되는 것이 아니다. 하지만, '희소성'과 '가격'은 일치한다.

"가치와 가격은 일치하지 않는다."

가격을 결정하는 것은 희소성이다. 그렇다면, 투자자인 우리의 처지에서 약간의 해답을 얻을 수도 있다. 그러면 희소성이 있는 기업이나 투자 대상을 찾아서 자금을 투입한다면, 큰 수익이 나지 않을까? 라는 결론에 도달할 수 있다. 대답은 바로 '정답이다!'. 희소성이 있는 기업이나 투자 대상을 찾아서 먼저 투자를 하면, 승률은 엄청나게 올라간다. 많은 사람이 갖고 싶어 하는 걸 먼저 갖는 것은 거래에서 유리한 위치에 선다는 것이기 때문이다.

하지만, 희소성이 있는 기업이나 대상을 찾아내기가 그리 쉽지만은 않다. 희소성이 있을 만한 투자대상을 찾아내고, 다른 기업보다 더 희소성을 가지는 기업에 먼저 투자할 수 있는 능력을 우리는 '통찰력'이라고 부른다. 그 통찰력을 가지려면 수많은 경험과 지식이 있어야 한다는 전제 조건이 붙는다.

더구나 희소성은 인위적인 조작이 가능하다. 그리고 시대에 따라 희소성은 변해 버린다. 어떤 사물에 어떤 가치를 부여하느냐에 따라 가치가 변화되며, 우리 인간은 끊임없이 발전하고 역동적으로 변하기 때문이다. 옛날에 쌀과 비단이 얼마나 귀했는지 우리는 알고 있다. 과거에는 자동차도 무척이나 귀했다. 과거에는 컴퓨터도 귀했고, 휴대전화도 귀했다. 그 시대의 희소성을 가지는 재화는 큰 수익이 되기 때문에, 자본주의 속성상 희소성을 가지는 대상은 대량생산체제로 변해 버리고, 결국은 과잉공급이 되어 버린다.

결국, 사회적 가치를 지니는 희소성은 항상 변화한다. 사회적 가치와 기술의 기준은 순식간에 변해 버릴 수 있다. 특히나 요즘 같은 기술 중심의 세계에는 변화의 속도가 과거의 속도와는 비교되지 않는다.

인터넷의 보급과 IT산업의 발달로 세계의 정보 독점화가 없어지고, 세계가 비교우위를 통해 자유롭게 교역하는 세계화 시대가 되었다. 날이 가면 갈수록 똑똑해지는 상황 속에서 소비자의 입맛은 비싸지고 있으며 고급화되고 있다. 어제의 1등은 오늘의 1등이 될 수 없다. 그 때문에 기업뿐만 아니라, 우리 투자자들의 스트레스 또한 날로 깊어진다. 어떤 것이 희소성을 띠고 있는지, 그리고 어떤 것이 희소성을 만들어 낼지 알아차리려면 수많은 정보와 지식, 경험이 필요하다. 그러나 희소성만 생각하며, 희소성을 가지는 것은 '무조건 가치가 있다.'라고 판단하는 함정에 빠진다.

계속해서 말하지만, 희소성과 가치와는 상관이 없다는 것이다.

희소성이란 가치와 상관없이 수요와 공급의 원리로 이루어진다. 공급보다 수요가 많으면 희소성을 띠는 것이다. 여기서 희소성은 거래적 개념이다. 가치가 있기 때문에 희소성을 가지는 것이 아니라, 공급보다 수요가 많으면 희소성을 가지는 것이다.

본원적 가치는 거래되면 안 된다. 본원 가치가 설령 희소성을 띠더라도 그것은 거래의 개념을 뛰어넘어야 한다. 그것은 같은 인간으로서 도저히 참을 수 없는 비열함을 가지기 때문이다. 인간의 생존에 필수적인 본원적 가치를 지닌 대상은 거래를 뛰어넘어 우리 모두가 공유해야 한다.

예를 들고자 다시 일상생활이 아닌 극단적 상황으로 몰고 가보자.

사막 한가운데 비행기가 또 추락했다고 가정해 보자. 역시 생존자는 5명이다. 뜨거운 태양과 불타는 열기, 죽음의 공포 속 상황에서 어떤 한 사람이 '물'과 '음식'을 독점하고 있다고 가정해 보자. 나머지 4명은 물과 음식이 없다. 물과 음식을 독점하는 사람은 나머지 사람에게 물과 음식을 나눠줄 생각이 전혀 없다. 이때 나머지 4명의 사람은 물과 음식을 가진 사람과 거래를 할 것이다. '내가 가진 '돈'과 '금'을 다 주겠소, 물과 음식을 나눠주시오.'라고 간곡하게 부탁할 것이다.

여기서 물과 음식을 가진 사람이 바꾸길 거부했다. 인간의 생존에 필수인 본원적 가치를 지닌 물과 음식을 혼자 독차지하려고 한다. 거래를 거부한 그 뒤의 상황은 어떠할 것 같은가?

거래가 성립되지 않았기 때문에 나머지 4명이 그냥 돈과 금을 들고 목이 타도 참고, 배가 고파도 굶고 그냥 죽을 것 같은가? 조금만 상상력을 발휘해 봐도 싸움이 일어날 것이라는 것을 알 것이다. 그때부터는 거래의 개념이 사라진다. 나머지 4명이 자비로운 사람이라면 독점한 사람을 흠

썬 패주고 같이 물과 음식을 나눠 먹을 것이고, 나머지 4명이 극도로 화가 났다면 독점한 사람은 아마도 땅에 파묻힐 수도 있을 것이다. 본원적 가치가 거래적 개념으로서의 희소성을 지닐 때는, 결국 어느 한 쪽이 이익, 어느 한 쪽의 손해의 개념이 아니라, 우리가 모두 인간이길 포기하는 상태에 이르게 된다.

그래서 본원적 가치와 사회적 가치는 분리시켜야 한다. 인간의 생존과 직접적인 관련이 있는 대상이나 인간으로서 최소한의 삶을 유지하게 하는 기본적인 의식주의 대상은 희소성의 거래적 대상에서 제외해야 한다. 희소성의 가치를 가지는 재화나 대상은 거래적 개념을 뛰어넘어 함께 더불어 살아가는 우리의 공동체 삶에서 부자나 가난한 사람이나 모두 똑같은 인간으로서의 품위를 지킬 수 있도록 우리 모두 공동으로 부의 재분배를 통해 노력해야 할 부분이다.

자본주의 체제에서 희소성을 떠올리면 가장 간단하게 생각할 수 있는 것은 독점이다. 독점을 하는 기업은 희소성의 측면에서 막강한 권력을 가진다. 가격을 얼마든지 맘대로 결정할 수 있기 때문이다. 그러면 우리 투자자는 속이 편하게 독점 권리를 가진 기업에만 투자하면 될까? 하지만, 자본주의 체제에서의 독점은 시장경쟁논리에 어긋난다. 독점은 자유로운 경쟁을 막고 공정한 게임을 방해하기 때문에 자원을 최대로 활용해야 하는 자본주의 경쟁체제와 정면으로 위배된다.

하지만, 우리는 독점이라는 지위를 가진 회사를 알고 있다. 그러면 독점적 권력을 행사하는 회사는 어떤 타고난 수완을 발휘해서 독점의 권력을 휘두르는지 알아보자.

간단히 예를 들어 '한국전력'과 '강원랜드'의 경우를 보자. 둘 다 독점권이 있는 회사이다. 한국전력은 우리나라의 전력 공급을 독점하고 있고, 강원랜드는 국내 유일의 내국인 카지노 영업권을 가지고 있다.

여기서 두 회사가 다른 회사보다 차별화되는 막강한 경쟁력은 그 무엇보다 '독점'에 있다. 경쟁 상대가 없어서 가격 결정권은 절대적이다. 하지만, '한국전력'이란 회사는 최소한의 인간의 삶을 유지하는 본원적 가치를 지닌 전기를 생산하는 곳이다. 그와 반대로 강원랜드는 일종의 레저 시설이다. 여기서 한국전력이란 회사가 가격의 독점권을 이용해서 시장의 논리에 맞춰 한국전력이란 기업이 최대이익을 낼 수 있는 적정 수준으로 전기의 가격을 마음대로 올려 버리면 어떻게 되겠는가? 부자는 부자대로 전기를 비싸게 사게 될 것이고, 가난한 사람들은 전기를 사용하지 못하게 되는 상황이 발생할 것이다. 이렇게 된다면, 대중들은 극도로 흥분하게 될 것이다.

아마 조금만 상상을 해봐도 대중들의 정치적 사회적 압박으로 말미암아 한국전력 경영진의 최후는 사막에서 물과 음식을 독점하려고 한 사람과 비슷한 상황에 부닥칠 것이다.

가스산업이나, 수도산업, 항공산업, 의료산업, 교육시설 등은 자본주의 논리로 풀어서는 안 된다. 본원적 가치를 생산하는 산업이나 사업이 최대의 효율성과 생산성만을 따질 때 사회는 혼란의 길로 빠져들게 된다. 인간의 필요에 따라 만들어진 물질에 인간이 지배를 당하게 되는 형태를 지니게 되며 사회계층 간의 대립이 발생하고 너나없이 서로 등을 돌리고 살인과 약탈이 일어날 것이다.

물론 가끔 인간의 본원적 가치를 지닌 대상을 희소성의 원리를 이용해 이익을 챙기는 사업이나 사람들이 있기는 하지만, 장기적으로 그들은 결국 대중의 분노를 사거나 구박을 듣고 항상 언제 땅에 파묻힐지 모르는 생명의 위협을 느끼며 살아갈 것이다.

이런 이유로 인간의 본원적 가치를 생산해 내는 산업이 희소성을 가진 다고 해서 그 산업이 큰 수익이 날 것으로 생각하면 그것은 큰 오산이다. 그리고 큰 수익이 나서도 안 된다. 본원적 가치를 생산해 내는 산업은 과 도하지 않은 합당한 수익과 확장, 발전만 있어야 한다. 적당하기 때문에 이런 산업들은 경기침체에서 적당한 매력을 갖는다. 경기가 침체가 된다 고 해서 가스나 전기, 물 등을 사용하지 않을 수는 없기 때문이다.

이와 비교하여 '강원랜드'라는 국내 내국인 출입이 가능한 카지노 독 점 영업권을 가진 기업을 살펴보자. 이 기업은 정부에서 부여한 영업 독 점권이 있기 때문에 막강한 희소성을 갖는다. 하지만, 이 희소성은 레저 나 유흥을 즐기러 가는 사람들에 한한다. 순수하게 기호의 문제일 뿐이 다. 입장료가 비싸면 안 가면 그만이고, 도박을 좋아하지 않는 사람에게 는 관심도 가지 않는 곳이다. 이곳의 가격 결정력은 카지노를 너무 즐기 고 싶은 일부 마니아층에 의해서 형성된다. 가끔 놀러 가는 일회성 고객 들이야 굳이 강원도 태백까지 놀러 가서 입장료가 비싸다고 해서 들어가 지 않을 사람은 몇 명 되지 않는다. 다른 곳에서는 합법적으로 할 수 없는 도박을 여기서는 아무런 죄의식 없이 마음껏 할 수 있다는 희소성이 강 원랜드의 경쟁력이 된다. 하지만, 여기에도 약간의 문제점이 있다.

강원랜드가 가진 희소성의 경쟁력은 인위적으로 정부에 의해서 만들 어졌기 때문이다. 강원랜드는 정부가 국내 유일의 카지노라는 영업권을 허가해줬기 때문에 희소성을 띤다. 만약, 정부가 국내 카지노 영업권을 여러 곳에 내준다면? 강원랜드의 운명은 어떻게 될까? 그리고 정부에서 인위적으로 부과해준 독점적 희소성을 이용해 강원랜드가 돈을 너무 많이 벌기에 세금을 왕창 올린다면 어떻게 될까?

자본주의 체제하에서 경쟁을 가로막는 독점은 지탄받아야 할 대상이다. 자본주의는 정확한 수학적 계산(사칙연산)으로 최대의 효율성과 생산성을 인정받을 수 있을 때만 수익이 정당화될 수 있다. 그래서 독점의 지위를 가진 회사는 그 독점권에 대한 정당성을 인정받아야 한다. 국가의 기반시설, 사회적 시스템이나 수익을 뛰어넘어 우리가 모두 공동으로 소유해야 할 대상과 정부에 적절하게 통제받아야 한다고 생각하는 산업은 정부가 독점의 권력을 주고, 정부는 적절하게 국민이 바라는 대로 인위적으로 조작해야 한다.

강원랜드 같은 유흥시설이나 KT&G 같은 담배회사 또한 개인의 선택과 기호의 식품이긴 하지만, 도박의 성격상, 국민의 건강이 달린 만큼 국가의 적절한 통제가 정당성을 부여받는 것이다.

정부로부터 독점을 부여받은 회사는 정부 권력이 국민에게서 나온다는 기본적인 사실을 인식해야 한다. 우리 모두의 잠재적 합의로 독점권을 줄만 하니까 독점권을 준 것이다. 여기서 독점권을 획득한 회사는 자본주의 체제하에서 본다면 출발선 자체가 공정하지는 않다.

이런 회사는 적당한 수익에 적당한 확장과 적당한 성장이 바람직하다. 욕심 부리면 분명히 여기저기서 구박의 소리가 들려올 것이 뻔하다.

예를 들어, "한국전력의 영업이익 작년 비해 몇백% 증가하고, 영업 호조로 성과급 지급", "수도공사 작년 대박 장사!!" 등의 기사 뜬다고 생각해 보자. 대중들은 "와~ 회사 정말 운영 잘했네!"라고 말하기보단 국민의 피를 빨아먹었다고 구박할 가능성이 크다. 정부에 의한 인위적 독점은 그 자체가 불공정하기 때문에 돈 벌어도 항상 눈칫밥 먹으면서 조용조용 벌어야 한다.

여기서 우리는 본원적 가치를 대상으로 사업하는 기업은 규제를 많이 받고 있다는 사실을 알 수 있다. 그리고 정부의 독점권을 가진 회사는 엄청난 희소성을 지니지만, 그 희소성은 우리 모두의 합의를 통해 이루어진 만큼 돈을 벌어도 적당하게 벌 수 있게 시장가격이 아닌 인위적인 가격으로 유도해주는 방향이 바람직하다.

젊은 청춘,
희소성이 가격을 결정한다고 말하다

본원적 가치를 지닌 대상으로 사업해서 큰 수익을 내는 것은 우리 모두의 손해이다. '한국전력'의 주가가 오르면 오를수록 내가 가진 한국전력의 주가는 올라가지만, 나의 전기료 또한 올라가는 것이다. 선택과 기호가 아닌 인간의 생활에 필수적인 대상이 장사의 대상이 되면 결국은 우리 모두가 손해를 보게 되고, 우리의 삶이 고달파진다. 본원적 가치를 지닌 대상을 사업으로 하는 회사는 큰 수익성보다는 효율성을 칭찬해줘야 한다.

경제학적 관점으로 봤을 때 희소성은 가격 결정력의 핵심이다. '우리 투자자들은 어떤 것에 가치가 있는가?'에 집중하기보다는 '어떤 것이 희소성을 띠는가?'의 물음에 대한 답을 찾는 것이 투자의 성공 지름길이다.

하지만, 희소성에만 집착하다 보면 희소성과 가치에 대한 혼란이 생기고, 희소성은 가치를 떠올리기가 십상이며, 가치를 생각하다 보면 사회관계적 가치보다는 본원적 가치를 생각하기가 쉽다. 그래서 막강한 희소성을 띠는 독점기업을 생각하기 쉬운데 그 사업독점의 위치가 어디서 생겨났는지를 생각해봐야 한다.

독점적 권력이 정부에 의해서 주어진다면 안정적인 회사라고 생각하기보다는 그 독점의 권력이 과연 어디서 생겨났는지, 왜 권력을 가지게 되었는지 생각하는 것이 바람직하다. 인위적인 독점권은 언제든지 인위적으로 방해받을 수 있고 조작될 수 있다는 비판적인 사고가 필요하다.

우리가 자본주의 체제에서 진정한 투자자가 되려면, 누군가에 의해 인위적으로 받은 독점의 권력보다는, 치열하고 살얼음판 치는 전쟁터 같은 자본주의 경쟁논리에서 살아남아 희소성을 띠는 기업을 찾아야 한다.

경쟁의 논리에서 살아남은 기업의 희소성 가치는 실로 막강하다. 시장 논리에 맞춰 가격의 결정력을 마음껏 가질 수 있기 때문이다. 정당한 경쟁에 의해 희소성을 획득했을 때, 대중들은 높은 가격을 구박하기보다는 열광한다.

사회적 가치를 가지는 희소성은 자본주의 사회 속에서 다른 기업과 다른 경쟁의 우위를 통해 얻어진다. 이 희소성의 종류는 정말 다양하다. 가격의 차별화, 품질, 우리의 기호, 상징성, 효율성, 생산성 등 우리가 사람마다 생김새와 가치관이 다르듯이 기업 또한 기업마다 희소성을 띠고 그 희소성을 유지하기 위해 온갖 노력을 다한다. 희소성을 띠지 않는 기업은 이미 기업의 존재 가치가 없기 때문이다. 그리고 희소성을 극대화하여 최고의 자리에 오른 기업을 우리는 '일등' 기업 또는 '우량' 기업이라고 한다.

개인의 기호에 따른 막강 기업을 예로 들면, 우리가 흔히 말하는 '명품'을 만드는 회사이다. 명품회사는 비싸다는 희소성을 갖는다. '이 로고가 찍힌 물건은 특별하다!', '이 로고가 찍힌 물건은 완전히 비싸다!'라는 희소성을 가진다. 이 상품의 마니아들은 이 상품의 가격이 내려가길 원하지 않는다. 더 비싸지기를 원한다. 이 상품의 희소성은 '비싸다!'가 거의 전부이기 때문이다.

다른 기업은 '코카콜라' 회사이다. 코카콜라 또한 수많은 음료수 가운데 한 가지이지만 '코카콜라가 아니면 진짜 콜라가 아니다.'라는 막강한 브랜드 네임과 마케팅 전략을 펼친다. 음료수의 중독성과 세계적인 유통망, 영업망이 코카콜라의 희소성을 만든다. 우리나라 기업을 예로 들면, 농심의 '신라면', 오리온의 '초코파이', 신세계의 '이마트' 등이 그 나름의 고유한 상표와 브랜드 네임, 영업전략, 기호, 가격 경쟁력 등을 갖고 있다.

우리가 흔히 말하는 일등 기업과 우량 기업은 과연 어떤 희소성을 갖을까? 조금만 생각해 본다면 그 기업만의 특별한 희소성을 찾을 수 있다. 특별한 희소성은 기업을 특별하게 해주며 기업 생명의 핵심이 된다.

기업의 가치를 평가할 때, 실적이나 안정적인 재무구조 등과 같은 숫자적인 효율성도 물론 중요하지만, 무엇보다 중요한 것은 그 기업이 가지는 독창적인 희소성이야말로 기업 가치의 핵심이 된다.

여기서 우리 투자자들은 또 난관에 부딪히며 극도의 스트레스를 받는다. 사회적 가치를 지닌 기업이 만들어낸 희소성은, 정부 권력에 의한 희소성을 제외한 자본주의 체제에서 사회적 경쟁으로 살아남은 희소성을 말한다. 하지만, 전쟁터 같은 무한경쟁의 시장경쟁 속에서 만들어진 희소성은 한번 만들어진다고 영원한 것이 아니다. 1등의 희소성을 갖는 기업에, '1등'이니까 상을 주는 것도 아니고, 앞으로의 미래를 보장하는 것도 아니다. 1등의 자리는 수많은 경쟁자가 눈에 불을 켜고, 서로 자리를 차지하겠다고 달려드는 곳이다. 조금이라도 방심하면 머리가 뜯기고 만신창이가 된다. 정점의 자리에서 더 좋은 모습을 보여 주지 못하면 내리막길만이 존재할 뿐인 곳이다.

더구나 희소성은 인위적으로 조작할 수 있으며, 시대의 요구에 따라 끊임없이 변한다. 특히나 현재와 같은 기술 중심의 사회에서는 새로운 기술이 이전의 기술을 완전히 엎어 버리는 형태로도 나타난다. 과거 삐삐는 휴대전화에 밀려 순식간에 자취를 감추었고, MP3라는 음악재생 기계는 휴대전화 기능에 기본 옵션 중 하나로 포함되어 순식간에 위기를 맞고 있다. 워런 버핏이 말하는, '항상 잘 아는 기업의 주식을 매수하라.'라는 주문도 이와 같다. 기술의 진보는 이전의 희소성을 띠는 상품을 순식간에 폐물로 만들어 버릴 수가 있다.

"저는 기술주의 주가수익률은 코카콜라나 질레트 같은 종목들에 비해 약간 낮아야 한다고 생각합니다. 기술주는 기준이 언제 바뀔지 모르니까요."

— 빌 게이츠

이런 이유로 투자의 지존, 워런 버핏은 잘 알지 못하는 기술주에는 눈독을 들이지 않았고, 항상 투자자들에게 자신이 이해할 수 있는 사업을 하는 기업에 투자하라고 충고한다.

앞으로 희소성을 가질 가능성이 있는 기업을 우리는 '성장주', 특정 업종에서 희소성을 띠고 꾸준히 안정적으로 수입을 올리는 종목의 기업을 '일등주' 내지는 '우량주'라고 부른다. 말장난을 좀 해보자면 경제학적으로 볼 때, 가치 있는 것이 희소성을 띠는 것이 아니라, 희소성을 띠는 것이 가치가 있는 것이다.

본원적 가치는 가격으로는 도저히 따질 수가 없다. 가격의 논리로 풀어서는 안 되기 때문이다. 그러면 '사회적 가치는 가격으로 정량화시킬 수 있는가?'라는 물음에 답을 하게 되면, 이것 또한 불가능하다는 것을 금방 알게 된다.

사회적 가치를 띠는 희소성은 인위적인 조작이 가능하고, 시대의 요구에 따라 끊임없이 변화하기 때문이다. 사회적 희소성의 성질은 마치 유행과 비슷하다고 생각을 해봄직도 하다.

결국, 가치와 가격은 표준화시킬 수가 없다. 그래서 우리 투자자들은 오늘도 머리가 아프다. 표준화시킬 수 없는 기업의 희소성에 우리는 가격을 매기고 주식을 매수할지 매도할지 정해야 하기 때문이다.

젊은 청춘, 가치에게 말을 건네다

"진정한 가치는 무엇인가?"

이 질문을 들으면 우리는 혼란스러워진다.

'진정한 가치는 무엇인가?'에 대한 질문은 마치 '진정한 사랑은 무엇인가?'와 맞먹을 정도로 고도의 함축성과 상징성을 지닌다. 우리는 과연 살아가면서 진정한 가치가 무엇인지 진지하게 생각한 적이 있었는가?

그만큼 '가치'라는 단어를 우리가 늘 접하지만, 함축적이고 상징적이기 때문에 그 의미를 파악하는 것 자체도 굉장히 난해하다는 것을 알 수 있다. 그러면 '과연 가치는 객관화되고 규격화되고 통일될 수 있을까?'라는 질문을 해보자!

우리 개개인은 살아온 환경과 경험이 다르고 가치관이 다 다르다. '우리는 무엇이 진정 가치 있다고 믿고 생각하며 살아가는가?'라는 주제로 시험문제를 내주면 아마도 전부 다 '가치'라는 것의 정의를 다르게 내릴 것이다.

'무엇인가에 가치 있다.'라고 말하는 것은 '진실하면서도 숭고한 우리의 믿음?'이라고 표현해야 하는가? 아…. 어렵다. 어렵다. 정말 어려운 것이 '가치'에 관한 정의다. 가치는 그 단어 자체가 상징적 함축적 의미를 내포하고 있고, 범위가 넓어서 일반적으로 규격화하거나 표준화시킬 수가 없다. '어떤 것이 진정한 가치를 가지는가?'라는 물음은 여전히 우리를 굉장히 혼란스럽게 한다. 하지만, 투자자의 결정적 최종 목표는 결국 '가치가 있는 것에 투자하는 것'이다. 우리는 늘 가치 있는 것에 투자하려고 한다. 하지만, '가치'라는 단어의 정의조차 내리지 못한 상태에서 가치에 투자하려고 하다 보니, 자주 얄팍한 속임수에 넘어가고 도대체가 내가 지금 무슨 행동을 하고 있는지조차 잊어버릴 때가 많다.

주식시장은 일반 개미투자자인 우리에게 '꿈과 희망'뿐만 아니라, 동시에 '절망과 두려움'이 가득한 곳이다. 주식시장은 우리에게 혼돈 그 자체다. 단순히 돈을 벌려고 주식시장에 발을 들인다면 돈은 둘째치고서라도 극도의 스트레스만 받고 마음의 병만 얻을 것이다. 주식시장은 많은 정보가 난무하고 수많은 숫자와 뉴스로 가득 차 있다. 한 개인이 분석하고 감당하기에는 상상을 초월할 정도로 방대한 정보량과 '돈 님'에 대한 마력의 공포로 얼룩져 있다.

또한, 돈 버는 것을 떠나서 진정한 가치에 투자하려고 맘을 먹는다 하더라도 가치의 기준을 잡을 수도 없는 곳이다. 기업의 질적 가치, 양적 가치, 내재가치, 상품가치, 브랜드 가치 등등 모두가 가치 있는 것에 투자하라고 한결같이 말하지만, 정작 '가치'가 무엇인지는 아무도 가르쳐 주지 않는다.

어떤 사람은 기업의 가치를 볼 때, 차트의 그림을 보고 가치 있다 여기고, 어떤 사람은 기업의 상품에 가치 있다 여기고, 어떤 사람은 훌륭한 경영진에 가치를 두고, 어떤 사람은 기업의 청산가치에 가치를 매기고, 어떤 사람은 기업의 프렌차이즈나 브랜드 네임, 영업망과 유통망에 가치가 있다고 여긴다. 이것 말고도 마음만 먹으면 수백 가지의 가치를 포함한 단어를 만들어 낼 수도 있다. 이건 도대체 뭐 하자는 건지 우리는 도저히 종잡을 수가 없다.

'진정한 가치는 무엇이다!'라고 딱 꼬집어 말할 수 없는 것처럼 '진정한 투자는 무엇이다!'라고 말하는 것도 굉장히 난해하다. 하나만 꼭 집어서 '이렇게 하는 것이 진정한 투자다!'라고 말하기엔 기업가치라고 하는 것은 너무나 복잡하게 구성되어 있다. 점점 더 어려워진다. 다시 한 번 생각해 보자.

"진정한 가치란 무엇인가?"

생각해 볼수록 더 혼란스럽다. 이런 이유로 대부분 우리는 '나는 어떤 가치의 기준으로 투자하고 있는가?'에 대해서 자신 있게 말할 수 없다. 그도 그럴 것이 가치라는 것의 개념은 시간과 장소, 그리고 상황에 따라 얼마든지 변할 수 있기 때문이다.

경기 침체기를 겪을 때는 청산가치가 확실한 안전마진을 가지는 PBR이 낮은 안전성 기업을 선호하지만, 경기 활황기 때는 PER이 높은 성장성 기업을 선호하고, 새로운 기술이 발전하고 이슈가 된다면 그 기술에 대한 관련업종이 활황을 보인다. 법인기업이 가진 수많은 가치요소 중에서 사회의 분위기와 그 시대적 요구에 따라 동등한 가치라도, 상황에 따라 어떤 가치요소는 상대적으로 가치를 더 인정받을 수 있고, 덜 인정받을 수도 있다.

성실함과 섬세함이 상황에 따라 고지식과 소심함으로 바뀌고, 박력과 강함이 상황에 따라 무례와 무식함으로 바뀔 수 있다는 것을 우리는 알고 있다.

우리 일반 투자자들은 주식시장에 들어서면 주식계좌에 있는 돈의 변동성을 보기만 해도 가슴이 터져 버릴 것 같은데 마음을 잡고 투자하려고 해도 가치의 기준도 잡을 수 없으니 우리에게 주식시장은 혼돈 그 자체이다. 우리는 주식시장 안에서 정신을 차릴 수 없다. 그저 바라보기만 해도 너무 사랑스럽기도 하고, 너무 무섭기도 한 주식계좌의 돈 님은 +(수익)가 되든, ─(손실)가 되든 증권시장에서 끊임없이 변동한다. 주식시장의 전문가인 애널리스트나 펀드매니저 그리고 각종 언론은 제각각 의견이 다 다르고, 서로 자기가 개발한 투자법이 진정한 투자법이라고 선전들을 한다.

사상 최대의 이익과 사상 최대의 손실, 신기술 개발, 유상증자, 북한의 핵 긴장, 환율, 금리, 정치권 이야기, 국제정세 등은 비판에 비판을 낳게 하여 우리 일반 투자자들의 사고를 점점 더 혼란스럽게만 한다. 정보를 제대로 분석하려고 무게를 잡으면, 다시 계좌잔고의 '돈 님'은 +(수익) 또는─(손실)를 보여주면서 우리의 건설적 사고를 순식간에 제압한다. 증권시장은 이런 곳이다.

'돈 님'에 대한 마력, 두려움과 상상도 못할 수많은 정보, 하루하루 변해가는 세상 그리고 기준을 잡을 수 없는 가치에 대한 혼돈이 우리의 마음과 정신을 장악해 정신과 육체를 타락하게 한다. 증권시장에서 우리의 영혼과 심신은 지쳐가고 병들어 간다. 어떤 것이 진실인지 거짓인지 구별할 수 없게 된다. 넘쳐 나는 정보와 일반 투자자를 유혹하는 여론몰이, 그리고 믿었던 정보의 속임수와 거짓에 좌절하고 절망하며 스스로 무너져 간다.

우리는 때때로 산다는 것이 어떤 것인지 잊어버리고 죽지 않기 위해서만 발버둥친다. 우리는 돈을 벌려고 주식매매 한다는 것을 잊어버리고, 손실을 줄이기 위해서만 주식매매를 한다. 결국, 그 또한 손실을 넘어 파산으로 끝나 버리지만 말이다.

주식매매에 실패해서 유독 자살하는 사람이 많은 투자처가 바로 '주식시장'이다. 나는 그 심정을 이해한다. 나 또한 죽고 싶은 적이 한두 번이 아니었다. 매일 기도하는 어머니가 없었으면 나 또한 이 세상 사람이 아니었을지 모른다. 그 속을 모르는 사람은 '돈 좀 잃었다고 인생이 끝나나?', '돈이야 또 벌면 되지~.'라고 말할 수도 있다. 주식매매에 손실을 봐서 자살하는 사람은 그 근본적인 원인이 결코 돈 때문만은 아니다. 이미 돈을 떠나 이성과 사고가 완전히 마비된다.

수많은 정보와 실시간으로 움직이는 계좌의 손익, 그리고 기준을 가질 수 없는 매매가 사람의 이성을 혼돈에 빠뜨리고, 뇌의 기능 자체를 완전히 마비시킨다. 끊임없이 변동하는 주가는 사람의 기분을 천국과 지옥을 순식간에 왔다갔다하게 한다. 하루, 이틀, 한 달, 두 달, 6개월 정도 주식 시세를 보면서 매매하고 있으면 사람이 완전히 맛이 가는 건 시간문제다. 여기에 조금이라도 안 좋은 생각을 하면 극도의 스트레스로 자살이란 극단적 선택을 할 수도 있다는 것을 나는 안다.

결국, 돈을 잃어서 자살을 선택하는 것이 아니라, 이미 이성과 사고의 기능 자체가 마비된 상태에서 조울증과 우울증을 동반해 극단적인 사건이 발생할 수도 있다는 것이다.

우리는 모두 투자를 하고 싶어한다. 피땀 흘려 모은 돈을 가지고 가소로운 투기나 도박을 하자는 것은 결코 아니다. 투기나 도박을 하자면 주식매매보다는 차라리 경마나 고스톱, 또는 강원랜드를 찾는 것이 나을 것이다. 하지만, 우리는 투기와 도박이 아닌 우리의 피와 땀이 담긴 돈을 투자하고 싶어한다. 그래서 주식매매를 하는 것이다. 만약, 투자라고 생각하지 않는다면, 주식매매에 실패한다 하더라도 그토록 많은 사람이 속상해하는 일은 없을 것이다.

그런데 안타깝게도 우리는 투자를 할 수 없다. 투자라는 행동에 대한 기준을 도대체가 잡을 수 없기 때문이다. 특히나 주식시장에서 가치의 기준은 시대와 상황에 따라 시시각각 변해 버린다.

오늘의 사실은 내일의 과거가 되고, 오늘의 영광은 내일의 상처가 되어 버리는 곳이 주식시장이다. 주식시장은 실물 경제를 숫자로 표현한 축소판이다. 주식시장은 자본주의 체제의 핵심이다. 우리 자본주의 체제는 완전한 것이 아니며, 지금도 끊임없이 성공과 실패를 겪어가면서 끊임없이 발전해 나가고 있다. 이런 곳에서 우리는 과연 어떤 기준으로 투자해야 하는가?

투자의 지존인 워런 버핏의 스승인 벤저민 그레이엄은 말했다.

"투자행위란 철저한 분석에 바탕을 두고, 투자원금의 안정성과 적당한 수익성이 보장되는 것을 말하며, 이런 모든 조건을 충족시키지 못하는 모든 행위는 투기라고 말할 수 있다."

아~ 우리 일반 투자자에게는 이런 정의조차도 난해하다. 어떤 가치에 대한 철저한 분석인지 그리고 적당한 수익성은 무엇을 뜻하는지 기업분석을 업으로 삼는 애널리스트들조차도 제대로 하지 못하는 철저한 분석을 생업이 따로 있는 우리가 할 수 있다는 것이 과연 가능한가?

절망적이다. 주식이고 나발이고 우리 일반 투자자들은 다 때려 치워야 할까? 가난하지만, 안정적인 적금이나 들면서 인플레이션에 우리의 재산을 야금야금 강탈당해야 할까? 우리에게 투자는 그저 허황한 욕심일 뿐일까?

속상하다. 하지만, 우리는 너무 속상해하거나 좌절할 필요는 없다. 이런 우리의 고난 중에 우리에게 회심의 미소를 짓게 하는 연구 결과가 있다.

미국의 〈월스트리트저널〉이 재미있는 게임을 벌인 적이 있다. 원숭이와 펀드매니저(4명), 아마추어 투자자(4명)가 10개월간 3라운드에 걸쳐 주식투자 수익률 게임을 펼친 것이다.

펀드매니저와 아마추어 투자자는 온갖 기술적 분석과 오랜 경험을 동원해 투자대상을 선정했지만, 원숭이는 신문 지면에 실린 주식 시세표에 무작정 다트(dart)를 던져 종목을 찍었다. 이 게임에서 원숭이와 사람 모두 마이너스 수익률을 기록했다. 그러나 원숭이의 손실률은 평균 2.7%로 선방했지만, 펀드매니저들은 평균 13.4%의 손실을 봤다. 심지어 아마추어 투자자들은 28.6%의 손실률을 기록하는 수모를 당했다. 결론은 다트를 던진 원숭이가 이겼다는 것이다. 이 연구결과는 웃자고 써놓은 게 아니다. 이 실험은 세계적으로 이루어졌다. 영국에서도 했었고, 우리나라에서도 마찬가지로 원숭이가 이겼다. 이 연구결과에 우리는 쓴웃음을 지으며, 그나마 조금 위안을 받는다. 우리의 능력이 부족해서, 우리의 열정이 부족해서, 우리의 공부가 부족해서 실패한 게 아니라는 말이다.

아무리 공부하고, 연구해도 역시나 모조리 실패할 수밖에 없는 곳이 바로 이 주식시장이라는 거다. 주식시장은 개인의 능력 범위를 뛰어넘는 곳이다. 우리는 의문을 품을 수밖에 없다. 금융전문가라는 집단과 원숭이의 펀드 수익률이 별반 차이가 없는 수준이라니, 아니 오히려 원숭이가 이겨버리는 이런 난해한 연구결과에서 우린 무엇을 얻을 수 있을까?

　결국, 우리는 '원숭이 님에게 다트를 던지게 해서 펀드종목을 선정해야 하는가?'라는 결론에 이르게 된다. '원숭이 님에게 바나나를 주면서 요래 요래 꾀면서 다트를 던지게 해 우리가 피땀 흘려 모은 돈을 투자해야 할까?'

　우리는 진정 획기적인 새로운 펀드를 만들어야 할까? Monkey-FUND 아니면 Banana-FUND……?

　실험의 결과에 따라 과학적으로 증명된 새로운 펀드를 출범시켜야 할까? 줄여서 M-FUND, B-FUND……. 음…, 제법 그럴 듯하긴 하다. 웃어넘기자고 한 이야기는 아니지만, 이 연구결과는 이것이 최선이라는 것을 증명하고 있다.

'가치'에 대한 철학 2

젊은 청춘, 가치를 이야기하다

주식시장은 혼돈 그 자체다. 하지만, 주식 혼돈의 가장 근본적인 원인은 우리 자신에게 있다. 바로 인간의 오만함, 자만심과 탐욕이 혼돈을 만들어 낸다. 또 하나의 철학적 질문을 던져 본다.

"인간의 마음을 숫자로 계산할 수 있는가?"
"인간의 마음을 숫자로 예측할 수 있는가?"

주식시장 혼돈의 원인 중 가장 큰 요소는 인간의 오만과 자만 때문에 인간의 마음을 숫자로 계산하고 예측하려는 데 있다. 인간의 마음을 숫자로 계산하고 예측하려는 태도가 과연 가당하기나 한가?

우리는 기계가 아니다. 똑같은 상황과 똑같은 사물을 대해도 우리의 반응과 행동, 마음이 각기 다르다. 우리는 감정을 느낀다. 별것도 아닌 일에 짜증을 내기도 하고, 별것도 아닌 일에 기뻐하기도 하고, 실패하기도 하고 성공도 한다. 한 사람의 인격체마다 절대로 남이 대신할 수 없는 각각의 삶이 있다. 누구나.

그래서 똑같은 사물이나 대상을 대해도 우리는 다른 의미와 가치를 부여한다. 어떤 사람은 별것 아니라고 생각하는 대상에도, 어떤 사람은 다른 사람이 보지 못한 가치를 발견하고, 그 가치에 인생을 올인할 수도 있고, 남들이 하찮게 여기는 것도 나에겐 귀중한 보물이 될 수 있다. 감정을 가진 우리 인간에게 자연과 사물은, 그 자체로만 존재하는 것이 아니다. 그 대상에 어떤 의미를 부여하느냐에 따라 우리에게는 또 하나의 가치가 되고, 보물이 된다.

많은 추억이 담긴 부모님의 유품은, 당사자들에게는 세상 어떤 것과도 바꿀 수 없는 가치 있는 물건이지만, 그것의 내력을 모른 사람에게는 그저 오래된 물건일 뿐이다. 광적인 야구팬은 몇 호 홈런볼을 가지려고 능력만 된다면 전 재산을 털어서라도 갖고 싶어 하겠지만, 야구에 관심을 두지 않는 사람은 그런 행동이 이해되지 않을 것이다. 그저 공일 뿐이라고 생각하지 않겠는가?

특이한 수집가나 마니아는 엄청난 돈을 쏟아 부으면서 그 물건의 가치를 만들어 낸다. 하지만, 그 물건에 관심이 있지 않은 사람은 그런 행동을 이해할 수 없다. 어떤 사물이나 대상을 바라볼 때, 그 사람의 가치관과 태도에 따라 그 물건의 가치와 값어치는 천차만별이다.

주식도 결국 매수자로서는 회사를 선택하는 과정일 뿐이다. 선택하는 과정에는 객관적인 숫자도 중요하지만, 인간의 마음인 기호 또한 포함된다. 어떤 회사에, 어떤 사업에 가치를 주느냐에 따라 개인이 생각하는 가격은 천차만별이다. 우리는 그 가격을 객관적으로 평가해서 비판할 수 있는가?

인간에게 지구는 너무 크고, 우리가 할 수 있는 경험 또한 한계가 있을 수밖에 없으며, 우리가 일생 배울 수 있는 지식에도 한계가 있게 마련이다. 사람마다 보고 느끼고 배우는 것은 다 다르다. 우리는 과연 어떤 것이 가치 있는 것인지, 어떤 것이 가치 없는지 판단할 수 있을까?

같은 회사라도 우리는 회사 주식의 값어치를 다르게 매긴다. 그것이 이상한 일인가? 단순한 사물이나 대상에도 기호나 감정에 따라 가치와 값어치가 달라지는데, 법인이란 수많은 가치요소를 가진 기업을 사람마다 다르게 가격을 매기고 평가하는 게 잘못된 일인가?

게임을 특별히 좋아하는 사람은, 다른 사람이 보지 못하는 게임산업의 미래를 보고 꿈과 희망을 걸 것이다. 외국 여행을 좋아하는 사람은 여행회사의 미래를 낙관할 것이고, 자동차를 좋아하는 사람은 자동차의 미래를 낙관할 것이다. 반대로 게임을 좋아하지 않는 사람은, 게임은 애들이나 하는 것이라고 치부하면서 게임산업의 미래를 불투명하게 볼 것이고, 외국 여행을 좋아하지 않는 사람은 여행회사의 미래를 비관할 것이다. 이렇듯 같은 산업과 기업을 봐도 인간은 각기 다른 가치관과 경험과 기호 탓에 대상의 가치평가는 달라질 수 있다.

이것이 바로 우리 개미투자자들이 주식투자를 할 때, 극도로 스트레스를 받는 핵심 요소 중 하나이다. 우리 투자자들은 투자의 정보를 얻을 때, 신문이나 언론 그리고 각종 증권사 리포트나 각 금융업에 종사하는 애널리스트들에게 정보를 얻는다. 하지만, 우리보다 몇십 년 더 공부한 전문가라 칭하는 사람들도 어떤 기업을 평가할 때 서로 목표가격이 각기 다 다르다.

어떤 사람은 목표가를 3만 원이라고 잡는가 하면, 어떤 사람은 5만 원이라 잡고, 어떤 사람은 10만 원으로 잡는다. 어느 장단에 맞춰야 하는가?

우리는 그런 혼란스러운 목표가격에 자신감을 잃는다. '분명히 저 사람들은 나보다 이 산업과 업종에 대해 많이 알고, 공부를 더 많이 했을 텐데.'라는 기본적 사실에 우리는 혼란스러워한다.

애널리스트들은 분명히 우리 일반 투자자들보다 그 회사나 업종에 대해서 10배나 100배쯤 더 많이 알고 있을 것이다. 그들은 분석을 업으로 삼고, 밤이나 낮이나 기업을 연구하고, 기업의 재무제표와 산업현황 상품성의 이익들을 연구하고 분석한다. 하지만, 분석하는 애널리스트도 결국은 사람이다. 기업의 수많은 요소 중에서 어떤 애널리스트는 기업의 순자산에 가치를 부여할 수도 있을 것이고, 어떤 애널리스트는 산업의 활황에 가치를 더 부여할 수 있을 것이고, 어떤 애널리스트들은 순자산보다 상품성의 가치를 높이 보아 공격적 경영을 주문할 것이다. 애널리스트들이 분석을 제대로 못 해서 각기 목표가격이 다른 것이 아니다. 기업을 구성하는 많은 요소 중 '어떤 요소를 가치 있게 보느냐?'에 따라 애널리스트들의 눈에 기업의 가치가 다르게 보이는 것이다.

그 모든 걸 총체적으로 아울러 기업의 주가를 산정하는 것이 바로 애널리스트들이 존재하는 목적이 아니냐고 구박한다면 사실 할 말은 없다. 하지만, 모든 애널리스트가 총체적으로 분석을 한다. 다만, 개인의 가치관과 기호에 의해 기업의 어떤 요소 중 하나를 특별히 더 좋아할 수도 있다. 난 이 회사가 순자산이 많아서 좋아, 난 이 회사의 제품이 좋아. 난 이 회사의 기술개발 가능성이 좋아, 난 이 회사의 경영진이 좋아, 난 이 회사가 꾸준히 수익이 나서 좋아, 난 이 회사의 예쁜(?) 여사원이 좋아 등등…. 어떤 것이 더 좋아서 가치 있어 보인다는 애널리스트들을 우리는 과연 구박할 수 있을까?

이런 주식가치 평가의 본질을 파악하여 투자의 통찰력을 보여준 위대한 경제학자 케인스는 우리 일반 투자자들에게 쉽고 재미있는 비유를 남겨 주었다. 큰 수익이 날 수 있는 주식은 자고로 모두에게 예뻐야 한다는 비유를 통해 미인투표 이야기를 들려주었다.

어떤 신문사가 100명의 아름다운 미인 사진을 게재하면서 현상응모를 시행하였다. 100명의 미인 중에서 가장 많은 사람이 미인이라고 생각하는 6명의 후보자를 선택한 사람에게 상을 준다는 내용이었다. 과연 응모자들은 어떤 행동을 할까?

이 경우에 응모자들은 자신의 판단보다는 다른 사람들이 미인으로 꼽을 것으로 짐작되는 후보에게 표를 던진다고 케인스는 지적하였다. 즉, 자신이 가장 미인이라고 생각하는 후보를 고르지 않고, 다른 사람들이 미인이라고 판단할 것 같은 후보에게 표를 던진다는 것이다.

케인스는, 주식매매는 앞의 미인 투표와 다르지 않다고 말한다. 상금을 받으려면 고집스럽게 내 스타일의 여자만 뽑아서는 안 되며 모두가 좋아할 만한 여자를 뽑으라고 슬쩍 가르쳐 주었다. 그렇게 해야 우리 일반 개미투자자가 상금을 타고 돈을 벌 수 있다고 쉽게 가르쳐 주었다.

가치의 기준은 사람의 가치관과 기호에 따라 변하고, 또한 가치는 사회적 배경과 시대적 상황에 따라 기준이 변화한다. 우리의 사회가 역동적으로 변하는 만큼 가치 또한 유행처럼 역동적으로 시대에 따라 변한다.

경기가 안 좋을 때는 자산가치가 많은 안정형 회사가 인기 있을 것이고, 경기가 좋을 때는 매출이 증가하는 성장형 회사가 인기 있을 것이고, 시대의 기술과 과학의 진보에 따라 신산업의 기술이 태동하면 그 기술에 대한 인기가 폭발한다.

내가 좋아하는 여자를 고르지 말고, 모든 사람이 좋아할 만한 여자를 고르라고 한 비유는 내가 좋아하는 가치를 고르지 말고 상황에 따라 모든 사람이 좋아할 만한 가치를 기준으로 투자하라는 말과 일맥상통할 수 있을까?

시장에서 주식의 가격은, 날마다 매수자와 매도자의 싸움으로 결정된다. 매일 경매하는 방식과 다르지 않다. 오늘의 가격은 내일이 가격이 될 수 없다. 주식의 가격은 결국, 시장에 참여하는 사람들에 의해서 결정된다. 그리고 그 가격의 주체는 결국 인간이다. 따라서 주식시장 또한 인간의 가치와 감정, 그리고 분위기에 따라 끊임없이 변해간다.

우리는 이런 주식시장에서 과연 어떤 투자의 기준을 만들어 낼 수 있는가? 무엇이 진실이고 거짓인지 우리는 판단할 수 있는가? 거짓이지만 모두가 진실이라고 믿는 것, 진실이지만 모두가 거짓이라고 믿는 상황 속에서 우리는 과연 어떤 이성적 사고를 해야 하는가?

주식시장은 바로 이런 곳이다. 그래서 그 어느 사람도 주식시장을 이길 수는 없다. 시장 앞에서 개인은 한없이 작아지고 겸손해질 수밖에 없다. 주식시장 앞에서 한 개인은 너무나 나약한 존재이기 때문이다. 한 개인은 주식시장에서 진실과 거짓조차 구별할 수 없다.

누구나 한 번쯤 그리고 여러 번 주식시장에서 수익을 낼 수 있다. 하지만, 결국 마지막에 가서 시장은 개인을 삼켜 버리고 파멸시킨다. 끊임없이 발전을 거듭하고 유행처럼 가치가 변하는 주식시장 속에서 한 번의 성공을 맛본 개인은 과거의 성공 매매를 생각하며 확신과 자만, 그리고 오만함 속에서 과거와는 전혀 다른 새로운 기준의 가치에 혼란스러워하며 무릎을 꿇고 만다. 아니 파멸하고 만다.

자기 매매가 과거에는 분명히 확실했고 통했는데 이제는 통하지 않는다고 눈물을 흘린다. 결국, 주식시장의 본질을 이해하지 못한 것이다. 과거의 가격은 오늘의 가격이 될 수 없고 과거의 가치가 오늘의 가치가 될 수 없는 곳이 우리의 주식시장이다. 주식시장의 주체인 우리 인간은 끊임없이 발전하고 쇠퇴하기도 하면서 진화하고 퇴보하기도 한다. 또한, 기뻐하기도 하고 슬퍼하기도 하며 갑자기 밑도 끝도 없는 자신감이 생기고, 밑도 끝도 없는 절망에 빠지기도 한다.

우리 삶의 가장 큰 성공 뒤에는 가장 큰 실패가 따르고, 가장 큰 사랑 뒤에는 가장 큰 후회와 연민이, 가장 큰 행복 뒤에는 가장 큰 고독이 따른다. 개인의 삶마저도 이렇게 기복이 심한데 모든 사람이 참여하는 주식시장이 어떻게 될지? 우리는 과연 알 수 있을까?

결국, 주식시장에서 우리는 시장을 이길 수 없다.

이렇게 결론을 내려 버리면 우리 투자자로서는 정말 좌절만이 남아 버린다. 그래서 조금 완화시킨 표현을 써보자.

'주식시장은 날마다 누구도 전혀 예측하지 못하는 방향으로 끊임없이 변화한다.'

'투자에서 방법은 없다. 또한, 투자의 기준도 없다.' 이 말은, 주식시장은 우리에게 어떤 방법과 기준조차도 허락하지 않는다는 의미다. 기준 자체를 우리 모두가 만들어 내기 때문이다. 결국은 어떤 것도 정해질 수 없다는 것을 우리는 인정해야 한다. 그래서 투자에서 가장 중요한 것은 '가치에 대한 철학'이다. 기업을 구성하는 수많은 요소 중에서 과연 내가 생각한 진정한 가치는 무엇인가에 대해서 진지하게 고민해 봐야 하는 이유다.

우리를 현혹하는 많은 투자비법과 기술을 공부하고 배우는 것보다, '내가 생각하는 진정한 가치는 무엇인지?'에 대한 기준을 정하는 것이 훨씬 더 중요하다. 그리고 자신이 옳다고 믿는 진정한 가치에 대해 투자해야 한다.

'나는 가치에 투자하려는 게 아니다. 나는 돈을 벌려고 투자하는 거다.'라고 말한다면 결국은 돈만을 좇아 시대의 유행을 좇고 끊임없이 변화하는 시대의 유행에 혼란만을 느낄 것이다. 또한, '돈 님'의 마력과 수많은 정보 속에서 어떤 투자 기준조차 정하지 못하고, 혼란과 절망 속에서 시장에 무릎을 꿇고 끝없는 낭떠러지로 떨어질 것이 자명하다.

"우리는 어떤 요소에 가치를 부여하는가?"

이 물음에 대한 대답은 오직 스스로만이 할 수 있다. 기업의 수많은 요소 중 내가 생각한 진정한 가치는 무엇인지 결국은 스스로 선택해야 한다. 많은 전문가의 조언과 수많은 정보를 참고할 수 있지만, 결국 자기가 피땀 흘려 모은 돈을, 내가 어떤 것에 가치를 높게 두느냐에 따라 투자를 결정해야 한다. 결국은 어떤 조언도, 어떤 정보도 주식시장 앞에서는 무력하기 때문이다. 스스로 진정한 가치가 있다고 믿는 요소에 투자해야 그 투자는 결국 가치가 있어진다. 투자를 하기에 앞서 다시 한 번 생각해 보자.

"내가 생각하는 기업의 진정한 가치는 무엇인가?"

머리가 아프고 혼란스럽지만 우리는 이 물음에 대해 자신만의 철학과 대답이 있어야 한다. 이것이 투자의 기본 중 기본이기 때문이다.

THE INVESTMENT OF YOUTH

5장

젊은 투자자들은 절대 모르는 '투자의 진실'

젊은 청춘, 투자에 대해 이야기하다 ● 젊은 청춘, '위험한 투자'를 할 수밖에 없는 이유를 밝히다 ● 젊은 청춘, '합리적인 투자'를 이야기하다 ● 젊은 청춘, 우리의 약속에 이의를 제기하다 ● 젊은 청춘, 케인스를 생각하다 ● 젊은 청춘, 케인스에게 말을 건네다 ● 젊은 청춘, 실제적 경기변동을 바라보다 ● 젊은 청춘, 실제적 경기변동의 원인과 투자방안을 이야기하다 ● 젊은 청춘, 화폐적 경기변동을 바라보다 ● 젊은 청춘, 화폐적 경기변동의 원인을 이야기하다 ● 젊은 청춘, 화폐적 경기변동의 투자방안을 이야기하다 투자의 진실을 보려면, '돈이 만들어지는 원리'를 알아야 한다. 돈의 생성 원리를 이해하면 투자의 기준을 잡을 수 있으며, 현란한 겉모습에 현혹되지 않고 투자의 중심을 잡을 수 있다. 실제로 증권투자를 하다 보면 개별기업의 호재나 악재보다 거시경제의 영향을 많이 받는다는 사실을 알게 된다. 금리나 환율, 원자재 가격, 유가 가격, 북핵문제 등등 수많은 예측할 수 없는 변수가 있다. 하지만, 거시경제의 모든 근본은 기업의 활동성과 돈의 가치와 관련되어 있다.

결국, '돈의 원리'를 이해하면 전체적인 경제 원리를 볼 수 있다. 어째서 수많은 전문가가 즐비한 금융시장에서 아무도 미래를 정확하게 예측할 수 없는지, 어째서 경기변동이 그토록 극심하면서 알 수 없는 방향으로 움직이는지……

생각해 보는 시간을 갖도록 하자.

아울러 이 시간에는 자본주의 체제의 진실을 좀 더 깊게 들여다 볼 수 있으며, 세상은 자꾸 발전하고 풍요해지지만, 우리 서민들은 어째서 세상이 더 발달할수록 삶의 무게가 더 무거워지는지 이야기해 보자.

여기에서는 돈의 생성 그리고 돈의 가치에 대해 생각해 볼 수 있는 진지한 시간을 가지게 될 것이다. 그리고 그것을 바탕으로 위험한 요소를 올바르게 인식하게 할 것이고, 투자의 진실과 비밀에 한 발짝 더 근접하게 도와줄 것이다.

젊은 청춘,
투자에 대해 이야기하다

우리 투자자들이 개인적인 능력으로 시장을 이겨 투자에 성공하기란 불가능에 가깝다. 투자를 하려면 실전 경험을 바탕으로 공부도 많이 해야하고, 노련해야 하며 동물적 감각도 있어야 하며, 또한 수년간 축적해온 재산에 대한 손실 위험성도 감당해야 한다. 무엇보다 이를 바탕으로 투자에 대한 자신만의 확고한 철학을 만들어야 한다.

우리는 공부하는 건 두렵지 않다. 공부를 열심히 한 다음, 투자해서 돈을 벌 수 있다는 확신만 있다면 일정 부분 자신감을 느낄 수는 있지만 '공부해서 돈을 벌 수 있는가?'에 대해서는 확신을 할 수 없다. 그리고 더욱무섭고 두려운 것은 수년간 피같이 모은 우리의 자산이 손실이 날 수 있다는 두려움, 그 두려움이 우리를 더욱더 가슴 졸이게 한다.

사실 우리는 열심히 살고 싶을 뿐이다. 하루하루의 고된 생업에 쫓기는 우리는 요즘 어느 펀드가 잘 나가고, 어느 예금상품이 인기 있는지, 어떤 부동산이 투자가치가 있는지 생각하고 비교할 시간조차 없는 경우가다반사다. 힘들다, 하루하루가 힘들고 그저 또 힘들 뿐이다.

하지만, 투자를 하지 않고 살아가면, 또다시 남들에게 뒤처질 거라는 불안한 심정을 지울 수가 없다. 성실히 살아가면 잘살 수 있다고 어렸을 때부터 배워왔지만, 현실은 그렇지 않다는 것을 우리는 경험적으로 알고 있다. 우리 대부분은 큰돈을 바라지 않고 성실하게 은행에 적금을 넣으면서 그저 안정되게 살고 싶어한다. 먹을 것 안 먹고 입을 것 안 입고 열심히 적금을 넣어서 5년 동안 5천만 원을 만들어 놓았다 하더라도 뭔가 허전하다. 5년 전에는 5천만 원이란 돈이 꽤 컸던 것 같은데 지금의 5천만 원은 예전의 5천만 원이 아닌 것 같다.

그러다가 주위의 지인이나 친구들이 주식투자를 해서 돈을 벌었다든지, 펀드에 넣었더니 큰돈이 됐다는지, 집을 사서 돈을 벌었다는 소리를 들으면, 우리의 어깨는 더 무거워진다. 나는 분명히 열심히 살고 있는데 자꾸 뒤처지는 것 같다. 우리 모두에게 재테크란 이제 선택이 아니라 필수가 되어 버렸다. 재테크를 하지 않으면 세상에 뒤처진 사람으로 취급받는 것뿐만 아니라, 우리가 축적한 돈은 지속적인 물가상승으로부터의 위협에 시달려야 한다. 그렇다면, 우리는 여기서 한 가지 묻지 않을 수 없다.

"우리는 왜 투자를 해야 하는가?"

표면적으로 투자하는 이유는 돈을 벌기 위해서다. 하지만, 진정으로 돈을 벌려고 투자하는가? 아니면 벌어둔 돈을 지키려고 투자하는가? 정말 암울하고 피하고 싶은 현실이지만 우리는 열심히 공부하지 않으면 안 되며 이에 대해 많은 부분 신경을 써야 한다. 리스크를 감당하는 행위의 결과가 되는 재테크는, 본질적으로는 재산의 증식이란 개념보다는 우리의 재산을 지키는 데 필요한 행동이다. 이런 이유로 재테크는 우리에게 선택이라 아니라 필수가 된 것이다. 재테크를 하지 않고, 현금을 차곡차곡 모아 둔다면, 돈 가치의 하락은 불을 보듯 뻔한 일이다. 우리는 다들 물가상승과 인플레이션이 얼마나 무시무시한지 경험에 의해 알고 있다.

"무엇이 문제일까?"

우리는 모두 땀을 흘리며 성실히 일하면서 살아간다. 우리는, 갖은 구박과 서러움 속에서도 하루하루 미래를 위해 피눈물을 삼키며 회사에 다니지만 어째서 우리는 계속 더 힘들어지기만 하는 것일까? 열심히 살고 열심히 일하고, 먹을 것 안 먹고, 입을 것 안 입고 적금 넣고 한 푼 두 푼 모아서 저금하고 또 저금하지만, 왜 점점 힘들어지기만 하는 것일까? 왜 우리는 직장에서 맡은 일을 하며, 온 힘을 다해 살아가는 것만으로도 부족하여 또다시 이렇게 돈을 벌려고 '재테크'라는 것에 눈을 돌려야 하는가?

'돈의 믿음'이란 결국 인간의 이성에 대한 믿음이다. 우리는 앞의 장에서 돈은 결국 인간의 이성에 대한 믿음이라고 했다. 그렇다면, 우리가 여기서 생각하고 넘어가야 할 것이 있다. 현재 내가 속한 사회에서 돈이 도대체 어떻게 창조되는지 알아야 한다.

'현 체제에서 인간의 이성으로 말미암은 돈은 과연 어떻게 만들어질까?' 이에 대한 근본적인 물음이 필요하다. 그러나 돈이 어떻게 만들어지고 어떤 과정을 거쳐 시중에 유통되고 또 어떤 과정을 거쳐 신용이 형성되는지를 알기란 쉽지 않다. 어쩌면 최고의 금융전문가들조차 돈의 유통 과정을 제대로 알지 못한다. 세계의 금융산업을 선도하는 미국에서조차도 신용과 유동성을 제대로 제어하지 못해 서브프라임이라는 비우량대출 공황이 발생하지 않았던가?

과거에는 금본위제란 제도가 돈의 가치의 척도였다. 금본위제는 말 그대로 금을 근본으로 하는 제도다. 과거에는 돈을 정부나 은행에서 찍어낼 때 금을 근본으로 찍어냈다. 돈이란 일종의 금과의 교환증서에 불과했다. 여기서 돈의 가치는 금으로서 보증된다. 금본위제에서 돈이란 화폐는 그저 종이가 아니라, 돈 자체가 금이 된다.

각 나라는 엄격하게 금을 기초로 화폐를 발행했고, 금의 수량과 연동하여 돈의 가치가 정해졌다. 금본위제 안에서 나라의 국력은 얼마나 많은 금을 보유하느냐에 달렸다. 금본위제 체제 안에서 최고의 강점은 인플레이션이 억제된다는 것이다. 전 세계에서 6,000년 동안 캐 모은 황금의 총량은 14만 톤에 불과하다. 한정된 금과 그것을 교환할 수 있는 보증서로서 돈의 가치는 눈에 보였고 확실했다. 그래서 돈의 인플레이션은 억제되었고, 가치저장 수단으로서 돈의 기능은 훌륭하게 수행되었다.

- 프랑스 프랑은 1814~1914년의 100년 동안 화폐의 안정을 유지했다.
- 네덜란드 길더는 1816~1914년의 98년 동안 화폐의 안정을 유지했다.
- 스위스 프랑은 1850~1936년의 86년 동안 화폐의 안정을 유지했다.
- 벨기에 프랑은 1832~1914년의 82년 동안 화폐의 안정을 유지했다.
- 스웨덴 크로나는 1873~1931년의 58년 동안 화폐의 안정을 유지했다.
- 독일 마르크는 1875~1914년의 39년 동안 화폐의 안정을 유지했다.
- 이탈리아 리라는 1883~1914년의 31년 동안 화폐의 안정을 유지했다. [5]

우리가 만약 금본위제 체제 안에서 살아간다면 이렇게까지 재테크에 집착하지 않아도 될 것이다. 금본위제 안에서는 최소한의 인플레이션이 발생하며 무엇보다 돈의 주요기능 중 하나인 가치저장 수단이 확실하기 때문이다.

금본위제 체제 안에서는 적금을 해도 현재의 5천만 원이나 5년 후의 5천만 원이나 가치 차이는 별반 없다. 돈은 금이라는 도량형을 기준으로 안정적이고 엄격하게 발행되기 때문이다. 나라와 무역을 할 때도 금의 보유에 따라 화폐가치가 결정되어 무역이 이루어졌다. 하지만, 금을 기준으로 돈을 발행하는 제도인 금본위제는 폐지되어 버렸다.

지금은 금본위제가 아니다. 1971년 세계의 화폐체제는 금본위제를 버린다. 금본위제가 폐지되고 지금의 우리는 무엇으로 돈을 찍어 내는가?

여기서 우리가 말하는 돈은, 대한민국을 대표하는 원화를 말한다. 대한민국 원화는 대한민국이 법률로서 보장하고 국채를 담보로 원화를 만들어낸다. 여기서 돈은 과거 금본위제 제도처럼 '돈은 곧 금이다.'라는 믿음이 사라져 버린다. 우리가 가진 돈의 가치는 국가의 신용을 담보로 발행하는 채권의 가치와 같아지며 그것은 곧 국력과 같아진다. 국력이 강해지면 우리 돈의 원화가치는 올라가고, 국력이 떨어지면 우리 돈의 원화가치는 떨어진다.

대한민국 국민의 미래 세금과 신용을 통해 발행한 채권이 곧 우리가 사용하는 돈의 가치가 된다. 우리나라 국민의 생산성과 효율성, 미래의 발전가능성을 담보로 한 채권을 기초로 우리의 돈이 창조되는 것이다. 너무나 당연한 말이지만 대한민국이 없으면 원화도 없어진다.

현재 세계 대부분 나라는 자국의 통화를 독립적으로 사용하며, 각 나라의 채권을 담보로 돈을 만들어 낸다. 그렇다면, 여기서 또 한 가지의 문제점이 생긴다. 그러면 나라마다 어떻게 무역을 하는가? 서로 각국이 우수하다고 자기네 국채가 최고라고 우기면 어떻게 될까? 세계는 무역을 해야 하는데 각 국가의 돈의 가치는 어떻게 이루어질까?

과거 금본위제 때는 금이라는 확실한 도량형이 존재했기 때문에 국가 돈의 가치는 금을 통해 이루어졌다. 금보유고만큼 돈의 가치가 고정되는 것이다. 금본위제는 고정환율제도의 근간이었다.

하지만, 금본위제가 폐지되고 현재 대부분의 나라는 세계화하는 무역에 맞춰 변동환율 제도를 채택하고 있다. 금이나 정부의 정책으로 인위적인 고정가격이 아니라, 나라와 나라의 통화가치는 자유롭게 돈이 서로 오고 가면서 수요와 공급에 의해 결정된다. 다른 나라에서 우리나라 돈이 많이 필요하면 당연히 공급보다 수요가 많아져서 우리나라 돈의 가치가 올라간다. 반대로 우리나라가 다른 나라의 돈이 더 많이 필요하면 우리나라 돈의 가치는 떨어진다. 이것이 바로 우리나라가 찍어 내는 대한민국 원화의 가치인 것이다.

개개인인 우리가 열심히 저금만 한다고 부자가 되는 것이 아니다. 아무리 많은 원화를 모은다고 해도 나라의 힘이 쇠퇴하면 원화의 가치가 떨어져 버린다. 물론 개개인이 열심히 일을 해야지만 나라가 결국 부강해질 수 있지만, 대한민국이 강대해야만 우리 모두의 가치인 대한민국 원화가 가치가 있어진다.

젊은 청춘,
'위험한 투자'를 할 수밖에 없는
이유를 밝히다

여기서 우리가 또 하나 살펴볼 문제가 있다. 금의 기준이 사라진 현재 각 나라의 무역은 무엇을 기초로 이루어지는가? 무역을 할 때, 대부분 나라는 자국의 돈으로 결제하지 않는다. 대부분 나라가 달러로 결제하기를 원한다. 무역을 할 때, 우리는 석유를 원화로 결제할 수 없다. 우리는 달러가 있어야 석유를 수입해 올 수 있다. 우리나라 또한 수출 대금을 달러로 받는다.

우리가 말하는 외화보유액은 달러를 뜻한다. 외화보유액이 부족하면, 우리나라는 심각한 위기에 봉착하게 된다. 과거 금본위제에서 금을 가지고 각 나라의 무역이 이루어졌다면, 현재 각 나라는 달러를 통해 무역을 벌인다. 이 때문에 대한민국 국채의 신용은, 대한민국이 앞으로 얼마나 많은 달러를 확보하느냐? 얼마나 잘 벌 수 있느냐? 그리고 현재는 얼마의 달러를 비축해 두었느냐? 등에 따라 결정된다.

현재의 달러를 세계의 기축통화라고 한다. 간단히 말해 지금의 미국 돈인 달러가 과거 금의 역할을 하는 것이다.

"미국 돈인 달러는 금이다."

"미국 국채는 미국 정부가 미래에 받아들일 세금을 담보로 하기 때문에 세계에서 '가장 믿을 만한 자산'으로 취급된다."[6]

이와 같은 현재의 세계 자본주의 메커니즘의 전제 속에서 우리는 무역을 하는 것이다. 어쨌든 좋다. '미국 돈은 금'이라고 치자. 그러면 미국의 달러는 과연 어떤 가치를 지니고 있기에, 달러는 금의 가치를 지니는가? 이에 대해 묻고 진지하게 고민해 보자면, 미국 역시 달러는 미국 국채를 이용해 찍어낼 뿐이다. 현재 세계 통화의 기준은 과거 금이라는 실물적인 눈에 보이는 자산이 아니라, 미국의 신용을 기초로 세계가 무역하고, 살아가는 것과 같다고 생각하면 된다.

세계는 지금 달러를 기축통화로 삼았다. 그것은 곧 미국의 신용을 기초로 세계무역의 토대가 세워졌다는 것과 같다. 실제로 미국의 산업지수인 다우와 나스닥 그리고 S&P지수가 세계에 미치는 영향력이 실로 얼마나 대단한지 우리는 알고 있다. 증권업에 종사하는 대부분 사람이 눈뜨면 살펴보는 것이 바로 이 미국 지표다.

그리고 우리나라에서 금융업에 종사하는 대부분 금융전문가가 우리나라 대한민국 원화의 금리보다 더 신경 쓰는 것이 바로 연방준비은행(FRB)의 달러 금리정책이다. 이곳에서 정하는 금리로 말미암아 현재 금을 대신하는 달러의 가치가 결정된다. 증권매매를 하다 보면 세계 투자자들이 연방준비은행의 금리정책을 예측하고 그에 대한 영향력을 예측하려고 얼마나 노력하는지 알 수 있다.

기축통화의 위력 그 자체인 '달러'는 현시대의 자본주의 메커니즘이 되었고, 미국이라는 나라를 그토록 강대하게 만들었다. 세계무역은 달러를 기초로 이루어지고, 달러의 가치는 결국 미국 채권의 가치로 결정된다. 그리고 채권의 가치는 결국 미국이라는 나라의 신용으로 결정된다.

우리는 미국 내에서 일어난 서브프라임이라는 경제공황이 터져서 미국의 신용이 손상되었을 때, 세계의 경제가 얼마나 급격하게 위축되는지 몸소 체험해 봤다. 세계증시는 폭락하고, 시중 돈의 유동성은 씨가 말라 버렸다. 금리는 오르고, 추가 대출은 막혀 버렸다. 달러가 폭락하자, 실물 자산의 대표인 석유와 금의 가격은 천정부지로 뛰었다. 미국이 기침하니 다른 나라들이 감기에 걸리고 독감에 걸려 버리는 형상이다.

이쯤에서 우리는 과연 미국의 신용으로 세계무역의 기초를 쌓을 수 있을까? 라는 물음을 던져 보아야 한다. 미국의 달러는 녹슬지 않는 금속 물체이자 정치적 상징인 금을 대신해 세계 신용의 기반이 될 수 있을까? 세계가 달러를 신뢰할 정도로 미국은 강하고 청렴하며, 거짓말을 하지 않고, 세계의 경찰 역할을 하는데 금의 가치와 맞먹을 수 있을까? 라는 물음을 던져 보아야 한다. 역시나 현재의 자본주의 메커니즘을 생각하면 뭔가가 씁쓸하다.

금을 기초로 돈을 찍어내는 금본위제와는 달리 채권을 담보로 돈을 찍어 내는 채무화폐는 시간이 지날수록 필연적으로 그 가치를 잃어 간다. 금은 한정되어 우리가 눈으로 보고 만질 수 있지만, 채권이란 증서는 하나의 신용이자 종잇조각에 불과하기 때문이다. 채권을 발행함과 동시에 채권의 이자만큼 돈은 늘어나게 된다.

우리가 과거에 금 대신 가지고 있는 달러는 시간이 지나면 필연적으로 점점 많아지게 되어 있다. 금이 저절로 많아진다면 금을 누가 가치 있다 여기겠는가? 이런 상황을 다 알면서도 우리는 달러를 거부할 수 없다. 현재 세계무역의 메커니즘은 달러가 없으면 무역이 불가하기 때문이다.

1975년 OPEC의 장관들은 달러로 석유를 계산하는 데 동의했다. 이로써 세계화폐는 '석유본위제' 시대로 진입했다. 금본위제의 보호 울타리를 떠나 비바람에 노출된 달러가 마침내 석유라는 피난처를 찾은 것이다.[7]

'우리나라 돈인 원화를 가지고 석유를 살 수 있을까?'라고 물으면 약간 당황하겠지만, 우리나라 원화로는 중동에서 석유를 살 수가 없다. 석유가 한 방울도 나지 않는 우리나라에서 원유를 수입하지 못하게 되면 우리나라 산업은 어떻게 될까? 그 때문에 우리는 외환보유고에 목숨을 걸 수밖에 없다. 심지어 외환보유고인 달러가 없으면 IMF를 맞이한다는 사실을 우리는 이미 쓰라린 경험을 통해 알고 있다.

미국이 이라크를 침공한 것은 표면적으로는 대량살상무기 파괴라는 명분을 가지지만, 2000년부터 이라크가 석유를 유로화로 결제한 것이 가장 큰 이유라는 것은 공공연한 사실이다. 세계 기축통화의 확고한 지위를 위해 달러가 아닌 유로화로 석유를 결제한 이라크 정부를 전복시켰다. 현재 미국은 전 세계에 미군을 배치하고, 자국의 군사력과 선진화된 금융시스템으로 달러를 기축통화로 삼고자 수단과 방법을 가리지 않고 때로는 전쟁도 불사하고 있다. 국제 금융기관 IMF, WTO, OPEC, 국제결제은행 등 모두 미국의 기축통화 지위를 위해 수단과 방법을 가리지 않는다.

1971년 세계화폐체제가 금본위제를 버리면서 각국 화폐의 구매력은 급격히 떨어져 버렸다. 금 1온스의 가격은 1971년 35달러에서 2006년 11월 23일 현재 630달러로 올라섰다. 35년 동안 황금 가격에 대한 각국 화폐의 가치 절상 상황을 보면 다음과 같다.

- 이탈리아 리라의 구매력은 98.2% 하락했다. (1999년 이후 유로화로 환산)
- 스웨덴 크로나의 구매력은 96% 하락했다.
- 영국 파운드 구매력은 95.7% 하락했다.
- 프랑스 프랑의 구매력은 95.2% 하락했다. (1999년 이후 유로화로 환산)
- 캐나다 달러의 구매력은 95.1% 하락했다.
- 미국 달러의 구매력은 94.4% 하락했다.
- 독일 마르크의 구매력은 89.7 하락했다. (1999년 이후 유로화로 환산)
- 일본 엔화의 구매력은 83.3% 하락했다.
- 스위스 프랑의 구매력은 81.5% 하락했다. [8]

2009년 10월, 금 값은 1온스당 1,000달러를 넘어 섰다. 현재 세계경제 는 채무화폐를 근간으로 하고 있다. 이 체제 안에서 우리가 가진 돈은 시 간 지날수록 가치가 급격하게 하락하며 돈의 주요기능 중 가치저장 수단 은 힘을 잃어 간다.

이에 대해서는 케인스의 대답이 가장 확실한 답이 될 수 있다. "연속되 는 인플레이션 과정에서 정부는 비밀리에 국민의 재산 일부를 몰수할 수 있다. 이 방법을 쓰면 마음대로 국민의 재산을 뺏어올 수 있다. 다수가 가 난해지는 과정에서 소수는 벼락부자가 된다." [9]

그린스펀도 1966년에 다음과 같이 주장했다. "금본위제가 없는 상황

에서는 어떤 방법으로도 국민의 재산이 인플레이션에 먹히는 것을 막지 못한다." [10]

이 글을 통해 나는 금본위제가 옳으냐? 아니면 채무화폐가 옳으냐를 논하자는 것은 아니다. 지금 우리가 살아가는 체제는 자본주의 체제 안에서의 채무화폐가 주류를 이룬다는 것을 말하고 싶은 것이다.

현재의 우리 체제 안에서의 인플레이션은 필연적이다. 그래서 우리는 열심히 일해서 적금만으로는 살아가기가 점점 어려워지는 것이다. 주식 매매의 어려움을 누구보다 잘 아는 나는 일반 투자자들에게 투자를 권하기가 싫다. 마음 같아서는 투자하지 말고 적금을 추천하고 싶다. 하지만, 우리가 살아가는 체제에서는 투자하지 않으면 아무리 열심히 살아도 점점 힘들어질 수밖에 없다. 이런 체제의 메커니즘 때문에 우리는 저축만 해서는 부자가 될 수 없으며 심지어 살기가 더 어려워지기까지 한다. 이것이 주식과 부동산 투자가 위험하다는 것을 알면서도 투자하지 않으면 더 위험해진다고 생각하는 이유이다.

우리는 우리의 돈을 지키려고 재테크를 하는 것이다. 우리가 재테크를 해서 돈을 버는 것은 2차적인 목표이다. 그 때문에 감히 글을 읽는 독자들에게 투자를 권하는 것이다. 투자라는 고난의 길로 여러분을 끌어들이고 싶지 않지만, 우리는 모두 이제 경험적으로 알고 있다. 저금만 해서는 잘살 수가 없다는 것을……. 우리가 속한 이 체제가 우리를 투자라는 고난으로 내몰아 버리고 있다.

젊은 청춘,
'합리적인 투자'를 이야기하다

우리는 전문가가 아니라 개미들이다. 그래서 우리가 증권시장에 대해 잘 모르는 것은 너무나 당연하다. 증권시장은 우리가 쉽게 접하는 기업의 종목이나 가격을 뛰어넘어 살아가는 자본주의 체제 그 자체이다.

증권시장에는 세계의 모든 내놓으라 하는 기업이 상장되어 있다. IT기술의 발전과 인터넷의 발달로 세계의 돈은 사실상 국경이 없다. 우리는 언제나 실시간으로 세계의 증시동향을 알 수 있고, 집에 앉아서 세계 어느 나라의 주식이든 투자할 수 있다.

이런 시장의 환경 속에서 증권시장을 예측한다는 건 세상의 미래를 예측하는 것과 같다. 이 때문에 투자의 진실을 알려면 상상을 초월하는 공부와 철학이 필요하다. 기본적으로는 현재 자본주의 시스템을 정확하게 이해해야 하며, 역사와 현재의 사건을 통해 미래의 사건을 도출할 줄 알아야 하고, 각종 과거의 숫자와 통계를 바탕으로 미래를 예측할 줄 알아야 한다.

- 거시경제, 미시경제, 환율의 변동성과, 금리의 예측
- 석유의 가격 동향, 각종 원자재의 가격 동향
- 기업의 양적 분석인 재무제표, 현금흐름표
- 기업의 질적 분석인 경영자의 철학, 비즈니스 모델, 제품의 성장성
- 국제정세, 앞으로 주도산업의 변화와 기술변화, 북핵 등등

우리가 투자의 승리자가 되려면 어떤 공부를 해야 하는가? 위 공부 중에서 만약 우리가 하나라도 제대로 공부할 수 있는 부분이 있고, 그중 하나를 제대로 공부한다면, 과연 투자에 성공할 수 있는가? 우리는 투자에 실패한 개미들에게 공부하지 않고 투자했다고 구박한다. 하지만, 생업에 종사하는 우리 개미가 공부를 해봐야 얼마나 할 것이며, 저 많은 공부를 언제하고 또 언제 일해서 목돈을 모으고 또 투자해야 한다는 말인가?

'개미들이여 공부해라! 그러면 수익이 날 것이다.'라는 말은 마치 우리에게 '착하게 살아라. 그러면 복이 있나니.'와 다를 것이 무엇이 있는가? 공부해라는 말에 앞서 '난 공부하기 싫다.'라고 말할 사람이 있겠는가? 어렸을 때부터 항상 공부하라고 구박받으며 살아온 우리에게 공부 안 해서 돈 못 번다고 구박하면 우리는 그저 주눅이 들 뿐이다. 하지만, 전문가는 어째서 줏대 없이 항상 의견을 실시간으로 바꾸면서 우리를 헷갈리게만 하는가? 어째서 손바닥 뒤집듯이 전망을 뒤집는가?

우리에게 전문가가 필요한 건 우리는 비전문가이기 때문이다. 공부를 제대로 안 한 우리가 기댈 곳은 전문가밖에 없다. 하지만, 투자전문가들이 즐비한 이 자본주의 세상 속에서 항상 '투자의 판단은 스스로', '투자는 하는 건 결국 자신'이라는 말을 귀에 못이 박이도록 듣는 것일까? 개

미 보고 항상 공부하라고 하면서 공부 많이 한 전문가들은 막상 실전 투자 앞에서는 우리에게 투자 판단을 미룬다. 왜 전문가들은 우리에게 빛과 소금이 되지 않는 것일까?

공부하면 떼돈 벌 것 같은 환상을 갖게 하면서 막상 평생을 공부해온 경제학자나 통계학자, 회계사는 어째서 투자의 왕도가 되지 못하는 것일까?

우리는 공부를 안 해서 투자에 실패했다는 소리를 들을 때 너무나 서럽다. 대부분의 개미가 전문가들을 믿고 투자하기 때문이다. 주가가 올라갈 때는 대부분 전문가가 장밋빛 전망을 하고, 주가가 하락할 때는 대부분 전문가가 암울한 전망을 한다. 그래서 개미들은 항상 고점에서 매수하고 저점에서 매도하는 것이다. 코스피가 2천일 때 우리에게 3천을 전망하게 하고, 코스피가 900일 때 500을 전망한 것은 개미의 전망인가? 아니면 전문가의 전망인가? 전문가들의 전망이 바뀔 때, 공부를 안 한 우리 개미들이 줏대가 있을 수 있는가?

여기서 나는 각자 맡은 일에 온 힘을 다하는 전문가들을 구박하자는 게 절대로 아니다. 전문가들은 우리를 위해 또한 자기 자신의 명예를 위해 밤낮으로 공부하고 서러울 정도로 노력하고 전망이 틀리면 밤새 눈물을 흘리며 개미들을 위해 불철주야로 노력하고 있는지 알고 있기 때문이다. 그래서 우리 대부분 개미도 전문가들을 원망하지 않는다. 다들 마음속으로 안다.

"주식시장을 예측할 수 있는 사람은 없다."

어쩌면 우리 개미의 문제일 수도 있다. 우리는 전문가에게 너무 많은 걸 바라는 것이다. 우리가 전문가들을 대할 때, 거시경제의 메커니즘이나 회사의 재무제표나 회계상의 원리, 회사 제품에 대한 질적 우수성 등 원론적인 것에 대해서는 전혀 관심을 갖지 않고 증시전문가들만 보면 무조건 종목 찍어 달라고 조르고 시장전망에 대해 물어본다.

우리는 어떤 현상이나 문제에 대한 원인을 파악하려 하지 않고 결론만 원한다. 이것은 마치 환자가 의사 앞에서 "내가 어디가 아프게?"라고 말하는 것과 무엇이 다르다는 말인가?

전문들은 우리 개미들보다 정말 많이 안다. 당장의 현상을 분석하는 데 있어서 우리 개미가 흉내조차 낼 수 없을 정도로 많이 안다. 하지만, 증권시장의 과거나 현재의 현상이나 원리를 뛰어넘어 앞으로의 전망에 대해서 이야기를 논하게 된다면 전문가들조차도 의견의 통일이 어려우며 갑론을박의 형태로 나아갈 수밖에 없다.

증권시장은 다음과 같이 객관적으로는 분석할 수 없는 난해한 요건을 가지기 때문이다.

1. 투자는 미래를 예측하는 일이다.
2. 투자의 가치 기준은 통일될 수 없다.
3. 투자의 구성원인 사람의 심리를 숫자로 계산할 수 없다.
4. 숫자를 기준으로 미래를 예측하는 일이다. 통일된 돈의 도량형이 없다.

이 4개 요건은 증권투자의 핵심이다. 미래를 예측하는 일, 가치를 정하는 일, 시장구성원인 사람의 심리를 파악하는 일, 그리고 우리가 흔히 말하는 가치투자의 기본적 분석은 재무제표를 분석해 저평가된 회사를 찾거나 미래의 성장성을 예측하는 일······.

기본적 분석을 통해 주가를 예측하는 것이 가장 현실적이긴 하지만, 여기서도 심각한 오류가 생겨 버린다. 재무제표를 바탕으로 하는 기본적 분석은 이성적으로 볼 때, 가장 합리적으로 보이지만 기본적 분석의 기초가 되는 숫자가 문제이다. 증권시장에서 숫자로 정확한 산출량만 계산할 수 있다면, 달에 로켓을 쏘아 올리고 화성에 인공위성을 날리고, 대륙 간 탄도미사일을 날리는 인류의 찬란한 문명 앞에서 우리에게 미래의 주가 예측은 어쩌면 가소로운 일일 수도 있다. 전문가들과 모든 투자자가 숫자를 통해 증시의 미래를 예측하려고 하지만, 어째서 우리에겐 정답이란 없을까?

젊은 청춘,
우리의 약속에 이의를 제기하다

"1+1=2는 정답인가?"

너무 철학적이긴 하다. 만약 위의 숫자를 부정한다면 나는 천하의 바보가 될 것이다. 우리 인류의 찬란한 문명의 시작은 바로 위의 숫자에서 출발했기 때문이다. 사칙연산과 함수와 극한, 미적분, 피타고라스 정리 등 수학을 통해 우리는 정확한 배분을 하고, 날씨를 예측하며, 모든 설계와 기계가 완성되는 등 수학 없이 인류의 문명은 존재할 수 없다. 우리 인류가 수학 없이 어떻게 이렇게 조화롭게 살아가겠는가?

1+1=2가 되어야 한다. 여기에 어떤 비판적 사고조차 필요 없다. 이것은 우리 모두의 약속이기 때문이다.

1+1=2이다.

이것은 단순히 숫자를 말할 때는 완벽한 진리이다. 비판도 필요 없다. 이것은 강제적인 약속이다. 하지만, 증권시장과 투자를 논할 때 1+1=2라는 숫자를 절대 불변이라 말하기는 곤란하다. 경제에서 말하는 숫자는 단순한 숫자가 아니라, 돈을 말하기 때문이다. 우리가 증권시장과 투자에서 말하는 숫자는 곧 '돈'이다.

그러면 앞의 장에서 언급한 문제에 대해 다시 한 번 생각해 보자.

"달러는 '금'의 가치를 지니는가?"

우리는 여기서 범상치 않은 오류를 접할 수 있다. 세계무역의 기본적인 토대는 '달러는 곧 금이다.'라는 대전제를 통해 세워진다. 세계무역은 달러를 기초로 세워졌다. 하지만, 달러는 금의 역할을 할 수 있는가? 금처럼 완벽하게 고정되어 있을 수 있는가? 어째서 세계 투자자들의 모든 이목이 연방준비은행의 금리에 고정되어 있는가? 달러의 가치 또한 금리로 변화한다. 달러의 가치는 수시로 변하는 것이다. 우리의 원화 또한 마찬가지이다. 우리는 TV나 각종 언론매체를 통해서 환율에 대해 항상 접한다. 환율은 항상 오르락내리락한다. 환율이 오르락내리락하는 것 자체가 우리의 돈인 원화가치가 오르락내리락하는 것이다. 우리는 이런 상황에서 기업을 나타내는 재무제표를 나타내는 숫자만을 보고 기업의 상황을 파악하며 미래를 예측할 수 있는가?

재무제표에서 $1+1=2$ 는 절대적 진리인가?

시간과 상황에 따라 $1+1=1.7$ $1+1=1.5$ $1+1=2.2$ $1+1=2.4$ 가 될 수도 있는 곳이 주식시장이다.

현재의 채무화폐가 주류를 이루는 자본주의 체제에서 문제는 $1+1=2$ 가 완벽하게 성립되지 않는다는 것이다. 극단적으로 말해서 돈은 찍어 내면 되는 것이다. 재정적자 정책을 내면 얼마든지 추가 통화량 공급이 가능하다.

1+1=2가 성립하지 않는 상황 속에서 우리는 무엇을 계산할 수 있단 말인가? 암울하지만, 우리의 현실은 그저 '적당히' 계산하는 것이다. 우리는 현재 자본주의 체제에서 투자에 대한 정확한 산출량을 파악할 수 없다.

앞을 전망한다면? '잠재적'이라는 단어나 '예상'이라는 단어가 숫자 앞에 즐비하게 붙는 곳이 바로 증권시장이다. 이 때문에 우리는 투자의 세계에서 이성과 비이성 사이를 오고 간다.

화폐는 경제분야의 가장 기본적이고 가장 핵심적인 도량형이다. 물리 분야에서는 킬로그램이나 미터가 가장 중요한 척도다. 만약 화폐체계가 매일매일 불안하게 변한다면, 마치 킬로그램이나 미터 같은 도량형의 표준이 시시각각 변하는 것처럼 황당하고 위험한 상황이 연출될 것이다.

건축 엔지니어의 손에 있는 자의 눈금이 매일 다르다면 수십 층에 달하는 빌딩을 어떻게 지을 수 있겠는가? 설사 집을 지었다고 해도 과연 누가 그 속에 들어가 살려고 하겠는가? 스포츠 경기에서 시간을 재는 기준이 마음대로 바뀐다면 각각 다른 장소에서 경기하는 운동선수의 기록을 어떻게 비교할 수 있겠는가? 장사꾼이 물건을 팔 때, 무게를 재는 저울의 눈금이 날마다 늘어났다 줄었다 하면 누가 그의 물건을 사려고 하겠는가?

오늘날 세계경제의 근본적인 문제는 안정되고 합리적인 화폐의 도량형에 대한 기준이 없다는 것이다. 그래서 정부는 경제 활동의 규모를 정확하게 예측할 수 없으며, 사업가는 장기투자의 합리성을 정확하게 판단할 수가 없다. 국민이 장기적으로 재테크를 하려고 해도 안전한 참고 기준이 없다. 화폐가 경제에서 발휘하는 역할을 은행가들이 함부로 무단 조작하는 가운데 이미 시장 자원의 합리적 분배 기능은 심하게 왜곡되었다.

주식과 채권, 부동산, 기업 생산 라인, 상품 무역에 투자하고 수익을 계산할 때는 진정한 투자회수율을 예측해낼 수 없다. 왜냐하면, 화폐의 구매력이 장차 얼마나 줄어들지 그 수준을 짐작할 수 없기 때문이다.[11]

우리 개미들도 어렵지만 전문가들은 더 어렵다. 과거의 사실이나 현재의 상황을 누구보다 정확히 분석하는 전문가가 미래의 전망에 그토록 들쭉날쭉한 이유는 바로 안정되고 합리적인 화폐 도량형의 기준이 없기 때문이다.

이런 자본주의 체제와 화폐제도의 메커니즘 속에서 우리 개미들은 과연 합리적으로 투자할 수 있는가? 우리는 어떤 기준으로 투자해야 하는가? 돈 자체의 가치가 들쭉날쭉한 상황 속에서 돈을 기초로 성장하고 쇠퇴하는 기업분석을 할 수 있는 통찰력과 직관력, 동물적 감각을 우리는 어떻게 공부해야 얻을 수 있을까?

"우리에게 합리적 투자는 가능한가?"

더 직접적으로 '정답은 없다.'라고 말하고 싶다. 증권시장은 우리가 1+1=2라는 가설을 세워 논리적으로 접근할 수 있는 시장이 아니다. 때론 틀린 것이 정답일 수도 있으며, 때론 정답이라고 확신하지만 틀릴 수도 있다. '경제'란 인간의 모든 총체적인 활동을 말하는 것으로 경제의 축소판인 증권시장은 인류의 문명과 역사 그리고 우리의 삶이 담겨있기 때문이다. 증권시장은 기업과 주식가격으로만 이루어진 것이 아니라, 우리 삶의 공간이다.

'합리적 투자'라 함은 과거의 수치와 통계를 바탕으로 미래를 예측해야 하는 것인가? 과거의 경험을 통해 미래를 예측하는 것인가? 미래를 예측해야 하는데, 우리는 귀납적 추리를 해야 하는가? 연역적 추리를 해야 하는가? 아니면 우리의 직관을 이용해야 하는가?

참으로 어려운 문제가 아닐 수 없다.

"우리에게 합리적 투자는 어떤 것인가?"

정답은 없다. 결국, 가치의 철학과 같은 결론이 날 수밖에 없다. 즉, 스스로 합리적이라 여기는 것에 투자해야 한다. 1+1=2조차 통하지 않는 증권시장에서 합리적이라는 단어조차 다분히 주관적일 수밖에 없는 상황이기 때문이다.

젊은 청춘,
케인스를 생각하다

앞의 글을 보면 '금'으로 돈의 가치를 고정하는 금본위제는 굉장히 합리적인 것처럼 보인다. 마치 보면 우리 서민들이 재테크에 목을 메고, 반드시 해야만 하는 투자에 대한 고난이, 채무화폐 제도 속의 물가상승, 즉 인플레이션으로 만들어진 것 같다.

상대적으로 금본위제는 채무화폐 제도와 비교해서 인플레이션을 막아주고 확실한 도량형의 역할을 하게 한다. 하지만, 금본위제 역시 치명적인 약점이 있다. 문제는 금을 기초로 돈을 찍어 내면 돈이 너무 귀해진다는 것이다. 그리고 금의 가치가 세상 가치의 정점으로 치닫는 단점이 있다. 공급과 수요가 원활해야 경제는 활성화되고 잘 돌아간다. 자본주의 체제에서 공급과 수요뿐만 아니라 대부분의 계약을 연결하는 것이 바로 '돈'이다. 돈이 충분히 있어야 생산자는 제품을 생산할 수 있고, 소비자는 제품을 소비할 수 있다. 자본주의 체제 안에서 돈은 마치 우리 몸의 피와 같아서 원활하게 돌아가지 않으면 경기는 침체한다. 이런 상황에서 금으로만 돈을 찍어 내면, 유동성은 제약을 받게 되고 경기에 악영향을 미친다.

"금은 우리에게 어떤 의미일까?"

금은 인간에게 어떤 이로운 점을 줄까? 금을 많이 들고 있으면 금이 인간에게 진리의 길을 가르쳐 주는가? 아니면 인간에게 생산성과 효율성을 만들어 주는가? 아니면 최소한 금을 많이 가지고 있으면 내일 날씨라도 금이 가르쳐 주는가?

사실 금은 우리에게 그저 반짝이는 그리고 녹슬지 않는 값비싼 장신구일 뿐이다. 우리는 이런 금의 가치에 인류 최고의 가치를 부여하는 것이 옳은가?

결국, '금'이 '금'일 수 있는 이유는 우리가 반짝이는 녹슬지 않는 돌덩어리를 '금'이라고 부르기 때문이다. 금본위제에서의 문제점은 '금'이라는 돌덩이에 너무 많은 권력과 힘이 집중된다는 점이다. 인간의 생산성과 효율성을 무시한 채 '금'이면 모든 것이 만사형통하는 것인가? 금을 도량형으로 만들면 돈의 가치저장 기능은 확실하다. 하지만, 이런 이유로 모든 인류는 금을 가지려고 달려들 것이다. 국가는 금을 가지려고 전쟁도 불사할 것이다. 또한, 국가는 어떤 생산성과 효율성보다 금 확보를 최우선 정책으로 할 것이다.

과연 금에 그만한 가치가 있을까?

이렇듯 금본위제 체제 또한 많은 모순이 있다.

금본위제에서 채무화폐로 넘어갈 때, 수많은 경제학자와 정치가 사이에 격렬한 논의가 있었다. 그중 앞장서서 금본위제 체제의 폐지에 찬성한 경제학자가 바로 '존 메이너드 케인스'이다.

위대한 경제학자인 '케인스'가 어떤 철학적 사고를 하고, 금본위제 폐지에 찬성하고, 우리 인간에게 '금'이 아닌 이성으로 돈의 가치를 결정하게 하였는지 우리는 자세하게는 몰라도 슬쩍이라도 그 심중을 알아야 한다. 체제를 만든 경제학자의 뜻을 알면 어렴풋이라도 우리가 이 체제 속에서 어떻게 돈을 다루어야 하는지, 또한 투자는 어떻게 해야 하는지 그 방법에 대한 한 줄기 빛이라도 볼 가능성이 더 크기 때문이다.

"케인스는 '돈의 흐름'의 규제와 균형을 중시했다."

금본위제가 실패한 것은 정산의 부담을 채무국에 강제했기 때문이었다. 그가 말한 바로는, 정산이란 채무국에는 강제로 부과되고, 채권국에는 임의의 일이었다. 이 말의 의미는 무역 적자에 시달리는 국가는 경제를 긴축해야 하고, 반면에 흑자국들은, 영국인들이 보기에는 대부분의 1920년대 기간 미국과 프랑스가 그랬듯이, 자신들의 흑자를 비축[퇴장](hoarding)시킬 수 있다는 것이다. 대공황 시절, 채권국의 자본 비축[퇴장]은 적자국에서 흑자국으로의 자본도피로 말미암아 가속되었다. "미국의 무역수지 흑자에다 난민과 투기 자금의 흐름이 더해지면서 전 체계에 파멸을 불러왔다." 전후에 핫머니 흐름이 반복되지 않으리라는 보장은 없다. 그때가 되면 재산 소유자들의 지위는 도처에서 위협받을 것이고 '더 안전한 곳'의 소재는 마법의 양탄자처럼 빠른 속도로 옮아갈 것이다. 케인스는 헨더슨의 말을 되풀이했다. "자본의 흐름을 규제해야 하는 것보다 더 중요한 것은 없다." 12

앞의 글에서 우리는 금본위제 안에서는 1차 세계대전의 최대 무역흑자 국가인 많은 금을 가진 미국이 너무 막강해진다는 것을 알 수 있다. 막강해지기만 하면 되는데 막강한 것을 넘어 세계 모든 난민과 투기자금이 금을 많이 가지고 있는 미국으로 몰려들어, 세계 전체의 균형이 깨지고 결국 전 체제의 파멸을 불러일으킨다고 주장하고 있다. 돈의 흐름의 규제와 균형을 중시한 케인스는 금에 너무 많은 힘이 쏠리는 것을 우려했다.

"길게 보면 사람은 다 죽게 되어 있다." — 존 메이너드 케인스

경제학자 대가의 말에서 우리는 무엇을 깨달을 수 있는가?

케인스 학파 이전에 고전학파는 금본위제를 중심으로 정확한 산출량과 균형을 중요시했다. '보이지 않는 손'에 의해 경제 체제는 스스로 균형을 찾아가며 정부의 간섭을 최소화시키려 했다. 케인스의 유효수요이론이 빛을 바라게 된 것은, 세계 1차 대전이 끝나고 미국에 경제대공황이 일어났을 때였다. 미국경제공황에는 많은 원인이 있지만 내가 생각할 때 직접적 이유는 공급과잉이었다.

1차 세계대전 때 미국은 유럽에서 일어나는 1차 세계대전 전쟁의 보급로 역할을 했다. 미국은 각종 무기와 음식, 의류 등 전쟁에 필요한 물자를 유럽에 제공했다. 그래서 1차 세계대전이 끝나자 미국은 자국의 수요로는 유럽의 전쟁 물자를 제공하던 넘쳐나는 공급을 감당할 수가 없었다.

미국 내에서 공급은 넘쳐 나는데 수요가 모자랐다. 물건은 엄청나게 만들어 내는데 물건을 살 사람들이 없으니 재고품이 계속 쌓이고 회사의 이익은 급격히 악화되었다.

이 상황에서 고전학파의 이론은 공급과 수요가 맞아 들어가길 기다려야 한다는 것이었다. 공급이 초과하는 상황이니 시장에 맡겨두면 공급이 줄어들어 자연스레 공급과 수요가 맞아 들어간다는 것이었다.

하지만, 여기서 공급이 줄어든다는 것은 회사의 파산이나 정리해고의 방법이다. 이들의 공급이 줄어들면 공급만 줄어드는 것이 아니라, 사람들이 일자릴 잃어 수요가 더욱더 줄어드는 결과가 발생한다.

장기적으로는 공급과 수요가 맞아 들어가겠지만, 단기적으로는 엄청난 고통이 따른다. 회사는 파산하고 파산한 회사의 직원들은 다시 돈이 없는 수요자가 된다. 지속적으로 부는 감퇴하고 디플레이션이 가속된다. 재화와 생산력의 공급은 넘쳐 나지만 수요가 부족하기 때문에 수요와 공급의 균형을 맞추려고 공급을 감소키야 한다는 논리가 따른다.

이때 케인스가 '장기적으론 다 죽는다. 장기적이란 말, 하지 마라.'라는 논리로 지금 당장에 수요자에게 자금을 공급하고, 금과 돈과의 가치 연결 고리를 끊어 버리고 국가에서 채권을 찍어 내서 재정적자 정책을 펼치고 수요자들에게 돈을 공급하라고 말한다. 댐을 건설하든 도로를 만들든 발전소를 짓든 맨땅(?)에 삽질은 하든 뭐든지 시켜서 기업을 활성화시키고 실업자에게 일자리를 주고 자금을 공급하라고 말한다.

경제공황을 보면서 케인스는 "그래 당장 힘들어도 그냥 놔두면 보이지 않는 손에 의해서 장기로 보면 균형을 찾아가겠지……. 근대 그러면 뭐 하나? 그때는 우리는 다 죽고 없는데, 나는 지금 당장 빨리 경기를 살리고 싶다."라고 말하지 않았을까?

케인스가 경계하고 우려했던 또 다른 위험은 자본주의 체제를 그냥 방치할 때, 인류가 겪게 될 사회적, 정치적 혼란이다. 우선 케인스에게 불황은, 체제의 구조적 변혁을 요구하는 장기적인 문제가 아니라, 단기적으로 치료 가능한 문제였다. 그는, 불황은 그 자체가 치유 과정이라고 말하는, 즉 인류가 충분히 대가를 치르고 나면 세월과 더불어 스스로 소진될 신의 형벌이라는, 도덕주의적인 진단을 거부했다. 그리하여 그는 말한다.

"단순히 '장기'라고 말하는 것은 현재 상황을 진단해 주는 적절한 안내자가 되지 못한다. 장기적으로 우리는 모두 죽는다. 경제학자가 장기를 이야기하는 것은 폭풍우가 몰아치는데, 폭풍우가 지나가고 많은 시간이 흐르면 바다는 다시 평온해질 것이라고 말하는 것과 같다. 이는 너무나 안이하고 사태 해결에는 전혀 도움이 되지 않는 것이다."

그는 불황을 그냥 내버려두면, 예컨대 볼셰비즘이나 파시즘으로의 길을 열어 주는 혁명적 상황으로 이어질 수 있다고 보았거니와, 그에게는 '계약의 절대성을 주장하는 사람들이야말로 혁명의 진정한 잉태자들'이었다. [13]

이런 이유로 케인스는 경기불황을 적극적으로 타개하려는 정책으로 정부의 경기부양책인 재정적자정책을 적극 지지했다. '보이지 않는 손'의 힘을 빌려 '그냥 두면 균형을 회복한다.'란 논리는 장기로 어차피 다 죽게 되어 있는 인간에게 너무나 무책임한 처방이었다.

돈의 흐름의 규제와 균형, 그리고 경기에 대한 인간의 직접적인 조절 능력의 신뢰, 케인스는 우리 인류가 무작정 손 놓고 기다리는 것을 무척이나 싫어했다. 뭔가 문제가 있으면 우리가 스스로 해결하도록 우리를 부추긴다. "장기적이란 말, 하지 마라. 그러다 결국 그냥 죽는다."라고 구박하는 목소리가 들리는 듯하다.

케인스는 우리 인류의 잠재능력을 극도로 끌어올리길 원했다. 우리 인류에게 한계란 없다. 우리가 쉬는 걸 원하지 않았다. 열심히 일하고 열심히 공부하길 원했다. 핵심적인 케인스의 철학은 다음과 같은 구절로 압축된다.

'국내 정책뿐 아니라 세계 정책에서, '문제의(진정한) 핵심'은 화폐 비축(퇴장)에 대한 유인을 감소시킴으로써 실업을 방지하는 것이다.'

세이의 공급법칙을 구박하면서 유효수요이론을 주창한 케인스는 "물건을 만들기만 하면 경제가 돌아가냐? 물건을 사는 사람이 많아야 경제가 신나게 돌아가지."라고 말하면서 "돈 모으지 마라! 장기적으로 어차피 다 죽는다! 죽어서 돈 싸 짊어지고 가는 것도 아닌데 돈을 풀어라! 경제야 마구 돌아가라!"라고 말하는 케인스의 목소리가 선명하게 들리는 듯하다.

현재 자본주의 체제에서 소비의 미덕을 강조하는 것 또한 케인스의 철학과 일맥상통한다.

'우리는 국가의 번영을 어떻게 측정할 것인가?'하는 문제를 올바로 이해하는 데서 출발해야 한다. 그것은 금으로 측정되는 것이 아니다. 빈곤에 빠진 아프리카도 금은 풍부했다. 또한, 물리적 자산으로 측정되는 것도 아니다. 1932년에 건물과 광산, 공장과 임야가 증발하지는 않았다. 호경기와 불경기는 과거의 영광에 대한 문제가 아니라, 현재의 성취에 대한 문제다. 따라서 호경기와 불경기는 우리가 현재 벌어들이는 소득에 의해 측정된다. 우리 대부분이 개인적으로(따라서 우리 모두가 집단적으로) 많은 소득을 누리면 국가도 잘살게 된다. 개인 전체의 소득, 즉 국민총소득이 줄어들면 우리는 불경기 상태에 빠지게 된다.

그러나 소득, 즉 국민소득은 정태(情態)적인 개념이 아니다. 사실 경제의 핵심적 특징은 바로 한 손에서 다른 손으로 소득이 흐른다는 것이다. 상품을 구매할 때마다 우리는 소득의 일부를 다른 사람의 주머니에 넣어 준다. 마찬가지로 그것이 임금, 임대료, 이자, 이윤 등 어떤 소득이든 우리의 소득은 모두 궁극적으로는 다른 사람이 소비한 돈에서 나온다. 소득 가운데 일정 부분을 떼어서 생각해 보면 그것이 다른 사람의 주머니에서 나온 것이 명백하다. 그(또는 그녀)가 당신의 서비스를 이용했거나 당신이 일하는 가게의 단골손님이 되었거나 당신이 주주나 채권자로 있는 회사의 제품을 구입한 결과다.

경제가 끊임없이 재생산되는 것은 바로 이렇게 화폐를 차례로 돌리는 과정 위에서 설명한 대로 어떤 사람이 쓴 돈을 다른 사람이 수입으로 받아들이는 과정을 통해서이다. [14]

젊은 청춘,
케인스에게 말을 건네다

"돈을 써야 돈이지 모으기만 하면 돈이 아니다."

케인스는 우리가 열심히 일하고 열심히 저축하기만 하는 것을 원하지 않았다. 우리가 열심히 일하고 공부해서 돈을 번 다음 열심히 돈을 쓰기를 원했다.

저축 자체는 부가가치를 창출하지 못하기 때문이다. 직관적으로 생각해 보자. 저축을 많이 한 대부분의 사람이 '나는 이제 돈을 많이 모아났으니 이제 저축해 놓은 것 까먹으면서 평생 놀아야지!'라고 생각한다면 전체 사회는 어떤 결과가 나타나겠는가?

케인스는 돈의 가치저장 기능보다는 실업률 문제를 더 중요시 여겼다. 부자들이 반짝이는 돌덩어리인 금에 가치를 저장해 돈의 유동성(통화량)이 줄어들어 경기가 침체되는 것보다는, 저축을 줄이고 소비를 권장해 돈의 유동성이 시중에 풀려 경기가 활성화되기를 바란 것이다.

아마도 케인스가 살아 있었더라면 저평가된 통화를 수단으로 수출 주도 성장을 촉진하려고 외환보유고를 지속적으로 비축하는 정책에 대해 매우 적대적이었을 것이다. 그는 외환보유고는 비축이 아니라, 소비를 위해 있는 것이라는 점을 누누이 강조했다. 2008년 말 현재, 우리나라는 경제력으로는 세계 13위이지만 외환보유 규모로는 여섯 번째 국가이기 때문에, 아마 케인스는 한국에 더 적게 저축하고 더 많이 소비하라고 권고했을 것이다.[15]

소비의 미덕을 강조했고 돈 저축의 기능을 무시하는 철학을 가진 케인스는 금본위제를 앞장서서 폐지해 버린다. 돈의 저축을 감소시키고 그 돈을 써서 경제가 활성화되게 하여 실업률을 줄인다는 철학으로 이루어진 체제가 우리 채무화폐 체제의 중심이 된 것이다.

돈의 가치저장 수단이 무시되는 이런 체제 안에서는 부자나 가난한 사람이나 열심히 살아야 한다. 만약 금본위제 체제 안에서 10억이라는 돈이 있으면 그 돈은 10년 뒤나 20년 뒤나 인플레이션이 없이 그대로 10억의 가치를 유지할 것이다. 그래서 10억을 가진 사람은 별다른 투자의 욕구를 느끼지 못할 것이다. 하지만, 채무화폐 제도 안에서의 10억이란 돈이 단 5년이 흐르면 실질적으로 체감하는 돈의 가치는 얼마나 될까? 7억? 5억? 이런 이유로 부자들 또한 돈이 있다고 해서 가만히 앉아 있을 수 없다. 돈이 많을수록 급격한 인플레이션에 의해 자산의 가치가 하락하는 것을 막아야 한다.

"열심히 살되, 돈 모으는 데만 너무 집착하지 마라. 장기로 어차피 우리는 다 죽는다."

케인스가 말하는 이 철학의 핵심이 우리 채무화폐 제도의 근간이 아닐까? 하는 게 나의 생각이다. 때문에 우리 모두는 하루하루가 힘들다. 마음 편히 살 수도 없다. 맡은 생업에만 충실히 하루하루 열심히 살지만 무작정 적금만 하고 재테크를 하지 않으면 자꾸 뒤처지는 것 같다. 우리는 직업을 갖고, 평생 공부하면서 모은 돈을 재테크해야 한다.

"무엇이 문제일까?"

실질적인 문제는 채무화폐 제도상의 필연적인 '인플레이션' 때문이다. 하지만, 더 근본적으로 말하자면 금본위제를 폐지하고 채무화폐 제도를 주장한 경제학자 케인스가 우리 인류가 끊임없이 열심히 살기를 바랐기 때문이다.

"우리의 고난은 절대적인가? 상대적인가?"

냉정하게 말해 보자. 우리는 무엇이 힘든가? 우리에게 현재의 가난과 부는 어떤 의미인가? 분명히 경기는 어려워진다고 하고 살기는 점점 어렵다고 말하고 있지만, 우리의 부와 가난은 절대적인가? 아니면 상대적인가? 사실 내가 봐도 과거 10년 전과 비교가 되지 않을 정도로 재화와 용역이 풍부해졌다.

과거 10년 전에는 휴대전화기는 부자들만 가지고 다니는 진귀한 사치품이었지만 요즘에는 초등학생에게도 필수품이 될 정도로 보급되었고 대부분 가정에 평면 TV는 다들 기본이고, 에어컨도 가정마다 심지어 초중고등학교에도 설치되어 있으며 자동차도 2대 이상인 집이 부지기수이다. 하지만, 문제는 우리나라 대부분 사람들의 70%가 스스로 서민이라고 생각한다는 것이다.

더불어 살아가는 우리 인간에게 '부'라는 개념은 기본적인 의식주가 충족된 상태에서는 상대적인 개념이다. 내가 티코를 타고 다녀도 주위 사람들이 차가 아무도 없으면 난 부자인 것이고, 내가 그랜저를 타고 다녀도 주위 사람들이 다들 고급외제차를 타고 다니면 난 가난한 것이다.

우리는 모두 살기 살기 어렵다고 생각한다. 우리가 살기 어려운 것은 절대적인가? 상대적인가? 현재 체제에서 우리는 끊임없이 성장과 소비를 강요받는다. 우리는 가만히 있을 수가 없다. 우리는 끊임없이 모은 돈을 투자해야 하고 공부해야 하고 일을 해야 한다. 결국, 개개인은 힘이 들지만, 그로 말미암아 우리의 문명은 급속도로 발전한다.

케인스의 계산에 따르면, 만일 자본이 연 2퍼센트의 비율로 증가하고, 인구증가가 안정적으로 이루어지며, 생산성이 연 1퍼센트 증가한다면, 1백 년 후 '문명' 세계에 살게 될 사람들은 지금보다 훨씬 적은 노력으로도 1920년대에 비해 네 배에서 여덟 배 높은 생활수준을 누리게 될 것이다. [16]

현재 채무화폐 체제에서는 돈의 주요 기능인 가치저장 기능이 약화하였다. 그래서 누구든 그저 돈을 들고 있으려고 하지 않고 투자하고 소비한다. 극단적으로 막말을 하자면 '아껴봐야 똥(?)이 되기 때문이다.' 하지만, 이 덕분에 우리의 경제는 더욱 빠른 속도로 돌진한다.

세상의 축적된 부란 개인들이 소비하는 기쁨을 자발적으로 절제하는 행위, 이른바 검약을 통해서 고통스럽게 얻어진 것으로 생각하는 것이 보통이다. 그러나 단순한 절제만으로는 도시를 건설하거나 늪지대를 개간하기에 충분하지 않다는 것은 명백하다. (중략) 사회의 부를 축적하고 향상시키는 것은 기업이다……. 만약, 기업이 활발하게 움직이면 검약에 어떠한 일이 일어나든 부는 축적된다. 그리고 만약 기업이 잠들면 검약으로 무엇을 하든 부는 쇠퇴하게 된다.[17]

결국, 저축보다는 일을 열심히 하라는 케인스의 충고에서 우리는 무엇을 깨달을 수 있는가? 잘살려면 저축이 능사가 아니다. 저축을 한다고 해서 도로가 만들어지고 늪지대가 개간되는 것이 아니라고 했다. 결국은 우리의 '부'는 '저축'이 아니라, 기업의 '활동성'에서 결정된다고 말한다. 모든 개인의 '저축' 행위는 결과적으로 전체 '경제의 악'이 되어 버린다.

나는 이 글을 통해 케인스의 이론이나 정당성을 말하고자 하는 것이 아니다. 그러기엔 아직은 내가 너무나 부족하다. 다만, 금본위제를 앞장서서 폐지해버린 케인스가 어떤 철학을 가지고 현재의 체제를 구상했는지 항상 궁금했다.

케인스의 경제철학은 직관적이며 역동적이다. 숫자만으로 설명될 수 없는 인간의 경제활동을 직관적으로 꿰뚫어 보았다. 인간은 그리 이성적이지 못하다고 말하면서 계량 경제에 대해서도 부정적이었다. 이자율을 내리면 투자가 증가한다는 고전학파의 이론을 비웃으면서 "경영자가 무조건 이자만 내려준다고 투자를 하나? 자기들이 투자하고 싶을 때 하는 거지."라며 동물적 감각(?) 이론에 토대를 만들어 주었다.

또한, 돈의 흐름을 그냥 두지 않았다. 돈의 흐름을 규제하길 원했고 돈의 균형을 중시했기 때문에 완벽히 가치가 저장되어 권력이 집중되는 것을 막았다. 돈의 가치저장 기능보다는 실업률을 더 큰 문제로 삼았다. 결국은 장기로는 다 죽게 되어 있는 인간의 한계를 말하며 너무 나중 일을 생각하지 말고 현실의 어려움부터 해결하라고 가르쳤다.

　케인스가 경제학에서 끼친 영향력은 실로 대단하다. 케인스 이전의 경제학을 싸잡아 고전학파로 치부해버린 케인스의 자신감 그리고 무엇보다 케인스가 나의 존경 대상이 되는 것은 그가 지병으로 삶과 죽음의 문턱에서도 마지막 순간까지 학문의 끈을 놓지 않고 죽는 순간까지 수많은 일을 했다는 것이다. 그는 실제로 누구보다 열심히 공부하고 일했다.

　그런 그분이 말씀하는 것 같다.

　"잘살려면 저축이 능사가 아니야. 우리는 어떤 것에 가치를 부여해야 할까? 결국, 우리의 부가가치를 만들어 낼 수 있는 활동에 역량을 집중해야 해!"

　"돈은 모자라면 찍어 내고……."

젊은 청춘,
실제적 경기변동을 바라보다

우리가 증권시장에서 투기 함정에 빠지지 않고, 투자를 성공적으로 이끌어 내려면 경기변동의 원인과 주기에 대한 이해가 필요하다. 경기변동은 사회 전반에 큰 영향을 미치고, 그 속에서 우리의 의지와는 상관없이 군중심리에 따라 투기할 수 있는 여지가 매우 크기 때문이다.

우리에게 경기변동은 어떤 의미가 있을까? 투자를 위해 우리는 모두 경기변동을 예측하려 한다. 하지만, 진정한 경기변동의 실체는 무엇일까? 경기는 그냥 저절로 좋아졌다, 저절로 나빠졌다 하는 것일까? 자본주의 체제 안에서 경기변동은 필연적이라 하지만 그것이 우리 삶에 끼치는 영향력은 너무 크다.

경기가 침체기로 들어갈 때, 대부분 우리는 무력감을 느끼고 힘들어한다. 반대로 경기가 좋을 때, 우리는 자신감이 넘치고 활력이 넘친다. 또한, 경기가 침체기로 들어가면 너나 할 것 없이 비관적으로 미래를 보게 된다. 반대로 경기가 활황일 때는 너나 할 것 없이 기분이 좋고 장밋빛 미래를 보게 된다.

"경기변동은 개미들의 군중매매 심리를 자극한다."

경기순환을 네 국면으로 나누어 확장, 정점, 수축, 바닥의 4가지로 볼 때, 우리 개미의 일반적인 매매패턴은 확장시기에 기분이 살랑살랑 좋아지면서, 정점일 때 장밋빛 미래를 꿈꾸며 돈을 왕창 끌어다가 투자를 가장한 투기를 한다. 반대로 돈을 왕창 끌어다가 투자를 가장한 투기를 하다가 정점을 지나, 수축국면으로 가면 기분이 점점 안 좋아지며 왕창 끌어온 돈이 부담되고, 바닥국면으로 가면서 미래를 비관적으로 보면서 투매를 하게 된다.

대부분의 우리 개미는 정확히 경기정점에서 매수해서 정확히 경기바닥에서 매도를 한다. 이성과 감성이 분리될 수 없는 우리 인간의 본성상 우리 개미들은 투자세계에서 동물적(?) 감각을 내세운다. 다른 무엇보다 '돈 님'의 마력 때문이다. 한 개인은 보통 '돈 님' 앞에서 초연해질 수가 없다. 초연해질 수 없어서 이성보다는 감성이 앞선다. 하지만, 이런 감정적 사고를 통제해야만 최고점에서 정확히 매수하고, 최저점에서 정확히 매도하는 우리들의 매매방법에 변화를 줄 수 있다.

"경기변동에 따른 감정적 매매를 어떻게 하면 극복할 수 있을까?"

우리가 '돈 님'의 마력 앞에 무릎을 꿇지 않고 돈을 좇지 않으며 돈을 다스리려면 역시나 경기상황과 경제의 전반적인 시스템에 대한 정확한 이해가 필요하다. 경기에 대한 정확한 이해 없이는 우리는 경기가 정점일 때 돈을 좇아 매수하게 되고, 경기가 바닥일 때 투매를 하는 가슴 아픈 행동을 계속 반복하기 때문이다.

막연한 기대감과 막연한 두려움이 감정적 사고의 근원이 된다. '막연한……'이라는 감정적 투기를 이겨내기 위해서 경기변동에 대한 철학적 사고를 하고 있어야 한다. 경기변동 또한 저절로 이루어지는 것이 아니라, 전부 우리 인간의 활동이 원인이 되며 결과가 되는 것이기 때문이다. 경기변동에 대한 철학적 사고와 이해가 있다면 우리는 투자라는 인생의 큰 과제 중 하나의 짐을 더욱더 쉽게 짊어질 수 있다.

"경기변동은 우리 인간이 원인이 되며 결과가 된다."

우리에게 경기변동이 필연적일 수밖에 없는 이유는 경기활동의 주체가 우리 인간이기 때문이다. 우리는 늘 한결같을 수 없다. 우리는 기계가 아니기 때문이다. 우리는 이성보다는 감정에 의해 결정을 내리고 판단을 하는 경우가 허다하다. 경기 확장국면일 때는 더욱더 낙관할 수밖에 없고 경기침체기일 때는 더욱더 비관할 수밖에 없다. 수익이 날 때 더 큰 수익을 바라고, 손실이 날 때 더 큰 손실이 날까 두려워하는 것이 우리다.

경기활동의 주체인 인간에 의해 경기가 변동한다는 건 누구나 부정할 수 없는 사실이지만 모든 경기변동의 원인이 무조건 괜한 인간의 장밋빛 전망과 비관으로 만들어지는 것은 아니다. 우리는 바보가 아니다. 경기의 주기에 따라 어떤 이유가 있기 때문에 미래를 낙관하고, 미래를 비관한다.

그러면 경기변동은 어떠한 원인과 이유로 말미암아 나타나는지 함께 생각해 보도록 하자.

"경기순환의 확장국면은 보통 가장 오래가며, 이 국면에서 가장 큰 양의 부가 창출된다. 기업들이 증가하는 수요를 위해 고용을 과감하게 늘림에 따라 실업은 낮은 상태에 머문다. 수요가 강세를 보이고 있기 때문에, 새로운 노동자를 고용하는 한계비용은 생산 및 수입의 증대에 의해 상쇄된다. 확장국면에서는 기업 이윤과 수입이 증가하기 때문에 일반적으로 주가는 상승하고 금리와 인플레이션은 낮게 유지된다. 또한, 이 국면 동안 소비지출이 증가하고 부동산 시세가 치솟는데, 이것은 수요가 증가하고 금리와 인플레이션이 낮기 때문이다. 간단히 말해, 이 국면은 경제의 '인생은 아름다워' 국면이다.

주기의 정점국면은 도취감이 전형적으로 나타나는 국면이다. 주가가 급격히 고평가되며 소비지출이 치솟는다. 고가품에 대한 열광적인 소비가 나타난다. 주가수익률(per)이 상승한다. 기업들은 수요 증가가 절대로 끝나지 않을 것이라는 믿음에서 과잉설비, 과잉구매, 과잉고용에 나서기 시작한다. 간단히 말해, 이것은 경제의 '먹고, 마시고, 즐기는' 국면이다. 최근이 국면은 과거보다는 훨씬 더 오래가는데, 이는 재고 시스템과 기술의 비약적인 발전으로 말미암아 기업들이 재고를 훨씬 더 효율적으로 관리할수 있게 되었으며 소비 패턴도 훨씬 더 정교해졌기 때문이다.

수축국면은 가장 고통스럽고 불쾌한 국면이지만, 반드시 필요한 국면이다. 이 국면 동안 경제는 침체(적어도 둔화)에 빠질 수 있다. 실업을 알리는 미터기가 재깍재깍 올라가고 주가는 일반적으로 저평가된다. 전반적으로 성장과 투자가 둔화한다. 자본이 수익을 낼 만큼 충분히 효율적으로 고용될 수 없어서 부가 쇠퇴한다. 기업들이 생산을 줄임에 따라 먼저 고용비용이 증가하고, 따라서 노동생산성이 하락한다. 투자와 마찬가지로 소비지출이 전반적으로 둔화한다. 결국, 대량해고, 주식시장의 하락, 신용의 위축이 나타난다. 간단히 말해, 이것은 '참회'의 국면이다.

결국, 이 국면은 네 번째 바닥국면으로 이어진다. 이 바닥국면에서는 많은 일이 진행되는데, 일부는 눈에 띄지 않는다. 한 가지 눈에 띄는 측면은 기업들이 피고용자들을 대량으로 해고하는 것이다. 주식이 급격히 하락한다. 고실업이 소비지출의 하락을 이야기하고, GDP는 마이너스로 돌아선다. 이 지점에서 FRB는 계속 금리를 인하하고 통화정책 도구들을 사용하여 경기를 자극한다. 재정정책적 부양책의 일부로서, 기업의 투자와 소비자의 지출에 감세와 세제 인센티브가 도입된다. 통화정책적, 재정정책적 부양책이 도입되면, 바닥국면의 한복판에서 무언가가 일어난다. 처음에는 눈에 잘 안 보일 수도 있다. 훨씬 더 가벼워지고 배가 고픈 기업들은 결국 돈을 벌기 시작하고 어떤 경우에는 더 많은 돈을 벌게 된다. 노동력이 줄고 금리는 낮으며 정부가 세제혜택까지 주는 상황은 기업들이 이익 내기에 좋은 환경이다. 게다가 노동비용은 낮고 노동자당 노동생산성은 극도로 높아진 상태다. 간단히 말해 이것은 '열두 단계 프로그램이 작동하는' 국면으로서, 경제는 다시 건전해지기 시작한다.

바닥에서 벗어나면서 주식시장은 회복되기 시작하고 회복 및 확장국면을 위한 궤도가 부설된다. 기업들이 이익을 내기 시작하고 이 이익들을 R&D, 신규 플랜트와 설비, 더욱 효율적인 생산공정들에 지출한다면, 다음에는 무슨 일이 일어나겠는가? 기업들은 새로운 노동자들을 고용하기 시작하며, 이 노동자들은 급료를 지출한다. 자 이제, 주가가 상승한다. 주식과 봉급에서 생겨난 이 새로운 부가 자산효과를 창출한다. 소비지출을 증가하고 경기순환의 새로운 주기가 다시 시작된다.

이러한 순환들은 매우 중요한데. 그것들 없이는 경제의 장기적인 성장과 생산성이 보장되지 않기 때문이다. 생활수준의 장기적인 변화를 불러일으키려면 경제에서 비대한 부분을 도려내야 하며, 이를 위해 수축이 필요하다. 위대한 혁신은 수축이나 침체로부터 탄생했다. 어떤 것은 당시에는 터무니없고 적어도 불필요해 보였을 수도 있지만, 결국 그것들은 우리의 생활수준을 위한 필수요소가 되었다." [18]

경기가 변동하는 것은 사실적인 현상이다. 경제학자가 말하는 바로 앞의 글은 경기변동의 확장, 정점, 수축, 바닥국면의 원인과 결과 그리고 경기변동의 필요성에 대해서 깔끔하게 설명해 주고 있다.

하지만, 우리 투자자 입장에서의 고민은 과거 사실을 바탕으로 경기의 변동을 분석하기는 쉽지만, 현재 우리의 구간이 어디인지 알기란 어려운 일이다. 결국, 우리는 과거와 현재의 기업과 산업의 활동을 보고 현재의 경기구간을 결정하고, 미래의 경기변동을 예측해야 하지만, 객관적으로 현재 상황을 파악하기란 여간 쉽지 않다.

젊은 청춘, 실제적 경기변동의 원인과 투자방안을 이야기하다

"우리는 한 치의 미래도 알 수 없을뿐더러 이성과 감정이 분리될 수도 없다."

이 말에 과감하게 답을 할 수 있는 사람이 있을까? 현재는 기업이 미래를 낙관해 투자를 확대해야 할 시간인가? 아니면 기업이 미래를 비관해 투자를 자제할 시기인가? 그것의 기준은 누가 잡는가?

세계적 경제호황으로 늘어나는 수요를 충족시키기 위해 기업의 공급라인을 더욱 확대시켜야 하는가? 아니면 지금의 수요는 경기정점의 거품이기 때문에 공급라인을 현재 상태로 유지해야 하는가? 만약 경영자의 경기판단이 틀리다면 경쟁회사에 주도권을 뺏기진 않을까?

우리는 과연 객관적인 시각으로 경기변동을 판단할 수 있을까? 과거를 보면 경기의 확장, 정점, 쇠퇴, 바닥을 구분하기는 누워서 떡 먹기다. 하지만, 현재를 바탕으로 미래의 경기변동을 도출할 수 있을까?

어디까지가 과열이고 어디까지가 침체인가? 결국, 경기변동에 대한 정확한 예측은 개인의 능력을 뛰어넘는 일이다. 경기를 예측하는 것은 미래를 예측하는 일이기 때문이다.

여기서 우리 개미들은 결단코 시장을 이길 수 없는 또 한 가지의 위기에 봉착하게 된다. 투자의 기본은 경기에 대한 이해이다. 하지만, 전문화된 집단인 기업조차 경기의 확장과 정점 구간일 때는 과잉설비, 과잉구매, 과잉고용에 나서기 시작한다. 기업은 실적이 좋아지면서 실적을 자랑하기에 여념이 없고, 언론은 언론대로 장밋빛 전망을 한다. 반대로 침체와 바닥국면일 때, 기업은 내일 파산할지 오늘 파산할지 모르는 비관적 분위기에 지배된다. 또한, 언론은 언론대로 비관적인 기사만을 헤드라인으로 보도한다.

간단히 말하자면 경기가 확장과 정점의 구간일 때는 사회의 구성원 모두가 장밋빛 전망을 하고, 경기가 침체와 바닥의 국면일 때는 사회의 구성원 모두가 비관적인 전망을 한다. 이런 상황에서 우리 개미들은 군중심리에 휘둘리지 않고 매매할 수 있을까?

결국, 이런 이유로 우리는 집단 군중심리에 휩쓸릴 수밖에 없다. 우리 개미들은 집단 군중심리에 맞서 싸울 이성적 능력과 철학적 사고가 부족하다. 우리는 고독한 걸 너무 싫어하고 외로운 걸 죽기보다 싫어한다. 모두가 진실이라고 말할 때 홀로 거짓이라 말하기가 얼마나 어려운지 우리는 경험적으로 알고 있다. 모두가 진실이라고 말할 때 혼자 거짓이라고 했다가 만약 내가 틀렸을 때 주위 사람들의 멸시와 조롱을 떠올리면 소름이 돋는다. 혼자 잘난 척한다고 구박당하고 만약 틀리기라도 하면 그 감당을 어떻게 하겠는가?

"집단 군중심리 영향 속에서 우리는 합리적 투자를 할 수 있는가?"

행태재무론의 권위자인 마이클 모보신은 말한다.

"우리가 환경에 적응하는 데 수만 년이 걸렸다는 것은, 자금시장에서 합리적으로 투자하는 방법을 이해하는 정신적 능력이 부족하다는 뜻일 것이다. 인간에게는 위험과 보상을 합리적으로 비교 및 검토할 수 있는 능력이 부족하다. 우리는 무형자산이 어떤 잠재적 수익을 가져다줄지를 고려하는 것보다 위협적인 표범을 보았을 때 필사적으로 도망가는 데 더 익숙해져 있다."

자신의 한계를 알게 된다면, 주식투자를 할 때 저지르는 실수를 줄일 수 있다. 모보신에 의하면 투자자들은 주식을 판단할 때, 다음과 같이 인간 본연의 실수를 그대로 되풀이하는 경향이 있다.

- 인간은 군중 속의 일원이 되고자 하는 선천적인 욕망을 지니고 있고, 혼자서 실수하는 것보다 여럿이서 실수를 저지르는 것이 더 안전하다고 느낀다.
- 인간은 자신의 능력을 과신함으로써 자주 손해를 입는다.
- 인간은 가능성을 합리적으로 판단하기가 어렵다.
- 인간은 절박하게 답을 갈구하고 있을 때, 그 질문의 답을 제공해 줄 것 같은 이야기가 나오면 앞뒤 재지 않고 쉽게 빠져든다.
- 인간은 정확한 증거가 없을 때조차도 쉽게 '어림짐작'에 의존한다.
- 인간은 기회 및 가능성과 관련된 통계적으로 자명한 이치를 쉽게 무시하는 경향이 있다.
- 인간은 일부가 지닌 직관력을 쉽게 자기 것으로 만들 수 있으리라고 믿고 있다.

이런 인간의 본성상 우리는 경기순환 과정의 이론을 알고 있다고 해도 막상 현실 속에서는 내가 어떤 국면에 속해 있는지 파악할 수가 없다. 경기의 정점구간에서 미래 경기의 침체를 봐야 하지만, 우리는 더욱더 높은 정점을 바라보고, 경기의 바닥구간에서 경제의 확장을 봐야 하지만, 우리는 더욱 암울한 바닥만을 생각하게 된다.

결국, 우리의 본성상 경기의 정점일 때 투자를 가장한 투기의 행동이 비일비재할 수밖에 없으며, 경기가 바닥국면일 때 투매를 할 수밖에 없다. 경기변동의 확장, 정점, 침체(수축), 바닥은 우리 인간 활동의 산물이다. 산업은 살이 찌고 다이어트를 반복한다. 산업은 과잉투자, 과잉설비, 과잉고용으로 비대해지고 살이 찌며, 결국은 건강한 산업을 위해 다시금 다이어트를 시작한다. 다이어트를 하면서 산업은 더욱더 효율성이 높아지며, 기술혁신이 발생하기도 한다. 이런 산업의 자연스러운 성장과 침체 속에서 투자의 주체인 우리 개미는 투자실패 문제의 원인이 된다. 경기가 확장하고 정점을 향해 가고 있다는 것은 우리가 모두 미래를 낙관하고 있다는 것이다. 경기가 침체하고 바닥국면으로 가는 것은 우리가 모두 미래를 비관하고 있다는 것이다.

"투자의 기본은 이성을 바로 세우고 본능을 거스르는 일이다."

우리는 이런 환경 속에서 심각한 투자의 딜레마에 빠져들게 된다. 우리가 열심히 공부하고 각종 자료를 수집하여, 경기 선행지수, 경기 동행지수, 경기 후행지수를 판단하여 합리적으로 경기의 국면을 판단한다고 해서 우리는 합리적으로 투자할 수 있을까? 한 개인인 우리 개미가 경기 정점이라고 판단한들, 각종 전문화된 집단과 기업 그리고 언론매체가 아직도 정점은 멀었다면서 더 높이 갈 수 있다고 우리를 부추기고 꼬실 때 (?) 우리는 과연 합리적인 투자를 할 수 있을까? 반대로 우리 개미가 경기 바닥이라고 확신한들, 전문화된 집단과 기업이 파산하고 각종 언론매체가 모두가 비관적인 기사를 보도할 때, 어떤 배짱으로 투자할 수 있을까?

나는 A라는 주식을 1만 원에 매수한다. 적정가는 2만 원이라고 생각한다. 그래서 1만 8천 원에 전량 매도를 한다. 수익률은 80%이다. 하지만, A라는 주식은 2만 원을 넘어 3만 원을 간다. 그리고 3만 원을 넘어 4만 원의 가격을 형성한다. 각종 언론매체와 전문가들은 A라는 기업의 가치를 10만 원으로 잡는다. A 주식을 매수한 사람들은 좋은 수익률을 넘어 떼부자가 된다. 나는 과연 초연할 수 있을까? 나의 섣부른 행동을 자책하며 또한 나의 선견지명에 감탄하며 주식을 홀딩하지 않은 나 자신을 원망한다. 배도 고프지 않고 잠도 오지 않는다.

"아, 그냥 들고 있으면 400%인데……, 아니면 앞으로 1,000%로도 갈 수 있는데……." 결국, 나는 주식을 4만 5천에 다시 매수한다. 목표가 10만 원을 바라보며, 아니면 A 주식이 아닌 B 주식이나 C 주식을 고점에서 추가 매수할 수도 있다. 이것이 일반적인 우리들의 매매 패턴이다. 처음에는 당연히 이성적으로 투자하지만, 시간이 지나면서 우리는 결국 본능을 따라 감정적으로 투자한다. 결국, 피땀 흘려 번 돈을 투자가 아닌 투기를 하게 된다. 최후의 결과가 어떻게 될지 이미 알고 있으면서도 말이다.

결국, 우리는 끝까지 합리적인 투자를 할 수 있을까? 격변하는 경기변동의 파동에서 우리는 사회의 분위기에 휩쓸리지 않고 지조 있게 투자할 수 있을까?

"투자는 고도의 합리성과 이성적 능력의 결정체라고 할 수 있다."

우리는 투자의 세계에서 단 한 순간도 이성과 합리성의 끈을 놓아서는 안 된다. 그 끈을 놓는 순간 우리의 투자는 투기로 변해 버린다. 우리는 아무리 공부하고 노력한들 고점에서 매수하고 저점에도 매도하는 행태를 반복하지 않을 수 없다. 하지만, 적어도 무엇이 우리를 그렇게 만들어 가는지, 우리는 왜 자꾸 정확히 고점에서 매수해서 저점에서 매도하는지 그 원인이라도 제대로 이해해야 한다.

평생에 걸쳐 투자만 공부하는 사람에게도 경기를 정확하게 예측한다는 것은 불가능하며, 하물며 내일 주가지수가 어떻게 될지조차 예측할 수 없다. 생업에 종사하면서 우리의 돈이 인플레이션에 야금야금 잠식당하는 것을 지키려면, 우리는 오늘도 투자 책을 보고 뉴스를 보고 경제신문을 보지만 진실이 어디에 있는지는 잘 모른다.

경기변동 속에서 우리 인류의 역동적인 모습을 보고 어떤 것이 진실이며, 어떤 것이 거짓인지, 어떤 기준을 잡아야 합리적이며, 이성적인 투자를 가능케 하는지 등을 판단하는 것이 투자 성공의 지름길이 아닐까?

"화려한 겉모습에 현혹되지 않고 사물과 현상의 본질을 꿰뚫어 볼 수 있는 능력!"

그것이 바로 우리가 격변하는 경기의 흐름 속에서 가져야 할 우리의 투자 능력이 아닐까? 하지만, 역시나 어렵다. 말이 쉽지 사물이나 현상의 본질을 볼 수 있는 능력이 하루아침에 생길 수 있는가? 가장 소중하고 아름다운 것은 눈에 보이지 않는다는 것을 우리 모두는 알면서 결국 눈앞에 보이는 것만 추구하는 우리들…….

젊은 청춘,
화폐적 경기변동을 바라보다

우리 인류가 이룩한 문명은 너무나 크고 위대하다. 수많은 실패와 고난의 역사를 통해 인류는 나날이 진보하고 있으며 끝도 보이지 않는 지성의 상아탑은 지금 이 순간에도 계속 높아지고 있다. 우리가 살아가는 이 세상 그리고 우리가 살아가는 체제는 그 어떤 것도 그냥 저절로 이루어진 것이 없다. 모든 것은 우리의 피와 땀 그리고 눈물로 창조해 나가는 것이다. 하지만, 문명 속에 속한 개인은 태어나 성장하면서 비판 없이 문명을 받아들이고 학습을 통해 모든 것이 습관화된다.

우리가 각자의 생업에 열중하고 각자의 일에만 전념하려고 한다면 체제에 대한 이해는 어쩌면 귀찮고 번잡한 건지도 모른다. 하지만, 투자를 하려면 체제에 대한 철학적 사고와 이해가 필요하다. 그래야, 우리가 큰 체제의 틀 속에서 거짓에 속지 않고 진실을 볼 수 있는 능력을 갖출 수 있기 때문이다.

실제적 경기변동의 원인은 앞장에서 경제분석가들이 들려주는 이유로 확장, 정점, 침체, 바닥을 통해 우리는 어느 정도 짐작하게 되었다. 하지만,

뭔가 석연치 않다. 경기변동은 왜 이렇듯 급격하고 순식간에 이루어지는 지 우리는 뭔가 찜찜하다. 갑자기 전쟁이 일어나서 위기가 조장된 것도 아니고, 큰 자연재해로 생산시설이 파괴된 것도 아니며 전염병이 돌아서 생산인구가 줄어든 것도 아니지만, 우리에게 어째서 이토록 경기변동은 급격하게 이루어지는 것일까?

경기가 이렇게 급격하게 변동하는 다른 원인을 '화폐적 현상'에서 찾아보자. 화폐적 현상에 따른 경기변동의 원인을 찾아보려면 또다시 채무화폐 체제에 대해서 이야기를 풀어야 할 것 같다.

자본주의 체제에서 돈은 인간의 혈액과 같다. 기업은 돈을 벌기 위해서 상품을 만들면서 공급을 창조하고, 개인은 돈이 있어야만 기업이 만든 상품을 사면서 수요를 창출한다. 시중에 유통되는 돈이 많을수록 공급과 수요는 원활하게 돌아가면서 경기는 활력이 넘치게 된다. 반대로 시중에 유통되는 돈이 적어지면 기업은 상품을 만들 의욕이 점점 사라지며 개인은 돈이 없어서 물건을 사고 싶어도 살 수가 없으므로 경기는 급격히 침체된다. 이런 이유로 우리가 살아가는 경제 체제에서 돈의 흐름은 무엇보다 중요하다. 돈의 생성과 소멸 그리고 경기의 변동과 돈의 유동성 간의 상관관계를 파악할 수 있다면 우리는 훨씬 더 노련하게 투자할 수 있다.

우리가 여기서 한번쯤 생각해야 할 것이 있다.

"돈은 누가 어떻게 만들어 내는가? 진정한 돈의 의미는 무엇인가?"

이 물음에 정확하게 대답할 수 있는 사람을 우리는 경제전문가 내지는 경제분석가라고 부른다. 간단한 것 같으면서도 굉장히 어려운 질문이다. 이 물음에 답할 수 있다면, 우리는 인플레이션이나 디플레이션, 스태그플레이션이라든지 금리정책, 환율정책의 전망까지도 파악할 수 있다. 현재 경제의 대부분 금융정책은 자유로운 시장경쟁을 바탕으로 돈의 흐름을 적절히 통제하고, 시중에 경제를 활성화시킬 유동성을 공급하면서 인플레이션을 막는 것이다. 여기서 '돈의 흐름'의 통제라는 말에 주목하자.

우리는 앞장에서 '달러는 금'이라는 메커니즘이 세계의 자본주의 토대라는 황당한 전제를 이미 접했다. 그만큼 우리가 살아가는 세상은 우리가 생각하는 것만큼 그렇게 합리적이지가 않다. 일상생활에서의 돈은 우리에게 굉장히 합리적이고 객관적인 것처럼 보인다. 하지만, 돈은 생각보다 비합리적이고 주관적인 요소가 많다. 돈은 자연적인 것이 아니라 인위적으로 통제되기 때문이다.

"돈을 인위적으로 막 찍어 낼 수 있을까?"
"돈을 인위적으로 확 줄일 수 있을까?"

이 물음은 당연히 '예!'다. 채무화폐 제도 안에서 정부는 얼마든지 돈의 양, 즉 통화량을 조절할 수 있다. 하지만, 여기서 우리는 단지 정부가 돈을 통제할 수 있다는 사실을 뛰어넘어 무엇보다 공정해야 하고 객관적이어야 할 돈이 권력기관과 어떤 힘의 집단에 의해 통제받을 수 있다는 섬뜩한 사실을 알아야 한다.

화폐는 일종의 상품이다. 다른 상품과의 차이점은 사회의 모든 업종과 모든 기관, 모든 사람에게 필요하다는 점이다. 화폐 발행권을 통제하는 것은 모든 종류의 독점 중 최고의 형식이다.[19]

"어떤 나라나 화폐의 공급을 통제하는 쪽이 모든 공업과 상업을 주도하는 절대 주인이다. 모든 화폐 시스템이 극소수에 의해 이런저런 방법으로 쉽게 통제된다는 사실을 알면, 그것이 곧 통화의 팽창이나 긴축의 근원임을 알 수 있다." — 미국의 20대 대통령 제임스 가필드

자본주의 체제 안에서 돈을 통제한다는 것은 돈을 신앙처럼 삼고 살아가는 우리를 직·간접적으로 통제하는 것과 마찬가지다.

레닌은 화폐가치를 인하하는 것이 자본주의 제도를 전복할 수 있는 제일 좋은 방법이라고 했다. 연속되는 인플레이션 과정에서 정부는 비밀리에 국민의 재산 일부를 몰수할 수 있다. 이 방법을 통해 마음대로 국민의 재산을 뺏어올 수 있다. 다수가 가난해지는 과정에서 소수는 벼락부자가 된다. 어떤 수단도 통화팽창만큼 은밀하고 확실하게 현 정권을 전복할 수는 없다. 이 과정은 잠재적으로 각종 경제 규칙의 파괴요소를 누적하게 된다. 100만 명 가운데 단 한 사람도 문제의 근원을 발견해내기 어렵다.[20]

금과 돈이 단단한 쇠사슬로 연결된 금본위제가 폐지된 현재 채무화폐 제도에서 정부는 마음대로 돈을 찍어낼 수 있다. 하지만, 여기서 더 큰 문제는 정부뿐만 아니라, 각종 금융기관마저도 오만 잔머리를 이용하여 마구잡이로 돈을 찍어 낼 수 있다는 것이다. 꼭 우리가 눈에 보이는 만 원짜리 같은 지폐를 찍어 내는 것이 아니라, 개인의 신용이나 미래의 노동력 등 어떤 담보든지 가리지 않고 미래에 창조될 수 있는 가치를 할인하여 얼마든지 가짜화폐, 곧 신용화폐를 창조해 낼 수 있다는 사실을 알아야 한다.

예를 들어, 집을 사는 사람이 은행에서 대출 계약서를 쓰면 은행은 '대출증서'를 자산으로 삼아 대차대조표의 자산항에 기입한다. 그와 동시에

동등한 수량의 부채를 창조한다. 은행의 이러한 부채가 경제적 의미로는 화폐와 동등하다는 점에 주의하기 바란다. 다시 말해서 은행은 대출을 내줌과 동시에 화폐를 창조한다.[21]

과거 돈이 금이라는 확실한 쇠사슬로 묶여 있는 금본위제 때에도 은행가들은 잔머리로 신용을 창조했다. 과거 금본위제 때는 은행이란 개념은 사실 돈 많은 부자가 금을 보관하는 곳이었다. 은행은 부자들의 사설 경호업체의 성격을 가졌다. 그래서 과거 은행은 이자를 지급하는 것이 아니라, 금 보관료를 받았다. 하지만, 머리 좋은 은행가들은 부자들이 금을 보관해 놓고 금을 거의 찾아가지 않는다는 사실을 곧 깨달았다. 그래서 그 금을 원래 주인한테 허락도 받지 않고 마음대로 빌려 주어 이자를 챙겼다. 최대 금 보유량의 10분의 1까지만 보유하고 있으면 별 탈 없이 금을 회전시킬 수 있다는 사실을 깨달은 것이다. 그 뒤로 은행가들은 더 많은 금을 유치하기 위해 보관료가 아니라 금을 보관하면서 이자를 지급했다.

이런 걸 보고 우리는 '누워서 떡 먹기' 아니면 '잔머리 대왕'이라고도 할 수 있을 것이다. 여유 있는 부자한테 금을 보관한다는 명목으로 받아서 당장 금이 필요한 사람에게 고금리의 이자 놀이를 한 것이다. 중개 역할을 하면서 떼돈을 버는 것이다.

하지만, 여기서 부자들은 열 받는다. 자기 돈을 마음대로 빌려주면서 이자를 챙기는 은행가를 보면서 얼마나 화가 났겠는가? 그래서 소송을 건다.

은행가들은 자신들이 예금주의 금화폐를 처리할 권리를 가지고 있다고 주장했다. 그중 가장 유명한 예가 1848년의 '폴리 대 힐의 소송'이다.

판결내용은 다음과 같다. 예금주가 은행에 화폐를 저축하면 그 돈은 예금주가 아닌 은행가에 속하게 된다. 은행가는 예금주가 요구하면 언제든지 상승하는 금액을 돌려줄 의무가 있다. 은행에 일단 돈의 관리를 맡긴 소유의 의미와 본질상 은행가의 돈이라고 봐야 한다. 은행은 이 돈을 마음대로 할 수 있는 권한이 있다. 예금주의 돈을 위험한 처지에 빠뜨렸든 해로운 투기를 했든 이에 답변할 의무가 없으며, 다른 사람의 재산처럼 보존하고 처리할 의무가 없다. 그러나 계약의 구속을 받기 때문에 예금주가 저축한 금액에 대해서만큼은 의무를 가진다." [22]

이 글에서 보듯이 판결은 은행가에게 유리하게 돌아간다. 예금주가 일단 저축을 하면 그 돈은 예금주의 돈이 아닌 은행의 소유가 된다. 은행은 그 돈을 마음대로 처리할 수 있다. 단지 은행이 책임질 것은 '저축한 돈을 달라고 할 때 주면 그만이다.'라는 말로 요약할 수 있다.

여기서 우리가 알 수 사실은 과거 금이라는 화폐가치가 고정된 상황 속에서도 은행은 합법적으로 본래 금이 가진 가치 이상의 가짜 금을 만들어 냈다는 사실이다. 은행은 부자들이 일시에 금을 빼가지 않는 사실을 알고 가끔 찾아오는 부자의 금만 주면 되었다. 그래서 보관하는 금의 신용증서를 만들어 중간에서 이자 수입을 챙겼다.

과거 금본위제에서조차 이렇게 가짜 금이 만들어져 신용을 창조했는데 금본위제가 폐지된 현 채무화폐의 체제에서는 돈이 어디서 어떻게 만들어질지 어떤 고도의 잔머리를 써서 돈을 찍어 낼지 우리 개미는 감을 잡을 수도 없다.

젊은 청춘,
화폐적 경기변동의 원인을 이야기하다

금본위제 때와 비교하여 현재의 채무화폐에서 은행의 신용창조 형태를 보면, 중앙은행이 본원통화를 공급하면 은행은 예금 및 대출업무를 통해 파생통화를 공급하게 된다. 파생통화를 공급하는 과정을 신용창조라 한다. 본원통화의 공급으로 이루어지는 예금을 본원적 예금(primary deposit)이라 하고, 파생통화의 공급으로 이루어지는 예금을 파생적 예금(derived deposit)이라 한다. 여기서 중앙은행에서 찍어 내는 진짜 돈은 금과 비유할 수 있고, 은행에서 만들어 낸 파생통화는 가짜 돈으로 비유할 수 있다.

또한, 현재 은행제도는 더 치사하다. 우리가 은행에 돈을 맡기는 순간 돈은 우리 돈이 아니다. 은행 돈이 되는 것이다. 은행은 단지 우리가 돈을 달라고 할 때 주면 그만이다. 우리가 은행에서 보호받을 수 있는 돈이 5천만 원이라는 사실을 알고 있는가? 5천만 원 이상 은행에 맡겼다가 은행이 내 돈을 잘못 운영해서 파산하면 은행은 아무런 법적 책임을 지지 않고 5천만 원만 준다. 그것도 은행이 주는 게 아니라 예금자 보험제도를 통해 이루어진다. 이러한 틀 속에서 은행이 자본주의 체제에서 얼마나 무자비한 권력을 휘두르는지 우리는 직관적으로 알 수 있다.

이러한 신용화폐와 파생통화의 유동성 확대는 일시적으로는 경기를 활성화시키지만 결국은 인플레이션과 물가상승을 가중시키며, 그 거품이 터질 때 열심히 사는 애꿎은 우리 개미들만 피눈물을 흘리게 된다. 우리 개미가 뭐 잘못이 있다고….

1999 외환위기는 대기업의 문어발식 확장에 따른 은행의 무리한 대기업 대출, 상품매매, 광물투기가 원인이 되었다. 그리고 2003 카드사태는 길거리에서 마구 마구 신용카드를 남발해서 발생했다는 것을 우리는 똑똑히 기억하고 있다. 신용이 안 되는 사람에게 카드를 마구 남발하고 카드 돌려막기와 카드깡으로 인생을 파멸의 길로 몰아 넣었다. 그리고 세계적으로 부동산의 투기 바람을 타고 2008 서브프라임의 고난 속에서 세계는 신음했다.

은행은 모기지대출을 내주는 동시에 '무에서 유를 창조하여' 화폐를 만든다. 결코, 일반인이 상상하듯 예금주의 저축을 타인에게 빌려주는 것이 아니다. 이는 아직 창조하지 않는 미래의 노동력을 화폐로 미리 찍어내 유통에 진입시키는 것이다. [23]

IMF 때는 대기업의 허상뿐인 성장성과 수익성의 미래를 할인해서 가짜 돈을 마구 창조했고, 카드위기 때는 개인의 생명을 담보로 미래를 할인하여 가짜 돈을 마구 창조했고, 서브프라임은 집과 앞으로의 노동력을 담보로 돈을 창조해 집을 계속 짓게 하면서 부동산 투기를 조장하였다.

사실 자본주의 체제 안에서 살아가는 우리는 너나 할 것 없이 화폐 환상에 빠져 있다. 돈에 집착할 수밖에 없는 세상에서 살아가기 때문이다.

우리는 일단 무조건 돈을 많이 갖기를 원한다. 하지만, 여기서 냉혹하게 생각한다면 돈을 많이 갖는다는 것은 결국 종잇조각에 '0'을 몇 개 더 붙이는 것일 뿐이다. 우리가 생각해 봐야 할 것은 실질적인 소유권과 권리를 그리고 돈과 교환할 수 있는 실물적 재화를 생각해 봐야 한다.

예를 들어 근로자가 임금이 7% 올랐지만, 그해 물가상승이 10%였다면 실제로 임금인상이 아니라, 임금이 하락한 결과를 빚은 것이다.

또한, 다른 예를 들어 정찰 가격이 아닌 경매가격을 생각해 보자. A라는 물건이 있다고 가정하자. 이 물건의 가격은 미정이다. 여기 단 세 사람 B와 C, D의 인물만이 있다고 가정하자. 세 명 다 똑같이 A 물건을 원한다. 이때 A의 가격이 어떻게 정해지는지 생각해 보자. 만약 B와 C, D의 인물에 각각 100만 원씩 있다고 가정하자. 이때 A의 물건값은 10만 원이 될 수도 있고, 20만 원이 될 수도 있다. B와 C, D가 얼마나 그 물건을 원하느냐에 따라 그 가격은 달라지겠지만 세 명 다 A라는 물건을 가지고 싶을 때 물건값은 부지기수로 올라갈 것이다.

이때 같은 조건으로 A라는 물건과 B와 C, D의 인물이 있다고 하자. 대신 이번은 B와 C, D의 인물에 각각 10만 원씩 있다고 가정하자. 이때 물건값은 만 원이 될 수도 있고 2만 원이 될 수도 있다. B와 C, D가 얼마나 그 물건을 원하느냐에 따라 그 물건값은 달라질 것이다. 하지만, 여기서 우리는 한 가지는 알 수 있다. 두 번째의 A의 가격은 절대로 10만 원을 넘지 못한다는 것이다. 첫 번째 A와 두 번째 A는 같은 물건이다. 하지만, 가격은 달라진다. 똑같은 물건이라도 첫 번째 A는 두 번째 A보다 무조건 비싸게 팔릴 수밖에 없다.

결국, 돈이 많아진다고 해서 우리가 부자가 되는 것은 아니다. 실질적인 생산성과 효율성을 동반한 경제성장이 뒷받침되지 않으면 돈의 단위는 무의미한 것이다.

여기서 우리는 통화량을 적절하게 관리하는 것이 채무화폐의 체제에서 얼마나 중요한 일이지 알 수 있게 된다. 통화량을 일시적으로 늘리면 생산성과 효율성이 따라가지 못해도 일시적으로는 경기가 활황으로 치닫는다. 말 그대로 거품이 낀다. 또한, 통화량을 일시적으로 줄여 버리면 생산성과 효율성이 그대로 있어도 침체를 겪게 된다. 현 채무화폐 체제에서는 얼마든지 통화량 조절을 이용해서 단기적으로 경기를 변화시킬 수 있다.

여기에서 문제점은 화폐 환상으로 인해 우리 경제에 인위적인 거품이 만들어지고 그 거품을 이용해서 우리의 자산을 강탈해 간다는 것이 문제다. 하지만, 여기서 더 치사한 것은 투기 환경을 조장해 놓고 결국 책임은 투기를 한 개인의 책임으로만 돌아간다는 것이다.

나는 2003년 카드사태를 겪으면서 우리 경제가 무리한 신용창조를 이용해 유동성을 확대하면, 분명히 나중에 거품으로 우리에게 고통을 준다는 사실을 몸소 체험했다. 하지만, 카드사태를 겪은 지 몇 년 지나지도 않아 은행에서 서민들에게 자꾸 낮은 금리로 주택담보대출을 권유하고 또한 그 대출자금이 주로 부동산 투기에 이용된다는 것을 알았을 때 어린 나의 눈으로 봐도 '저건 아니다! 거품 터지면 다 죽겠구나!'라는 생각을 했었다.

그러면 이쯤에서 우리가 당면한 가슴 아픈 현실에 대해 생각해 보자. 1999년 IMF를 겪으면서 한국 정부는 하는 수 없이 미국의 조건들을 받아들이고 미국의 은행지점들을 한국에 설립하도록 허락했다. 외국 기업들이 보유할 수 있는 상장회사의 지분을 26%에서 50%로 상향 조정했으며, 외국인 개인이 보유할 수 있는 기업의 주식 지분은 7%에서 50%로 늘어났다. 한국 기업은 반드시 국제회계의 원칙을 따라야 했으며, 금융기관은 국제회계사무소의 회계감사를 받아야 했다. 한국 중앙은행은 독립 운영되어야 하며 완전한 자본 계정하의 화폐 자유 교환, 수입허가증 수속 투명화, 기업 구조조정 감독, 노동시장 개혁 등 각종 개혁 조치가 잇달았다.[24]

표1. 은행의 외국인 지분투자 비율 (2009년 6월 10일 기준)

KB금융	58%
신한지주	53%
외환은행	70%
하나금융지주	62%
부산은행	46%
대구은행	60%
우리금융	8%
기업은행	8%

정부가 아직 민영화하지 않은 우리금융과 기업은행을 제외한 다른 모든 은행은 외국인 비율이 50%가 넘는다(부산은행은 46%로 50%를 넘지 않지만 근접해 있다.). 이런 상황 속에서 우리 정부는 국내의 통화량 통제능력을 갖출 수 있을까? 만약, 통화량 통제능력이 없다면 우리의 돈의 가치에 대한 결정은 누가 하는가?

우리나라의 주요 은행은 엄밀히 말해 우리나라 정부의 통제를 거의 벗어나 버렸다. 이것은 우리나라의 건강한 경제발전에 정말 심각한 문제이다. 경제의 활동은 통화량 조절을 통해 얼마든지 인위적인 조작이 가능하기 때문이다. 우리나라 안에서 설립되어 운영되는 은행은 결국 우리나라 국민이 피땀 흘려 창출한 부가가치와 생산성, 효율성 그리고 우리의 문명이 저장되는 곳이다. 그리고 은행은 우리의 모든 것을 은행 역량대로 마음껏 사용할 수 있다.

"채무화폐 제도 안에서의 금융기관은 돈을 찍어내는 무소불위의 권력을 갖는다. 그 권력은 가짜 돈을 찍어 낼 수 있는 신용창조이다."

은행의 건전성이 훼손되면 해당 은행의 건전성이 훼손되는 것이 아니라, 금융시스템 자체의 건전성 훼손으로 이어진다. 자본주의 경제는 돈이라는 숫자로 말미암아 거미줄처럼 실낱같이 엮여 있고 돈 창조의 근원지인 한국은행과 그 외의 민간은행 중에서 하나라도 파산하게 되면 우리의 금융체제는 붕괴한다. 어차피 눈에 보이는 건 아무것도 없기 때문이다. 과거 금본위제처럼 돈과 금이 연결된 것도 아니다. 지금의 돈은 오직 우리의 이성과 우리의 믿음뿐인 신용이다. 은행이 망해 버리면 돈에 대한 이성과 신용이 사라져 버린다. 그러면 모든 것은 먼지처럼 사라져 버린다. 우리는 다 같이 죽는 것이다.

우리는 은행을 죽일 수 없다. 무슨 잘못을 하고 부실화돼도 어떤 방식으로든지 살려야 한다. 이런 이유로 은행이 우리 몰래 어떤 나쁜 짓을 하든지 은행에 위기가 도래했을 때도 우리는 우리의 피와 땀을 담보로 잡아, 앞으로 낼 세금의 담보가 되는 공적자금을 투입한다. 우리에겐 선택의 여지가 없다.

젊은 청춘,
화폐적 경기변동의 투자방안을 이야기하다

"은행의 중요성은 우리의 상상 그 이상이다."

"은행의 시스템 그 자체가 자본주의 시스템이다."

이런 무소불위의 권력과 현재 자본주의 체제의 상징적 의미가 있는 은행이 국가발전과 국민을 위해 일하지 않고 민영기업이라고 하여 사사로이 이익만을 좇아 사기업처럼 운영해 버린다면 우리나라의 미래는 어떨까?

은행가의 판단과 역할에 따라 돈의 흐름이 결정된다. 결국, 은행가의 결정에 따라 자금이 돌아가고 진정한 투자가 발생하는 것이다. 어차피 지금 대부분 돈은 미래를 할인하여 만들어 내는 신용창조이다. 은행가의 판단에 따라 어떤 가치든 얼마든지 미래가치를 현재로 할인할 수 있다.

진정한 투자란 당장에 돈을 벌지 못해도 발전 가능성이 있는 중소기업에 리스크를 안고 투자를 하고, 또한 열심히 공부하고 열심히 일하는 청년들에게 창업자금을 융통해 주어서 일할 기회를 주고, 이로 말미암아 실업문제를 개선시키는 것이다. 사회는 역동적으로 변화하고 우리의 미래는 희망으로 가득 찰 것이다. 또한, 거품경제를 조장하지 않도록 경제성장에 맞는 안정적인 통화량을 투입하며, 인플레이션을 최소화시켜 노후인구는 노후인구대로 안정적인 삶을 유지해 갈 수 있다. 이로 말미암아 우리 사회는 희망적인 미래를 품고 안정적으로 경제성장을 이룩해 나갈 수 있다.

이렇듯 자본주의 체제 안에서 자본의 흐름과 규제는 우리 삶에 상상을 초월하는 영향력을 미친다. 인간의 역량과 활동 능력을 극대화시키는 제도가 채무화폐의 본질이다. 우리는 필요한 곳에 얼마든지 재량으로 자금을 공급할 수 있다. 자금이 흐르는 곳에 우리의 관심과 사랑이 있고, 우리의 활동이 극대화되며 우리의 피와 땀이 서려 있다.

"국내에 설립된 은행은 우리 국민의 모든 것이 담겨 있는 보물창고나 마찬가지다."

결국, 우리가 피땀 흘려 이룩해 놓은 재화나 용역의 가치는 은행으로 흘러가게 되어 있으며, 은행이 돈을 어떻게 통제하고, 자금의 흐름을 주도하느냐에 따라 우리 모두의 삶의 패턴은 변화할 수밖에 없다.

여기서 정말 가슴 아픈 현실을 다시 한 번 직시해 보자. 앞의 표1(197쪽)에서 본 바와 같이, 주요 대부분 은행의 외국인 지분율이 50%가 넘어가는 상황에서 우리나라 정부는 민간은행에 대하여 통제력을 가질 수 있는가? 우리나라 정부는 대한민국 원화의 통화량에 대해 통제력을 가질 수 있는가? 자본주의의 중심이 되어 무소불위의 권력을 가진 은행의 독주는 누가 어떻게 막을 수 있을까…?

신용화폐를 창조할 수 있는 은행이 사기업처럼 은행의 이익 챙기기만 급급할 때 나라의 경제는 어떻게 되는가? 우리는 모든 은행의 절반 이상에 해당하는 지분이 외국인에게 넘어간 어이없고 허탈한 현실을 바라보며 나지막이 한마디할 수밖에 없다.

"망했다."라고.

우리 국민의 보물창고는 우리가 보물을 모았음에도 우리의 보물이 아니라는 어이없는 현실을 마주하게 되는 것이다. 우리는 누구를 위하여 돈을 모으는가?

나는 이 글을 통해 '외국자본을 몰아내고 국내은행을 되찾아 자주 자본 국가를 건설하자!'라는 극단적인 논리를 펼치려 하는 것이 아니다. 그저 현실이 이렇다는 것이다.

"만약, 미국인이 끝까지 민간은행으로 하여금 국가의 화폐발행을 통제하도록 둔다면, 이들 은행은 먼저 통화팽창을 이용하고 이어서 통화긴축 정책으로 국민의 재산을 박탈할 것이다. 이런 행위는 어느 날 아침 그들의 손자들이 자기의 터전과 선조가 개척한 땅을 잃어버렸다는 사실을 깨달을 때까지 계속될 것이다." — 미국 3대 대통령 토머스 제퍼슨

정부가 통화량 통제능력을 상실한 현재 상황에서 우리나라 경기의 확장, 정점, 침체, 바닥의 국면은 더욱더 격변할 수밖에 없다. 경기변동의 원인을 앞장에서 살펴본 실물적 경기변동이론과 화폐적 변동이론으로 나누었을 때, 실물적 경기이론은 그나마 우리의 눈에 산업의 흐름이 보이기라도 하지만, 화폐적 변동은 우리가 도저히 감을 잡을 수 없을 정도로 은

밀하게 진행된다. 돈이 갑자기 저절로 많아졌다가 갑자기 저절로 사라지는 현실 속에서 우리는 정신을 제대로 차릴 수 있을까?

이런 이유로 우리는 점점 아리송해진다. 경기변동은 실물적 경기변동 외에도 화폐적 변동으로 인한 인위적인 조작으로 통제할 수 있기 때문이다. 경기생산은 일정한데 화폐 공급량을 늘리면 일시적으로 경기가 활력을 띠고, 경기생산은 일정한데 화폐 공급량을 감소시키면 일시적으로 경기는 침체를 맞는다.

이 때문에 화폐량의 변화에 따라 일시적으로 실물경기가 나쁜데도 주가는 올라가고 실물경기가 좋은데도 주가는 내려간다. 주가는 선행한다고, 원래 실물경기랑 다르다고, 전문가들은 한결같이 말한다. 하지만, 그말은 우리한테는 '나도 모른다!'라는 소리로 밖에는 들리지 않는다. 우리는 묻고 싶다 "얼마나 선행하는 건데요? 6개월 선행하는 거면 지금 주가가 오르니까 6개월 뒤에 경기가 회복되는 건가요?"라고 물었을 때, 자신있게 '예!'라고 대답할 수 있는 전문가가 과연 있을까? 역시 전부 다 어림짐작일 뿐이다.

언제든지 위기를 조장해 통화량을 줄여 경기를 침체와 바닥의 국면으로 빠뜨릴 수 있고, 언제든지 장밋빛 전망으로 우리를 유혹해 통화량을 늘려 경기를 확장과 정점의 구간으로 올릴 수 있다. 분명한 건 파생통화와 신용통화의 가짜 돈을 창조할 수 있는 은행은 더는 우리 국민의 편이 아니라는 것이다. 은행이 작정하고 돈만 벌겠다고 나설 때 우리는 어떻게 되는가?

우리는 결국 경기의 확장과 정점인 구간, 즉 시중에 통화량이 풍부할 때 무리한 투자를 하고, 우리는 결국 경기의 바닥과 침체인 구간, 즉 시중에 통화량이 메말랐을 때 무리한 투자로 말미암아 파산을 맞이하게 된다. 이런 이유로 경제는 발전하고 재화와 용역이 풍요한 문명 속에서 살아가면서도 우리는 계속해서 가난해지고 빚만 잔뜩 쌓여 가는 것이다.

주가는 급변한다. 주가를 움직이는 요소는 너무 많다. 화폐적 경기변동도 그중 한 요인일 뿐이다. 또한, 경기변동 또한 조작할 수 있다는 사실을 깨닫고 우리는 진실을 봐야 할 이성적 사고와 철학을 길러야 한다.

'경기가 좋아진다. 주가가 오른다.' 그러면 기분이 살랑살랑 좋아진다. 주위의 친구들은 주식이나 펀드, 부동산을 투자해서 돈을 벌었다고 좋아한다. 시중에 돈은 넘쳐 난다. 경제가 힘차게 돌아간다. 찬란한 문명, 기업의 놀라운 혁신, 언론의 장밋빛 전망에 모두들 취해 있다. 우리는 기존에 투자해서 벌어들인 돈에 신용을 추가해서 다시금 재투자를 한다. 주가는 계속해서 오를 것이라고 모두가 확신을 하고, 낙관을 한다. 모두가 투자를 한다. 거품이 늘어 간다. 다들 마음껏 마시고 즐긴다. 거품은 더욱더 늘어 간다. 그리고 그 거품은 뜻하지 않는 갑작스러운 위기에 빠져 버린다. 경기상승을 뒷받침할 돈은 사라진다. 금리는 오른다. 우리는 망한다.

주가가 오른다고 해서 경기가 좋아지는 것은 아니다. 단기적인 주식의 가격이란 그저 사면 오르고 팔면 떨어지는 것이다. 시중에 유동성이 넘쳐 나면 단기적 주가는 오르게 되어 있다. 시중에 유동성이 마르면 단기적 주가는 내려가게 되어 있다.

"무엇이 진실이며 무엇이 거짓인가?"

"우리는 진실 혹은 거짓에 대한 판단이 가능한가?"

격변하는 경기의 변동과 채무화폐 제도 속에서 우리는 가짜 돈의 진실을 볼 수 있는 이성적 능력과 철학을 가져야 한다. 이성의 끈을 놓을 때 우리는 결국 정점에서 몰방을 하고 최저점에서 투매할 수밖에 없다.

하지만, 진실을 보기는 어렵다. 어쩌면 가짜 돈이 진짜 돈일 수도 있고, 진짜 돈이 가짜 돈일 수도 있기 때문이다. 뭐든지 힘 있는 자가 우겨버리면 장땡이 되어 버리는 곳이 금융의 세계이다. 세계화를 통해 금융은 통합되어 있고, 국제사회는 눈에 보이지 않는 힘의 논리가 통하는 진정한 약육강식의 세계이니…….

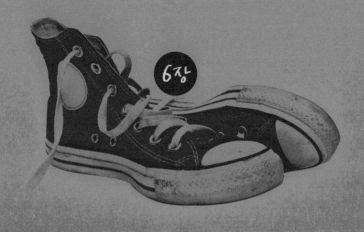

6장

위 험 한   청 춘 ,
'투 자 의 진 실'을 밝 히 다

위험한 청춘이 바라본 언론매체와 금융기관들 · 젊은 청춘
의 눈에 비친, 투기를 부추기는 언론매체와 금융기관들 · 젊
은 청춘, 위험요소의 진실을 보다 · 젊은 청춘, 투자의 방향
을 잡게 되다 · 젊은 청춘, 워런 버핏의 실전투자법을 이야기하다

우리는 전문가가 아니라 개미다. 그래서 우리는 투자할 때 각종 언론매체를 참고할 수밖에 없다. 하지만, 언론의 진실은 무엇일까? 각종 대중매체, 즉 TV, 라디오, 신문, 인터넷 등의 언론들은 진정으로 우리 개미의 수익을 바랄까? 우리 개미가 부자되기를 바랄까? 어쩌면 우리는 이미 알고 있지만 애써 진실이라 믿고 싶지 않은 '언론의 진실'에 대해 생각해 보자. 또한, 금융기관의 진짜 속마음을 생각해 보자. 각종 금융기관, 즉 은행, 증권, 투신사, 보험사 등등 그들은 정말 우리가 큰 수익이 나기를 바랄까? 최고의 전문가들이 즐비하게 있고, 금융산입의 중심에 있는 그들은 이째서 우리 개미들의 빛과 소금이 되어 주지 않는 것일까?

언론과 금융기관들은 우리에게 투자를 권하는가? 아니면 투기를 권하는가?

언론과 금융기관의 진실을 모르면 우리는 항상 사회 분위기에 따라 투자하게 되고 군중심리 투자라는 '묻지마 투자'를 극복할 수 없게 된다.

여기에서는 언론과 금융기관의 진실에 대해서 집중적으로 생각해 볼 것이다. 또한, 증권투자를 업으로 삼아 세계 최고의 부자가 된 투자자에게 투자의 힌트를 얻어 보자. 투자의 세계에서 이론은 그저 이론일 뿐이다. 우리는 실제로 최고부자가 된 사람에게서 그 답을 얻어야 한다. 어떻게 해야 진짜 부자가 될 수 있는지, 어떤 말이나 가르침보다 몸소 '돈은 이렇게 버는 거다.'라고 가르쳐 준 투자자에게 그 답을 얻어 보자.

또한, 시장의 수많은 어려움 속에서 투자의 진실을 제대로 바라볼 수 있는 통찰력도 기를 수 있다. 그 통찰력을 바탕으로 우리 개미들은 시장을 이길 수는 없지만, 시장을 이용해서 부자가 되는 방법은 알 수 있다.

위험한 청춘이 바라본
언론매체와 금융기관들

"가장 소중한 건 눈에 보이지 않는다."

우리에겐 소중한 건 보이지 않는 걸까? 아니면 우리가 보지 않으려 하는 것일까? 우리는 사실 어떤 것이 소중한 것인지 이미 알고 있고, 어떤 길이 결국 진리의 길인지 알고 있다. 하지만, 진정으로 소중한 것을 지키며 진리의 길을 가는 것은 힘들고 피곤하다는 것도 알고 있다. 우리는 결국 편한 것을 추구하기 위해 소중한 것과 진리의 길을 저버릴 수밖에 없는가?

어떤 것이 진실이고 어떤 것이 거짓인지 우리는 알고 있다. 우리는 바보가 아니다. 하지만, 우리는 선과 악, 진실과 거짓의 구분을 떠나 듣고 싶은 것만 듣고, 하고 싶은 것만 하고, 보고 싶은 것만 보는 것은 아닐까? 우리는 그저 편한 길만 가려는 것은 아닌가?

우리는 사실 그저 편하고 싶다. 공부도 하기 싫고 일도 귀찮아 한다. 돈만 있으면 뭐든지 해결되는 풍요의 시대에 살고 있기 때문에 그럴까? 우리는 그저 투자든 투기든 돈이나 벌어서 편하게 살고 싶고 마냥 놀고 싶어 한다. 이런 행동이나 마음가짐은 '선'이 아니라, '악'이 된다는 것도 알고 있다. 결국, 우리는 '악'이라는 것을 알면서도 우리의 본능이 이성을 이겨 버리게 방치하는 경우가 허다하다. 이런 경우가 우리가 살아가는 세상을 지배해 버리면 세상은 어떻게 될까?

"정의는 결국 승리하게 되어 있다."

정의가 결국 승리하지 않으면, 우리 사회는 파멸의 길로 갈 수밖에 없다. 정의를 행하지 않는 무리들도 결국은 모두가 손해 보는 정의 없는 사회를 원하지 않는다. 단기적으로는 불의가 이길 수도 있다. 하지만, 장기적으로는 결국은 정의가 승리할 수밖에 없다.

모두가 일하지 않고 놀기만 하고, 모두가 투자하지 않고 투기만을 하고, 모두가 서로 죽이고 밟아 버리고, 서로 것을 뺏고, 서로 무시하고, 서로 인정하지 않고, 진실을 거짓이라 하고, 거짓을 진실이라 하면 우리의 문명은 결국 무너져 버린다.

세상은 때때로 우리를 속인다. 하지만, 결국 그 속임수는 들통이 난다. 그 속임수가 영원히 지속할 때 사회는 무너져 버린다. 사람들은 시간이 지나고 나서야 그것이 진실이 아니라 속임수라는 것을 깨닫고 후회를 하고 반성하고 고통 속에서 몸부림친다. 하지만, 우리는 여기서 솔직해져야 한다. 우리는 정말 진실을 몰랐을까?

고도화된 문명 속에서 진실과 거짓을 구분하기는 정말 쉽지 않은 일이다. 하지만, 어떤 것이 '선'한 행위며 어떤 것이 '악'한 행위인지 우리는 누가 가르쳐 주지 않아도 직관적으로 알고 있다. 사실은, 거짓인 줄 알고, '악'이라는 것을 알고 있으면서도 우리는 그저 모르는 척 보고 싶은 것만 보려 하고, 듣고 싶은 것만 듣고, 하고 싶은 것만 한 것은 아닐까? 이성과 본능이 분리될 수 없는 것이 우리의 한계이다. 어떤 것이 참인지 거짓인지 우리는 알고 있으면서도 본능의 유혹은 우리에게 너무나 달콤하게 다가온다. 단기간에 돈을 벌고 싶은 욕망, 단기간에 더 많이 벌고 싶은 욕망은 우리를 파멸에 이르게 한다. 그리고 당연히 파멸해야 한다. 모두가 단기간에 돈을 벌고 그 뒤로는 평생 즐기면서 산다는 것은 우리 사회의 '악'이기 때문이다.

"정의는 결국 승리한다. 지금 당장은 좀 아닌 것 같지만……."

이 말은 "투자는 결국 승리한다. 지금 당장은 투기가 좋은 것 같지만……."과 같은 의미로 해석할 수 있다. 사회가 투기판이 되면 결국 우리 사회는 붕괴한다. 정의를 따르고, 불의를 거부하는 것은 우리가 직관적으로 알아차릴 수 있다. 우리 개미투자자는 이것을 투자와 투기를 구분하는 기준으로 삼아야 한다. 공부해서 투기와 투자를 이해하기란 우리 개미에겐 너무 벅차기 때문이다. 세상은 진실이 거짓이 될 수도 있고, 거짓이 진실이 될 수도 있기 때문이다. 이와 마찬가지로 투자가 투기가 될 수 있고, 투기가 투자될 수 있는 곳이 바로 증권시장이다.

"대중 언론매체는 진실을 말하는가?"

대부분의 우리는 투자할 때 언론매체를 참고한다. 투자를 스스로 할 수 있을 만큼의 철학을 만들고자 공부할 수 있는 개미가 많지 않기 때문이다. 투자에 대한 철학과 전문지식이 있으면 그것은 개미가 아니라 전문가다. 여기서 대중 언론매체의 TV, 라디오, 신문이나 기타 인터넷 매체를 대한 우리의 태도에 대해서 생각해 보자. 투자를 할 때 대중매체에 대한 철학을 가지는 것은 투자의 기본 중 기본이다. 언론은 때론 우리에게 진실을 거짓이라 하고 거짓을 진실이라 하기 때문이다. 세상의 진실과 거짓을 판단하지 못하는 우리는 과연 투자에 성공할 수 있을까?

"언론 또한 하나의 영리기업일 뿐이다."

우리가 언론을 대하면서 종종 간과하는 사실은 언론매체 또한 다른 형태의 기업집단일 뿐이라는 사실이다. 기업의 존재 목적은 이윤추구에 있으며 언론매체 또한 이익이나 사업성이 동반되지 않으면 필연적으로 망해 버린다. 언론매체의 영업이익은 광고수입과 중계료로 이루어진다. 이런 이유로 광고를 비싼 가격에 팔려고 각종 언론매체는 높은 시청률이나 높은 청취율 또는 높은 구독률에 목숨 걸 수밖에 없다. 언론이 바른말을 하고 진실을 보여주기 위해 노력하는 것은 그들이 선한 집단이 아니라, 그것을 소비하는 우리가 진실을 듣고 싶어 하기 때문이다.

뉴스를 실제 사건이 아닌 '거짓'을 이야기하면 그것을 보는 시청자들의 항의와 구박을 면할 길이 없다. 정치사건을 보도할 때 공정하지 못하고 한쪽 편만을 들게 되면 다른 편에게 구박을 면할 길이 없다. 결국, 언론이 최대한 공정하게 방송하려는 의도는 다분히 '선'을 위해서가 아니라, 그들의 '목적'(이윤추구) 때문이다. 그들의 목적은 인기 있는 방송을 하는 것이다. 대중매체는 말 그대로 대중의 사랑을 받아야 한다. 그래야, 대중매체의 광고 수입도 짭짤하고 중계료도 비싸게 받을 수 있다.

이 말을 바꾸어 말하면, 언론은 우리가 모두 듣고 싶어 하는 것, 우리가 모두 보고 싶어 하는 것을 들려주고 보여 준다는 것이다. 시청률과 청취율, 구독률에 목숨 거는 언론이 도대체 왜? 우리가 듣고 싶어 하는 것을 안 들려 주고 우리가 보고 싶어 하는 것을 안 보여 주겠는가?

여기서 진실은 왜곡된다. 진실은 거짓이 되고, 거짓은 진실이 된다. 대중이 바라는 미래는 진실이 되고, 대중이 바라지 않는 미래는 거짓이 되어 버린다.

이런 상황에서 투자자인 우리는 심각한 위험에 빠진다. 주가가 상승기에 있을 때, 언론은 너나 할 것 없이 장밋빛 미래와 긍정적인 뉴스와 보도를 내보낸다. 또한, 주가가 하락기에 있을 때는 언론은 너나 할 것 없이 비관적인 미래와 절망적인 뉴스와 보도를 내보낸다. 대중매체는 적당히 축구나 야구 같은 스포츠를 중계하듯이 시장의 상황을 중계한다. 주가가 상승할 때는 상승의 이유를 말한다. 주가가 하락할 때는 하락의 이유를 말한다. 간혹 전문가를 동원해 시장의 현재 상황과 전망을 말하기도 하지만, 우리가 여기서 알아야 할 것은 '전망은 해당 언론의 입장이 아니라는 것'이다. 그 전망을 하는 개인의 입장으로 압축된다. 그러므로 전망이 틀리면 그만이고 맞으면 맞는 대로 좋은 것이다.

"대중매체는 여론을 따를 수밖에 없다."

대중매체란 말 그대로 대중의 지지를 받아야 하며, 언론은 여론을 따를 수밖에 없다. 날카로운 비판과 신랄한 독설 또한 대중의 지지가 있어야만 빛을 발휘하는 것이다.

"대중매체의 진실이란 대중이 원하는 진실이다."

한마디로 있는 그대로의 진실은 없다. 그렇다고 대중매체를 싸잡아

'다 거짓말'이라고 하기도 좀 그렇다. 이 중에서 간혹 진실도 있기 때문이다. 진실은 거짓이 되고, 거짓은 진실이 되는 것 이것이 대중매체의 실체이다. 언론이 대중을 선동하는 것인가? 대중이 언론을 조작하는 것인가? 우리는 진실을 구별할 수 있는가?

언론은 항상 대중의 눈치를 살핀다. 대중의 여론이 형성되면 맞장구를 치면서 대중을 선동한다. 이렇게 맞장구를 치면서 대중의 사랑을 받게 되는 것이다. 결국, 우리가 대중매체의 영향을 받아 투자하는 것은 날카로운 분석과 언론에 나오는 저명한 투자전문가의 의견을 반영한 투자가 아니라, 군중심리에 의한 '묻지마 투자'라는 사실을 인정해야 한다.

언론은 시장과 정확히 반대로 움직인다. 다수가 흥분하고 유동성이 정점으로 치닫는 주가의 꼭지 부분에서 최고 긍정의 뉴스를 보내고, 다수가 비관하고 유동성이 사라진 주가의 바닥부분에서 최고 비관의 뉴스를 한다. 하지만, 이것도 진실인지 아닌지 모른다. 그저 내 생각이라는 것이다. 다수가 흥분하고 유동성이 정점으로 치달을 때, 다수가 더 흥분하고 유동성을 더 끌어와 폭탄을 돌려 가면서 추가 상승을 이끌 수도 있다. 다수가 비관하고 유동성이 바닥인 부분에서 다수가 더 비관하고 더 많은 매도물량과 투매가 이어지면 시장은 한동안 더 하락할 수 있다. 모든 시장의 상황은 주체인 우리 인간에 의해서 능동적으로 변한다. 결국, 우리는 진실과 거짓을 구분하기 위해 진리를 생각해야 한다.

젊은 청춘의 눈에 비친,
투기를 부추기는 언론매체와 금융기관들

"정의는 결국 승리한다."

'정의가 승리하지 않으면 우리는 다 망하나니……' 여기서 '정의'는 투자를 말한다. 결국, 투자는 살고 투기는 망한다는 말이다.

"은행과 증권회사, 기타 금융기관은 우리에게 투자를 원하는가? 투기를 원하는가?"

언론이 대중의 사랑을 받으려고 얼마든지 진실을 왜곡하고 오도할 수 있지만, 그 뒤엔 진실을 왜곡하고 또 한 번 왜곡할 수 있는 더 큰 세력도 있다. 바로 금융기관으로 대표되는 은행과 증권사이다.

워런 버핏은 다음과 같이 말했다.

"여러분과 내가 직접 주식을 거래한다면, 거래로부터 수익을 챙기는 증권 중개인이 없어서 거래비용을 들이지 않을 수 있다. 그러나 실제 세계에서 투자자들은 종목을 자주 갈아타려는 성향이 있고, 어떤 특정 주식을 선정해야 할지 조언을 받아야 하기 때문에 비용 지출이 수반된다.

그들이 지급해야 할 비용은 다양하다. 나는 그 비용을 마찰비용(frictional cost)이라고 부르고자 한다. 이 비용에서는 시장 조성자에게 돌아가는 몫, 수수료, 판매 부가금, 관리비, 보관비, 서비스료, 세금, 금융 정보지 구독료 등이 있다. 이러한 비용들을 무시한 채로 투자에 뛰어들어서는 안 된다.

투자할 부동산을 평가하기 위해 수익을 계산할 때도 당연히 관리비를 따져 보는 것처럼 주식투자자들도 반드시 마찰비용을 고려해야 한다. 이러한 비용이 얼마나 될 것인가? 내 계산으로, 미국의 주식투자자들은 종목을 자주 갈아타고 주식 선정에 대해 조언을 받느라고 1년에 1천억 달러 이상(아마도 1,300억 달러)을 지급하고 있다. 그중에 1천억 달러는 〈포춘〉 선정 500대 기업과 관계된 비용일 것이다.

바꾸어 말하면 투자자들은 종목 갈아타기와 종목에 대한 조언을 주는 '조력자'에게 지급하는 비용으로 말미암아 〈포춘〉 선정 500대 기업이 벌어들이는 수익(1998년 기준 3,340억 달러)의 3분의 1 정도를 낭비하고 있다. 〈포춘〉 선정 500대 기업의 주식에 투자한 사람들은 10조 달러의 투자금으로부터 2,500억 달러도 되지 않는 수익을 올렸다. 너무 빈약한 수익이다.

나는 시사해설자가 "오늘 뉴욕 증권거래소에는 주식거래가 한 건도 이루어 지지 않았습니다. 모든 사람이 자신이 보유하는 주식에 만족했기 때문입니다."라고 말하는 만평을 본 적이 있다. 진정 그런 일이 일어난다면, 투자자들은 매년 1,300억 달러를 챙겨 갈 수 있을 것이다."[25]

중간 브로커의 수입은 위에 설명하듯이 〈포춘〉 선정 500대 기업이 벌어들이는 수익의 3분의 1 정도의 수입이다. 마찰비용이 얼마나 큰지 상상이나 할 수 있겠는가? 금융기관은 우리가 더 자주 그들에게 질문하고 상담하고 우리가 더 자주 매매할수록 큰돈을 번다. 그들은 우리가 투자하기를 원하지 않는다. 우리가 투기하기를 원하는 것이다.

은행과 증권회사는 무엇으로 돈을 버는가?

그들은 우리에게 투기를 부추겨야만 큰 수익을 낼 수 있는 구조로 되어 있다. 은행은 서민들에게 무리하게 대출을 강행하도록 유도하고, 저당 잡힌 담보물권을 싼값에 빨간 딱지를 붙이기를 원한다. 카드를 발급해서 우리가 현금 서비스를 남발하고 카드를 마구 마구 긁어 대길 원하고, 펀드도 마구 마구 갈아타길 원한다. 증권회사는 우리에게 매매회전을 강요한다. 날이면 날마다 추천종목을 올리고 호재니 악재니 떠들어대면서 금융전문가와 애널리스트를 동원해 전망을 수시로 바꾼다. 내일의 상승은 또 내일의 하락 전망의 빌미가 되고, 내일의 하락은 또 내일의 상승 전망의 빌미가 된다.

우리 보고 '눈 가리고 아웅~.' 하며 "투기는 안 됩니다, 투자를 하세요." 라고 말하면서 자체적으로 수익률 대회를 개최하고 거기서 일등은 단기간에 수익률 500%, 1,000% 같은 자극적인 문구를 만들어 내며 단기간에 떼돈을 벌 수 있을 것 같은 환상을 우리에게 심어준다.

자본주의 체제 안에서 가장 큰 권력을 가진 금융기관이 나서서 투기를 유도하고 조장한다면 우리는 투기에 동참하지 않을 수 있는가? 우리 개미들이 죽든지 말든지 중개 역할을 하는 은행과 증권사는 투기열풍이 불어야만 더 많은 이익을 취할 수 있다. 마치 강원랜드라는 도박장에 가면 도박꾼들은 다 망하고, 강원랜드만이 영원한 수익을 창출하는 구조와 같다.

"금융기관은 투기를 조장한다."

"대중매체는 여론을 진실로 만들어 버린다."

우리 개미들은 서럽다. 우리는 이길 수가 없다. 무엇이 진실이고 무엇이 거짓인가? 우리는 누구를 믿고 살아가야 하는가? 어쨌든 진실은 모르겠지만, 사실에 대해서 다시 한 번 생각해 보자. 이 사항의 사실은, 모든 개인과 기업들은 자신의 이익을 가지고 싸우고 있다는 것이다.

대중매체는 수익을 위해서 대중의 눈치를 보며 진실을 거짓이라 하고, 거짓을 진실이라 한다. 은행과 증권회사는 자신들의 이익을 위해 투기조장도 불사한다. 우리 개미는 개미대로 우리의 이익을 위해 온 힘을 다한다. 여기서 우리는 애덤 스미스의 《국부론》에서 말한 '보이지 않는 손'에 대해서 생각해 볼 필요가 있다.

"우리가 저녁식사를 할 수 있는 것은 푸줏간 주인, 양조장 주인, 빵 굽는 사람의 선의 때문이 아니라, 그들의 이기심 덕분이다. 우리는 그들의 이타심이 아니라 자기애에 호소해야 한다. 우리에게 무엇이 필요하다고 말하면 안 된다. 무엇이 그들에게 이익이 된다고 말해야 한다. 거지만이 동포 시민의 선행에 의존해 살아간다."

사회란 것은 이기주의 없이 형성되고 유지될 수 없다. 이는 성욕을 못 느끼는데 아이를 낳으라는 것, 식욕도 없는데 먹으려는 것과 같다. 다른 사람들이 사랑할 수 있는 용기는 나 자신을 사랑하는 데서 나온다. 우리가 쓸모 있는 존재가 될 수 있다면 그것은 서로 필요로 하기 때문이다. 상업은 인간이 영원히 서로 연결되어 있다는 사실을 토대로 한다. 인간이 서로 관계를 맺지 않는다면 예술도, 열 명이 모이는 작은 사회도 있을 수가 없다. 모든 동물은 자기애를 타고난다. 자신을 사랑함으로써 우리는 타인을 존중할 수 있다. 우리는 이 자기애를 법률을 통해 적절히 억누르고 종교를 통해 세련되게 다듬는다. 신이 존재 하나하나를 단독자로서 창조했다는 말은 참으로 옳다. 단독자인 모든 존재를 타자의 안녕에 관심을 두게 한다. 이런 이유로 상인은 자선을 베풀려고 인도로 떠나고, 석공은 자기 이웃에게 기쁨을 주려고 돌을 깎는다. 신은 저마다 다른 운명과 지위를 주었다. 신이 우리에게 준 본능을 저주하지 말자. 신이 명령한 대로 그 본능을 사용하자. [26]

결국은 우리 인간의 이기심에 의해 사회는 굴러 간다. 우리는 이토록 살벌한 세상에서 살아가는 것이다. 우리의 경제적 활동의 주체는, 우리의 이기심이 그 원동력이 된다. 이런 상황에서 우리는 우리의 투자를 남한테 맡길 수 있는가? 대중매체에 따르면서 매매할 수 있는가? 은행이나 증권사의 의견에 따라 매매할 수 있는가?

수많은 이익집단과 기업과 대중매체의 힘겨루기에서 진실은 거짓이 되고, 거짓은 진실이 되어 버린다. 우리는 절대로 구별할 수 없다. 이런 상황에서 우리는 어떻게 투자해야 하는가? 고민하고 또 고민해야 한다. 결국, 우리는 어떤 판단으로 투자의 결정을 내려야 할지……. 그것을 결정하지 못하면, 우리는 결국 진실과 거짓을 구별할 수 없는 세상 속에 내몰려 그저 이리 끌면 이리 끌려가고, 저리 끌면 저리 끌려가는 도살장 돼지의 신세가 될 수밖에 없는 우리는 '힘없는 돼지'가 될 뿐이다.

젊은 청춘,
위험요소의 진실을 보다

우리 개미에게 투자는 절망적이다. 우리에게 희망이 보이지 않는다.

투자는 이렇듯 어려운 것이다. 내가 보기엔 그렇다. 생업에 종사하는 개미들이 투자의 세계에서 승리하기엔 세상이 우릴 너무 속인다. 우리는 지성의 상아탑으로 쌓아진 고도화된 문명 앞에서 그저 주눅이 들 수밖에 없고 애덤 스미스의 '보이지 않는 손'을 통해 움직이는 세상 안에서 정신을 차리지 않으면, 우리를 위하는 척하면서 결국은 자기의 이기심에 움직이는 많은 권력기관과 세력 앞에 교묘하게 이용당할 수밖에 없다. 대중매체, 언론기관, 정치인, 외국인세력, 기관세력, 개별기업 등등은 자기의 이익을 위해 얼마나 치사하게 우리를 이용하는지 우리는 상상도 못한다. 우리는 사실 전부 다, 눈뜨고 코 베이고 있다.

무엇이 진실이고 거짓인지조차 우리는 판단할 수가 없다. 투자의 방법은 둘째로 치고서라도 어느 것이 진실이고 거짓인지 구분하는 것조차 불가능하다. 진실과 거짓을 구분하는 데만 해도 사회체제의 메커니즘을 이해해야 하는데 그것은 우리에게 상상을 초월하는 공부를 강요하기 때문이다. 각자의 생업에 종사하는 우리 개미가 언제 그 공부를 다 하는가? '아는 만큼 보인다.'라고 말하지만, 우리는 알기 위해 생업을 포기하고 공부에 전념해야 하는가?

이 때문에 투자의 세계에서 철학은 그토록 중요한 것이다. 눈에 보이는 건 있는 그대로의 사실이 아니다. 본질은 눈에 보이지 않는다. 우리는 진실을 보기 위한 철학이 필요하다. 사실마다 그 사실을 있는 그대로 보지 않고 스스로 재해석해야 한다.

"눈에 보이는 진실은, 있는 그대로의 진실이 아니다."

이런 세상은 우리 개미에게 어떤 투자의 고난을 주는가?

우리가 앞의 글에서 생각해 본 고난의 내용은 다음의 14가지에 대한 이야기였다.

1. 돈은 우리의 이성과 믿음 (돈 객관화의 결여. 돈의 상대성과 가변성)

2. 가치에 대한 철학 (가치의 기준은 사람마다 다르다. 가치의 주관성)

3. 인간 마음의 객관화 불가능 (시장의 주체인 우리의 감정을 숫자로 통계화시킬 수 없음)

4. 투자는 본질적으로 미래를 예측하는 일 (미래 예측의 불가능성)

5. 달러는 금 (세계무역의 토대는 불완전한 미국의 신용)

6. 1+1=2가 될 수 없는 안타까움 (돈의 불완전한 도량형)

7. 채무화폐의 본질 (금융기관은 신용으로 말미암아 가짜 돈을 찍어 낼 수 있음)

8. 경기변동의 허상 (경기변동도 인위적인 조작 가능)

9. 대중매체의 진실과 거짓 (대중이 원하는 전망을 보여줌)

10. 금융기관의 횡포 (우리에게 투기를 강요함)

11. '돈 님'에 대한 두려움, 우리의 욕심 등

12. 개별기업 분석의 어려움. 기술적 매매, 기본적 매매 방법 등

13. 일일이 다 말할 수 없는 외부요소, 즉 전쟁, 정치적 상황, 자연재해 등

14. 거시경제요소, 즉 환율, 유가, 원자재 가격 변동성 등

이런 세상과 맞서 우리는 과연 투자에 성공할 수 있을까? 우리 개미는 둘째 치고서더라도 어느 천재라는 전문가가 이런 시장과 맞서 싸워 이길 수 있단 말인가?

"시장에 맞서지 말고 시장에 대응하라."

우리는 이제야 이 말의 깊은 뜻을 알 수 있게 된다. 어느 사람이라도 시장과 싸워 이길 수는 없다. 어느 개인, 어느 전문가도 불가능하다. 증권시장이란 어떤 대상이 아니라, 우리의 삶이자 우리가 살아가는 세상 그 자체이다. 간혹 증권시장에서 큰 수익이 나고 잠깐 성공한다고 해도 그것은 증권시장을 이긴 것이 아니라, 눈칫밥이 늘어서 시장의 대세를 잘 따랐기 때문이다. 한순간이라도 눈치를 잘못 보게 되면 파산으로 이어진다.

시장을 대할 때, 투기보다는 투자를 해야 한다. 우리는 눈앞에 보이는 이익보다는 먼 미래를 봐야 하고, 혼자 잘 살기보다는 다 같이 잘 사는 방법을 찾아야 한다. 그것이 우리 사회가 나아가야 할 방향이고 우리가 모두 함께 살아가는 세상의 진리이기 때문이다. 당장 이익에 급급해서 혼자만 잘살겠다고 공동체를 파괴하면 결국 체제는 무너지게 되어 있다. 증권시장은 우리 모두의 삶의 터전이다. 우리나라 증권시장인 코스피가 망하

면 주식을 투자한 사람들만 망하는 것이 아니라, 대한민국이라는 공동체가 파괴된다.

"정의는 결국 승리한다. 지금 당장은 좀 아닌 것 같지만……."
"투자는 결국 승리한다. 지금 당장은 투기가 좋은 것 같지만……."

젊은 청춘,
투자의 방향을 잡게 되다

"우리는 어떻게 투자해야 하는가?"

이 물음에 답을 찾기 위해서는 이론이 아닌 현실투자의 세계에서 직접 투자하여 성공한 사람에게 투자의 방법을 들어야 한다. 그래야, 우리가 수긍할 수 있다. 실전투자의 세계에서 돈 못 번 사람의 투자비법이나 이론은 의미가 없기 때문이다. 우리는 여기서 투자의 지존 워런 버핏에 대해 이야기하지 않을 수 없다. 수많은 난관을 극복한 현존하는 최고의 투자자 워런 버핏을 빼놓고 투자 이야기를 하는 것은 의미가 없다.

나에게 투자세계는 너무나 암울하고 힘들고 고통스러웠지만, 내가 희망의 끈을 놓지 않았던 이유는, 내겐 살아 있는 투자의 전설이 있었기 때문이다. 힘없는 우리와 같은 개미가 살 길은 극단적인 말로 그분을 따르는 것뿐이다.

워런 버핏이 없었다면, 난 아직도 투자를 어떻게 해야 할지 감을 못 잡고 고통 속에서 방황하며 '세상은 사기야! 우린 시장을 이길 수 없어!'라는 불신감만 가득 차 있었을 것이다. 몸소 '돈은 이렇게 버는 거다.'라고 보여 준 증거 덕분으로 투자의 방향을 잡을 수 있었다.

"워런 버핏은 어떻게 앞의 14가지 난관을 이겨내고 승리할 수 있었을까?"

이 질문에 대해서 우리가 대답할 수 있다면, 우리는 절망적인 투자의 세계에서 '나침반'을 찾을 수 있다. 워런 버핏의 투자는 단순하고 간단하다고 말한다. 그의 투자는 쉽다고 한다. 하지만, 그렇게 투자하기 쉬우면 누구나 금방 부자가 되어야 한다. 현실은 얼마나 차가운가?

그의 투자방법이 쉬워 보이는 이유는 그가 워낙 쉽게 가르쳐 주기 때문이다. 그것은 그가 제대로 알고 있다는 말과 같다. 듣는 우리야 그가 제대로 가르쳐 주니 쉬워 보이지만 막상 그것을 실천하려면 상상을 초월하는 어려움에 봉착하게 된다.

어려운 것을 어렵게 가르쳐 주는 것은 자기도 잘 모른다는 것이다. 어려운 걸 쉽게 가르칠 수 있을 때 비로소 알고 있다고 한다. 배우는 처지에서 선생님을 따르는 이유는 어려운 것을 쉽게 배울 수 있다는 믿음 때문이 아닌가?

워런 버핏의 투자는 절대 쉽지 않다. 단지 쉽게 가르쳐 주는 것뿐이다. 또한, 그의 투자는 굉장한 일관성이 있다. 그래서 시시해 보이고 지루하게 보이기도 하지만, 결국 일관성 있는 평생의 행동이 워런 버핏이라는 인물의 투자철학이 얼마나 제대로 정립되었는지 새삼 깨닫게 해준다. 일관성 없는 투자방법은 투자철학이 없다는 것과 같지 않을까?

워런 버핏은 종종 자신이 부를 축적할 수 있었던 것은 노력한 만큼 보상을 받을 수 있는 부유한 국가에서 살았기 때문이라고 겸손하게 말한다. "나는 미국인으로 태어날 확률이 2퍼센트였고, 다른 나라에서 태어날 확률이 98%였다. 내가 만약 정글에서 태어났더라면, 어느 야수의 식사거리가 되었을지도 모른다. 그곳에서 내 재능은 전혀 쓸모가 없었을 것이다. 다행히도 나를 둘러싸는 이 거대한 사회 덕에 부자가 될 수 있었다. 또한, 내가 이 사회에 잘 적응한 결과이기도 하다."

이 말에서 워런 버핏의 어마어마한 스케일을 엿볼 수 있다. 그는 자신의 부의 성과를 말할 때, 투자기법이나 개별기업분석에 대해 이야기를 하지 않았다. 자기를 둘러싸는 거대한 사회 덕에 부자가 될 수 있었고 그 사회에 잘 적응했다고 했다. 이 말에 우리는 큰 의미를 부여해야 한다. 그는 개별기업의 이해와 투자비법보다는 사회와 자본주의 체제에 대한 이해가 탁월했다. 또한, 워런 버핏이 인간적 본성 투자의 자질에서 기본적으로 우리 개미를 뛰어넘는 자질은 뛰어난 지능지수가 아니라, '합리성'에 있다. 그는 이성과 감정을 조절할 수 있는 고난도의 합리성을 갖추고 있었다.

워런 버핏이 이야기하는 합리성의 예를 들어 보자.

"22년 전에 네브래스카 풋볼팀의 쿼터백을 지낸 사람의 맏아들을 내년에 그 팀의 쿼터백에 임명하는 건 결코 현명한 발상이 아닙니다. 2008년 올림픽 대표팀을 구성하면서 1976년에 올림픽에 참가한 선수들의 자녀 위주로 뽑겠다는 것도 마찬가지죠.
우리는 스포츠뿐 아니라 다른 어떤 분야에서도 능력주의를 신봉합니다. 국외 시장으로의 진출도 생산성 차원에서 보아야 합니다. 자원은 그 자원을 가장 효율적으로 사용할 수 있는 사람들의 손에 들어가야 합니다. 하지만, 그 자원을 이용하여 소기의 목적을 달성하고서는 다시 사회로 환원해야 한다는 점도 잊어서는 안 됩니다. 저는 신성한 태아가 따로 있다고 생

각지 않습니다. 자신의 남은 인생을 여유롭게 즐기려고 후계자를 지정할
권리는 누구에게도 없습니다." — 워런 버핏

　워런 버핏은 자신의 뛰어난 합리성과 자본주의 체제의 정확한 이해 때
문에 투자의 지존이 될 수 있었다. 하지만, 말이 쉽지 합리성을 갖추고 체
제에 대해 이해를 하는 건 보통 우리 개미의 영역이 아니다. 그는 종종 자
신의 삶에서 지대한 영향을 준 사람으로 자신의 아버지인 하워드 버핏과
스승인 벤저민 그레이엄을 뽑았다. 아버지는 증권회사를 운영했다. 이 때
문에 11살 때부터 아버지 회사에서 주식에 대해서 공부할 수 있었다. 또
한, 하워드 버핏은 나중에 하원의원이 되는데 증권회사 출신답게 해박한
경제지식을 가지고 수많은 일을 했다. 특별히 금본위제 부활을 위해 노력
했다.

　그는 〈커머셜 앤드 파이낸셜 크로니클〉(Commercial and Finacial Chronicle,
실업계와 재정계의 성서로 알려져 있는 영향력 있는 주간지)에 다음과 같은 글을 기고
했는데, 그의 타협하지 않는 성격을 잘 알 수 있다. "양당의 정치인들이
비록 표면적으로는 금본위제도의 부활을 옹호하는 것처럼 보이지만 실
제로는 반대하는 데 대해 경고를 보낸다. 또한, 계속된 인플레이션 덕분
에 부를 거머쥔 국내외 사람들도 그러한 안전 재산의 부활을 반대할 것
이다. 여러분은 그들의 저항에 현명하고 완강하게 맞설 준비를 해야 한
다. (중략) 전속력으로 질주하는 인플레이션, 전쟁, 노예제도를 여러분의
자녀와 국가에 물려주고 싶지 않다면 금본위제 부활을 역설하는 주장에
힘을 실어주어야 한다. 인간의 자유가 미국에서 부활하게 하고 싶다면 우
리는 금본위제 부활을 위한 전투에서 반드시 이겨야 한다. 이 문제, 즉 여

러분이 노동의 대가로 금을 획득할 수 있는 자유의 부활보다 더 중요한 당면 과제는 없다."

1948년 오마하의 실업자들을 대상으로 행한 연설에도 금융정책에 대한 일관된 입장을 드러낸다. "자유주의 국가에서 통화단위는 독립적으로 금 또는 은의 고정된 기반 위에 안정적으로 장착되어야 하고, 지폐를 보유하는 사람의 자유 선택에 따라 특정 무게의 금으로 상환될 수 있어야 합니다. 우리의 금융정책은 의회가 그렇게 강제할 때 비로소 질서가 잡힐 것입니다. 지폐가 금으로 상환될 수 있어야만 이러한 강제성이 빛을 발휘할 수 있음은 물론입니다."

금본위제의 부활을 위해 애쓰고 금본위제를 사수하려는 하원의원인 아버지에게 워런 버핏은 자본주의 체제에 대해서 얼마 많은 것을 배울 수 있었을까? 아버지는 아들인 워런 버핏에게 금본위제가 폐지된 채무화폐에서의 필연적인 '인플레이션'과 인위적인 통화량 조작 그리고 금이라는 최종 화폐가 사라졌을 때 금융기관의 무분별한 신용화폐 창조의 폐해 그리고 수많은 다른 문제점을 워런 버핏에게 가르쳐 주고, 서로 의견을 교환하였을 것이다.

워런 버핏은 1930년 8월 30일 날 태어난다. 하워드 버핏은 1930년의 대공황의 폭풍 속에서도 증권회사를 운영했다. 그때의 금융시스템은 지금의 금융시스템과 비교할 때 얼마나 후진적이었을까? 그때는 인터넷도 없던 시기였다. 연방은행(FRB)도 없이 사은행인 J.P. 모건은행이 중앙은행 역할을 하던 후진적인 금융시기였다. 그때의 금융시스템은 정해진 것 없이 항상 새롭게 만들어지고 다듬어지는 시기였다. 그런 격변의 시기를 뚫고 증권회사를 운영하며 나중에는 하원의원이 돼서 금본위제를 사수하는 아버지 밑에서 자란 영리한 워런 버핏은 아버지의 영향으로 금융시스템의 본질을 꿰뚫어 볼 수 있는 통찰력을 가질 수 있었을 것이다.

또한, 워런 버핏은 벤저민 그레이엄을 만나 자본주의 체제에 대한 이해를 바탕으로 개별기업분석 기법을 세련되게 다듬는다. 최선의 투자는 주식을 싸게 사는 것이다. 무조건 싸게 사라는 것이 요지다. 주식을 개별적으로 보지 말고 회사 통째의 소유권으로 보고 기업의 순자산 대비 주식의 가격을 평가하라는 '안전마진'의 개념을 배운다. 그 뒤로 필립 피셔를 만나면서부터 좋은 주식은 영구 보유해도 된다는 개념 또한 숙지하게 된다. 필립 피셔는 주식을 사람과 비유하면서 기업의 생명은 한계가 없다고 했다. 주식이 오른다고 주식을 매도하고, 안 오른 저가주를 매수하는 것은, 어렸을 때부터 공부도 잘하고 예의 바르고 착한 아이가 성공하면 이제 이 사람은 성공을 했으니 매력이 없고, 이제 공부 안 하고 게으르고 예의 없는 아이를 키워서 성공하게 해야 한다는 논리와 같다고 말했다. 생명의 한계가 없는 기업의 세계에서 경쟁의 우위를 차지한 기업은 무궁무진한 성공 가능성이 있다고 보았다.

그 외에 찰리 멍거라는 변호사 출신의 사업파트너에게 많은 영감을 받는다. 또한, 이루 말할 수 없는 많은 투자의 거장들로부터 워런 버핏은 끊임없이 배운다. 그는 합리성을 바탕으로 한 자본주의 체제의 이해와 수많은 기업분석 기법을 결합하여 투자지존의 자리를 차지하게 된다.

젊은 청춘,
워런 버핏의 실전투자법을 이야기하다

우리는 워런 버핏의 한 마디 한 마디를 새겨들을 필요가 있다.

1. 복리의 마술을 이용하라.
2. 장기투자를 해라.

이런 이야기는 사실 시시하고 지겨울 수 있다. 하지만, 복리투자와 장기투자의 위력과 이것의 진정한 의미에 대해 다시 생각해 보아야 하고, 우리가 평소에 생각하지 않았던 평범한 진실이 무엇인지도 생각해 볼 필요가 있다.

1970년대 금 1온스는 35달러였다. 그 뒤로 금본위제가 본격 폐지되었고, 2009년 10월 금 1온스는 1,000달러이다. 금은 40년 동안 거의 3,000%의 상승률을 보인다. 그러면 여기서 진실을 살펴보자. 금이 과거 40년 전보다 3,000%의 가치만큼 귀해진 것인가? 아니면 달러가 과잉 공급이 돼서 돈의 가치가 떨어진 것인가?

"금이 귀해져서 가격이 올라간 것인가? 돈이 많아져서 가격이 올라간 것인가?"

그러면 여기서 워런 버핏의 주요 포트폴리오로 알려진 상품에 대해서 생각해 보자. 코카콜라의 가격이 오르는 것은 콜라가 더 맛있어지고 귀해 졌기 때문인가? 아니면 돈의 가치가 점점 떨어지기 때문인가? 질레트의 면도기가 비싸지는 것은 면도기가 귀해졌기 때문인가? 아니면 돈의 가치 가 점점 떨어지기 때문인가? 시즈캔디가 비싸지는 것은 캔디가 귀해졌기 때문인가? 아니면 돈의 가치가 떨어지기 때문인가? 그 외의 수많은 버크 셔 해더웨이의 자회사들은 어쩌면 시시한 사업들을 즐비하게 가지고 있 다. 가구, 카펫, 아이스크림, 신발, 벽돌, 백과사전 등등 하지만 여기서 알 수 있는 것은 우리가 살아가면서 사용하지 않을 수 없는 생활필수품이나 우리가 선호하는 소비재 품목이라는 사실을 알 수 있다. 워런 버핏은 사 람들이 살아가면서 지속적으로 소비할 수 있는 상품을 좋아했다.

워런 버핏은 공개적으로 우리나라 대표기업인 POSCO에 투자했다. 왜? 그는 삼성전자가 아닌 POSCO를 선택했을까? '철 값이 계속 상승하 는 것은 철이 귀해졌기 때문인가? 아니면 돈의 가치가 점점 떨어지기 때 문인가?' 물론 시간이 지나갈수록 삼성전자의 전자제품이나 휴대전화기 의 가격 또한 상승할 것이다. 하지만, 삼성전자의 앞으로의 이익은 경쟁 기업의 기술에 따라 차이가 나겠지만, 철강은 인류가 살아가는 데 필요한 기초 산업이다. 인류가 존재하면 철을 사용하지 않을 수가 없다.

채무화폐 제도에서 인플레이션은 막을 수가 없다. 바꾸어 말하면 돈은 시간이 지나갈수록 필연적으로 가치가 하락한다. 물가는 점점 상승한다.

1970년대 이후 금값은 3,000%나 상승했다.

여기서 우리는 워런 버핏의 투자비법을 알 수 있다.

"채무화폐 제도 안에서 우리는 인플레이션을 적극적으로 활용해서 복리의 마술을 이용해야 한다."

콜라나 면도기나 맥주는 저절로 가격이 비싸진다. 현재의 체제는 가만히 있어도 돈이 점점 복리로 불어나기 때문이다. 특별한 기술개발이 없어도 저절로 가격이 올라가는 상품을 팔면서 영업이익을 만들어 낼 수만 있으면 그 이익은 단기적으로는 시시할 수 있다. 하지만, 장기적으로 복리의 마법을 이용하면 수익은 상상을 초월한다. 또한, 인플레이션을 이용한 투자는 실패가 있을 수 없다.

여기서 종합주가지수를 생각해 보자. "종합주가는 장기적으로 무조건 오른다."라는 말을 우리 개미들도 직관적으로 수긍하고 대부분 전문가 또한 말한다. 피상적으로 그 이유는 인류에 대한 믿음 때문이다. 인류는 과거보다 현재가 발전할 것이고, 우리의 열정과 지성의 능력으로 말미암아 과거의 잘못을 거울 삼아 항상 더 나은 미래가 있을 거라고 믿기 때문이다. 하지만, 장기적으로 보았을 때 '무조건' 주가지수가 올라갈 수밖에 없는 근본적인 이유가 있으니 그것은 우리의 체제 때문이다.

현재 채무화폐 제도 안에서 주가는 장기적으로 당연히 오를 수밖에 없다. 돈은 저절로 점점 많아지기 때문이다. 채무화폐 제도 안에서 시중에 점점 돈이 많아지면 그 돈은 결국 증시나 부동산으로 유입될 수밖에 없다. 주가가 장기적으로 상승할 수밖에 없다고 말하기 전에 눈에 보이는 땅값이 얼마나 오르는지 생각해 보면 쉽게 알 수 있다. 금값이 올라가듯이 주가도 오를 수밖에 없다.

3. 쉬운 기업에 투자하라.

4. 계란을 한 바구니에 담아라.

'쉬운 기업'이란 우리에게 환상과 기대를 하게 하는 기술산업이나 첨단산업이 아니라, 돈을 버는 구조가 눈에 뻔히 보이는 회사를 말한다. 이런 회사는 주로 의식주와 관련된 생활필수품 재화나 일반 소비재 회사가 많다. 의식주와 관련된 소비재 물품이기 때문에 인플레이션을 쉽게 이용할 수 있는 기업이다. POSCO는 철 만드는 회사, 고려아연은 아연 만드는 회사, 롯데칠성은 사이다 만드는 회사, 농심은 라면 만드는 회사. 코카콜라는 콜라 만드는 회사, 허쉬 초콜릿은 초코렛 만드는 회사 등 돈을 버는 구조가 뻔하고 현금흐름이 눈에 술술 들어오는 쉬운 기업을 말한다. 소비재 산업은 널리고 널렸다 하지만, 여기서 문제는 치열한 자유시장 경쟁을 통해 가격결정력을 가질 수 있는 브랜드 네임과 강력한 영업망과 유통망을 가진 회사가 세계적으로 손가락 안에 꼽을 만큼 적다는 것이다. 가격결정력을 가질 수 있어야만 인플레이션의 복리 효과를 가장 효과적으로 누릴 수 있기 때문이다.

물가가 오르는데도 치열한 자유 시장경쟁 때문에 가격을 올릴 수 없다면 그 기업은 곧 망하게 된다. 수많은 음료 시장 중에서도 코카콜라가 가진 독점력을 생각해 보자. 코카콜라가 천 원인데 다른 콜라가 1,200원에 판다고 생각해 보자. 소비자들은 비웃을 것이다. '가짜 콜라 주제에……' 라고 이런 브랜드 네임과 막강한 유통망을 바탕으로 독점적 상품을 가진 기업은 생각보다 많지 않다. 우리는 이런 기업을 찾았을 때 주저 없이 계란을 한 바구니에 담아야 한다.

더욱더 쉬운 이해를 위해 간단한 예를 들어 보자!

워런 버핏은 "10년 동안 보유할 주식이 아니면 당장 팔아 치워라."라고 말했다. 이 말은 채무화폐 제도의 필연적인 인플레이션을 이용할 수 없다면 투자는 무의미하다고 말한 것과 같다. 어차피 단기로 경쟁해서 이겨봐야 장기로 이기지 못한다면 인플레이션 때문에 재산을 지키기에 급급하다는 것이 아닐까?

"시간은 훌륭한 기업에는 친구가 되지만, 그렇지 않은 기업에는 적이 된다."― 워런 버핏

세기와 세대를 초월해 존재할 수 있는 기업, 이런 기업 종류의 산업은 대부분 '쉬운 기업'일 수밖에 없다. 인간의 기본적인 의식주를 책임지고 있고, 인간의 생활에 밀접한 영향을 미치는 소비재의 산업일 가능성이 크다. 기술은 계속 진보하고 그 기준과 표준은 언제든지 바뀌어 버릴 수 있기 때문이다.

마이크로소프트 회장 빌 게이츠가 인터넷 발전 탓에 우리 생활의 패턴 변화와 지식의 공유화 등 우리 전반적인 삶에 미치는 영향이 매우 크다고 역설했을 때 옆에 앉아 있던 워런 버핏은, "저는 10년이나 15년, 20년 후에 과연 비즈니스가 어떻게 전개될지 알고 싶습니다. 사실 획기적인 변화란 우리에게 그리 반가운 게 아니에요. 인터넷이 껌 씹는 방식까지 효율적으로 바꿔놓으리라고는 생각하지 않습니다. 빌의 생각은 다를지 모르지만, 인터넷이 코카콜라에 대한 선호도까지 바꾸지는 않을 것이며, 따라서 코카콜라의 인구 1인당 소비량은 점점 더 늘어날 것입니다. 또한,

'마하Ⅲ'가 출시되면서 사람들의 관심을 끌었던 것처럼, 인터넷이 간편한 면도를 선호하는 사람들의 취향까지 바꾸지는 못할 것입니다. 저는 이처럼 누구나 예측 가능한 세상을 기대합니다."와 같이 말했다.

누구나 예측 가능한 세상을 기대한다는 워런 버핏의 말과 실제로 그가 투자한 많은 예측 가능한 산업의 평범한 기업들에서 우리는 무엇을 깨달을 수 있는가? 그의 투자방법은 현재의 자본주의 체제 속의 채무화폐의 최대 폐해인 '인플레이션'을 적극적으로 활용하는 방법이다.

1977년 버핏이 〈포춘〉지에 기고한 다음 글을 참조해 보자.

"산술적 관점에서 얘기하자면 인플레이션은 지금까지 책정된 모든 세금보다도 가장 혹독한 형태로 우리에게 세금을 내라고 강요하고 있다. 이 '인플레이션 세금'은 화폐의 가치를 떨어뜨리는 놀라운 능력을 갖추고 있다. 5퍼센트 이자가 붙는 통장에 돈을 넣어 둔 사람에게는 인플레이션율이 0퍼센트인 기간의 이자수입에 대해 100퍼센트의 소득세를 내든, 인플레이션율이 5퍼센트인 기간에 소득세를 전혀 내지 않든 어느 경우이건 같은 결과가 온다."

버핏은 또 언제인가 이렇게 말한 적이 있다. "청춘과 물가 안정은 유지 가능한 것처럼 보이지만 절대로 되돌릴 수 없다."

기술주에 대한 워런 버핏의 관점은 이렇다. 1998년 버핏은 주주들에게 이렇게 말했다. "내가 교수라면 인터넷 기업의 주식가치가 얼마인지 학생들에게 물은 후 그 질문에 답을 내놓는 학생에게는 무조건 F 학점을 줄 것이다."

"미래는 가장 신뢰할 수 없는 가치 결정 요소다."

워런 버핏은 1999년의 연례보고서에 다음과 같이 썼다.

"사회적 관점에서 볼 때, 신기술 또는 첨단기술은 매우 유익한 것이다. 그런데 우리는 기업들이 10년, 20년 또는 30년 후 어디까지 어떻게 발전해 나갈 것인지 일반적인 방법으로 예측 가능한 기업을 찾으려고 노력하고 있다. 즉, 변화로부터 별로 영향을 받지 않는 기업을 찾고 있다. 투자자의 처지에서 볼 때, 변화는 기회와 비교하면 위험요소를 더 많이 내포하고 있다. 이는 오늘날 대부분 사람이 기업을 바라보는 관점과는 많이 다르다. 몇 가지 예외는 있겠지만, 우리는 보통 변화를 거듭하는 기업이 큰돈을 벌 수 있다고 생각하지는 않는다. 우리는 현재 우리에게 고수익을 안겨다 주는 기업들의 돈 버는 방법이 그대로 이어지고, 우리가 미래에 더 많은 돈을 벌 수 있도록 변화가 나타나지 않기를 희망한다."

마지막 구절에서 우리는 워런 버핏의 카리스마를 느낄 수 있다.

"우리가 미래에 더 많은 돈을 벌 수 있도록 변화가 나타나지 않기를 희망한다."

바꾸어 말하면 '변화 없이 그냥 저절로 돈을 더 벌 수 있는 게 좋다.'라는 의미이다. 이 말의 참된 뜻을 우리는 깨달을 수 있을까?

'열심히 사는 사람만이 경쟁에서 이길 수 있다.' 우리는 학창시절 매일 기본으로 밤 10시까지 야간 자율학습을 하고, 그것도 모자라서 밤 12시까지 학원에서 공부를 한다. 경쟁에서 뒤처지지 않으려고 열심히 산다. 어딜 가나 혁신하고 변화해야 잘살 수 있다고 배우면서 성장한다. 그런 우리에게 이 말은 그야말로 충격을 주는 말씀이 아닐 수 없다.

기술의 미래를 예측한다는 것, 미래의 기술개발의 흐름과 진보를 예측한다는 것은 통찰력이 필요하다. 또한, 아무리 공부한들 미래에 대한 예측은 어차피 맞아떨어지지도 않는 개인 인간의 한계를 뛰어넘는 일이다. 워런 버핏은 첨단산업이나 IT산업에 투자해 단기간 수익을 얻지 못하는 것이 아니라, 이런 종류의 산업은 장기적 관점에서 봤을 때 안정적으로 '인플레이션'을 이용할 수 없다고 생각했다. 하지만, 우리 개미는 인플레이션을 이용한 투자를 할 수 있을까?

"복리의 마법은 장기의 마법이다. 단기적으론 복리의 마법은 의미가 없다."

채무화폐 제도 안에서 가만히 있어도 돈은 저절로 늘어난다. 결국, 장기로 투자해 복리의 마법을 쓰면 돈은 기하급수적으로 늘어난다. 하지만, 여기서 문제는 인플레이션을 이용한 투자는 기본적으로 장기투자를 이용한다는 것이다. 우리 개미들의 문제점은 단기적으로 봤을 때, 이런 종류의 투자는 시시해 보인다는 것이다. 복리의 마법이라 불리는 이유는 복리의 효과가 초장기에는 아주 미미하게 나타난다는 것이다.

하지만, 기술주와 테마주 같은 경우에는 기대심리를 잘 타면 순식간에 몇십 퍼센트 심지어는 몇백 퍼센트까지 올라간다. 우리는 이 때문에 투기의 유혹에서 벗어나기가 어렵다. 하지만, 복리의 마법을 이용해 5년, 10년을 투자하면 수익률은 상상을 초월한다. 더구나 인플레이션을 이용한 복리투자는 위험이 거의 없다. 말 그대로 돈이 돈을 낳는 구조다.

여기서 솔직히 말해 보자. 우리 개미는 투자하면서 얼마 만에 떼돈을 벌기를 원하는가? 6개월? 1년? 2년? 3년?…… 10년? 만약 10년을 보고 투자를 할 수 있는 개미는 복리의 마법을 이용하면, 10년 뒤에는 정말 떼돈을 만질 수 있을 것이다. 복리의 마법은 1년이나 3년 만에 누릴 수 있는 것이 아니다. 최소 5년의 세월이 필요하다. 하지만, 우리는 정말 최소 5년 이상을 보고 투자를 하는가? 우리는 인플레이션을 이용해서 재산을 불릴 수 있는가? 아니면 인플레이션에 재산을 빼앗기는가?

버핏은 다음과 같은 글을 쓴 적이 있다.

"현명한 투자는 쉽다고는 말할 수 없지만, 그다지 복잡하지는 않다. 투자자에게 필요한 것은 투자하기 위해 선택한 기업들을 정확하게 평가하는 능력이다. '선택한'이란 말에 주목하자. 모든 기업에 관해서 전문가가 될 필요는 없다. 여러분의 역량 내에 있는 기업들만 평가할 수 있으면 된다. 역량이 어느 정도인지는 중요하지 않다. 그러나 그 경계선을 설정하는 것은 대단히 중요하다.

투자자로서 여러분의 목표는 무슨 일을 하는지 쉽게 이해할 수 있는 기업의 지분을 합리적인 가격에 사들이는 것이다. 단 그 기업은 지금부터 5년, 10년, 또는 20년 후에도 실질적으로 이익이 더 증가할 수 있는 기업이어야 한다. 하지만, 여러분은 이 기준에 맞는 기업이 그리 많지 않다는 것을 금방 알게 될 것이다. 그래서 이러한 기업을 찾을 때, 다량의 주식을 매수해야 한다. 자신이 정한 기준에서 벗어나려는 유혹에 빠져서는 안 된다. 10년 동안 보유할 주식이 아니라면, 10분간이라도 보유해서는 안 된다."

5. 주식을 사업투자 하듯이 하라.

"주식시장은 누군가 어리석은 짓을 하는지 확인하는 장소일 뿐이다. 나는 그저 사업에 투자하듯 주식에 투자하고 있다." ─ 워런 버핏

여기서 워런 버핏의 사업에 대해 생각해 보자. 그가 운영하는 투자 지수회사 버크셔 해더웨이는 처음에는 방직공장이었지만 현재는 보험회사로 탈바꿈했다. 어떤 사람들은 워런 버핏을 투자자로 생각하지 않고 보험회사 사장이기 때문에 일반 펀드매니저와는 다르다고 한다. 하지만, 결국 그는 보험금으로 투자하는 펀드매니저와 같다. 보험금으로 투자를 제대로 하지 못했다면 세계 최고부자가 될 수 없었다. 하지만, 그는 투자를 승리로 이끌었고 오늘날 투자지존으로 등극했다.

보험업은 금융업이다. 우리는 현재의 채무화폐 제도 안에서 은행과 금융업이 얼마나 무소불위의 권력을 휘두를 수 있는지 앞장에서 공부했다. 은행은 신용창조를 통해 가짜 돈을 찍어 낼 수 있고, 다른 기타 금융업들도 잔머리(?)만 잘 쓰면 얼마든지 신용을 창조해 낼 수 있다. 금융업은 신용창조보다 더 강력한 무위험 차익수익구조가 있다. 바로 인플레이션을 이용해서 차익을 챙기는 것이다.

인플레이션을 이용한 수익창출, 워런 버핏의 사업의 중심은 바로 보험업이다. 보험업은 일반적으로 앞으로 일어날 재난과 사고를 대비해 사람들이 공동으로 기금을 만든 다음 일정기간 동안 보험료를 내고 만기 때 돈을 찾아가는 것이다. 심지어 만기에 돈을 주지 않을 수도 있다.

여기서 간단히 한 가지 물어 보자. 현재의 3천만 원과 5년 뒤의 3천만 원의 가치 차이는? 우리는 두말할 것도 없이 직관적으로도 현재의 3천만 원이 가치가 크다는 것을 알 수 있다.

일정기간 보험료를 내고 만기 때 돈을 찾아간다는 조건이 붙어도 나중에 찾아갈 돈은 인플레이션 때문에 지금의 돈의 가치에 비할 바가 안 된다는 것이다. 또한, 보험업의 성격상 미래의 사고와 재난에 대비해 일정 금액을 적립하는 개인과 단체의 중간 해약률은 극히 드물다.

그래서 보험 계약자가 있으면 보험회사는 아직 들어오지 않은 돈을 가지고도 "앞으로 보험금이 계속 들어 올 것이다."라는 신용을 이용해 보험 만기까지 할인해서 당장 돈을 사용할 수 있다. 이런 보험회사의 구조는 중간의 보험기금을 보관·유지·관리하는 중개수수료를 뛰어넘어, 보험금을 제대로 투자할 수 있는 워런 버핏 같은 투자지존이 사장으로 있을 때 회사의 가치는 극대화된다.

적립된 보험금을 당장 투자할 수 있다. 그리고 아직 들어오지 않은 미래의 보험금도 현재의 가치로 할인하여 투자할 수 있다. 투자자인 워런 버핏에게 이렇게 안정적으로 자금을 유치할 수 있는 보험업이 얼마나 매력적으로 보였겠는가? 여기서 인플레이션을 이용한 워런 버핏의 무위험 차익 투자법을 알아 보자.

보험 계약자 입장 • 어떤 보험계약자가 있다. 이 사람은 매달 100만 원씩 적립하는 생명보험에 가입한다. 만기는 5년이다. 5년을 꾸준히 적립한다면 만기에는 원금에 5%의 이자를 쳐서 6,300만 원을 지급받기로 했다. 대신 중간에 해약하면 원금에서 손실을 보게 된다. 보험자는 생명보험을 들었으므로 혹시나 하는 알 수 없는 사고에 대비하기도 하였거니와 만기에는 보험금으로 적립한 돈을 다시 돌려받으면서 어느 정도의 이자까지 붙여주니 만족한다.

워런 버핏 · 보험계약이 들어 왔다. 만기는 매월 100만 원씩 5년이다. 워런 버핏은 보험증서를 담보로 잡고 6천만 원을 당장 할인해서 현금으로 만든다. 그리고 코카콜라나 질레트, 아이스크림의 주식에 투자한다. 인플레이션 때문에 물가는 계속 상승할 것이다. 기본적으로 물가상승률을 아주 안전하게 매년 3%로 잡는다. 코카콜라나 질레트, 아이스크림의 가격은 3%씩 상승할 수밖에 없다.

나는 5년 뒤 만기에 6,300만 원을 지급하면 된다. 물가상승률을 3%만 잡아도 6천만 원을 3% 복리로 5년 투자하면 하면 6,750만 원이다. 나는 중간에 거저 450만 원을 챙긴다. 또한, 코카콜라나 면도기, 아이스크림은 단지 가격만 상승하는 것이 아니라, 물건을 팔면서 영업이익을 만들어낸다. 대부분의 소비재 회사의 영업이익률은 투자율 대비 꾸준히 10%가 넘는다. 그러므로 나의 수익률은 복리로 물가상승률 3% + 기업이윤 α 또는 β % 이상이다. 그리고 장기적으로 주가는 상승할 수밖에 없다. 지금의 체제는 돈이 저절로 늘어나는 세상이기 때문이다.

나의 투자법에도 약점은 있다. 바로 경기침체로 말미암아 회사가 망하는 것이다. 그래서 난 망할 수 없는 기업에 투자한다. 난 유행을 타는 기업이 싫다. 우리 인류가 경기침체로 말미암아 얼마나 가난하면 코카콜라를 사 먹을 돈도 없을까? 면도할 돈도 없을까? 아이스크림을 살 돈도 없을까? 신발을 살 돈이 없을까? 난 두렵지 않다. 내가 망하면 이 체제가 같이 망하는 것이므로…….

이것을 보고 우리는 인플레이션을 이용한 진정한 차익거래라 할 수 있다. 워런 버핏은 철저하게 자본주의 체제의 본질을 꿰뚫었고, 체제의 폐해를 자기의 승리 기법으로 승화시켰다. 이런 놀라운 통찰력에 우리는 감탄을 자아내지 않을 수 없다. 나중에는 가치가 떨어질 돈을 미리 할인해서 신용을 창조하고, 결국 오를 수밖에 없는 물건을 사두는 것이다.

여기서 무위험 인플레이션 투자차익은 '떨어진 돈의 가치 + 오를 물건의 가치 + 물건을 팔았을 때의 영업이익 + 주가상승률'이다. 그리고 위험이 거의 없는 이러한 무위험 차익거래가 복리의 마술로 극대화된다.

이 차익거래를 보면 워런 버핏이 어떻게 연 20%로 경이적인 복리의 마법을 이용할 수 있는지 알 수 있다. 떨어지는 돈의 가치 연 3%, 물가가 오를 가치 연 3%, 영업이율 연 10%, 주가상승률 α 또는 β%로 잡아도 연 20%의 수익은 보장된다.

이외에도 때론 개미들의 영역이 아닌 헐값에 자산이 많은 기업을 인수하기, 전환사채, 신주인수권 매수하기 등등 자금을 동원해 얼마든지 추가 이익을 창출할 수 있었다. 대부분 금융산업을 장악하는 워런 버핏에게 돈 벌기란 누워서 떡 먹기였을 것이다.

여기서 잠시 워런 버핏의 버크셔 해더웨이에 대해 파헤쳐 보자.

버핏이 버크셔를 인수한 지 30여 년이 지난 오늘날 버크셔는 전 세계 보험회사의 주주자본을 가장 많이 소유한 투자지주회사이며, 포춘 500대 기업 중 장부가치가 네 번째로 높은 회사가 되었다. 또한, 많은 주식과 채권, 현금 그리고 은 등을 보유한 보험의 제국이다. 게다가 수많은 사업체도 운용하고 있다. 버크셔는 거의 모든 카테고리에 포함되는 기업들을 운용하고 있다. 보험, 제과, 미디어, 제2금융권, 투자회사, 다목적 또는 복합 기업들이 버크셔라는 이름을 통해 전방위적으로 운영되고 있다. 버크셔는 혼성기업이다. 버크셔를 전형적인 방식으로 설명하자면 다음과 같다.

"버크셔는 손해보험과 상해보험을 제공하고, 잡지를 발행하며, 여타의 서비스를 제공하는 기업을 소유하는 투자지주회사이다." [27]

버크셔는 현재 세 개의 매우 길고 튼튼한 다리로 걸어가고 있다. 대규모 보험업체, 대규모 주식과 채권 포트폴리오, 그리고 소유와 경영을 완전히 장악한 운영사업체들이 그것이다. 그리고 이 거대한 집합체는 엄청난 현금을 계속해서 벌어들이고 있다. [28]

이 사업구조를 보면 보험업과 카드 그리고 제2금융권인 모기지 업체 등의 금융업을 중심으로 신용창조와 할인을 통해서 자금을 마련하여 인플레이션을 이용하고, 복리의 마법을 이용할 수 있는 산업과 기업에 투자한 것을 알 수 있다.

NBC 계열회사로 오마하에 소재한 채널 6의 WOWT-TV는 1993년 10월 14일 버핏과의 인터뷰를 방송한 적이 있다. 버핏에게 성공적인 투자자가 되는 방법이 무엇인지 물었을 때, 그는 망설임 없이 '시간이 지나면서 돈이 복리로 불어나기 때문에 오래 사는 것이 한 가지 방법'이라고 대답했다.

표2. 버크셔의 사업 세계

버크셔의 식품 세계

디아지오(술)
시즈캔디
앤호이저 부시(맥주)
인터내셔널 데리어 퀸
코카콜라

버크셔의 가구 세계

네브래스카 퍼니처 마트
스타 퍼니처
조던 퍼니처
코트 비즈니스 서비스
홈메이커 퍼니처
R. C. 윌리 홈퍼니싱

버크셔의 건축 세계

CTB 인터내셔널(농기구)
USG 코퍼레이션(벽제조)
마이텍
쇼 인더스트리스
존스 맨빌(자재산업)
클레이튼 홈즈(조립주택)

버크셔의 에너지 세계

미드 아메리칸 에너지
센터포인트 에너지
코노코 필립스
페트로차이나

버크셔의 항공 세계

넷제트
플라이트세이프티

버크셔의 금융과 보험 세계

• 가이코(GEICO; 자동차보험회사)
• 아메리칸 익스프레스(American Express; 신용카드와 여행자수표)
• 워스코(Wesco; 재보험)
• 제너럴 리(General re; 보험)
• 퍼스트 데이터
• 프레디 맥 (연방 주택금융회사)
• HCA (의료보험)
• M&T 뱅크 (대출은행)

버크셔의 제조업과 유통 세계

델코 레미 인터내셔널
(자동차부품제조 업체)
라슨줄(액자 제조)
맥레인 컴퍼니(식품류 도매 유통업)
벤자민 무어 앤드 컴퍼니(페인트 제조)
블루칩 스탬프
스콧 펫처
월마트
이스카 메탈워킹 컴퍼니
질레트
커비
코스트코
데스코
팸퍼드 셰프
포레스트 리버

버크셔의 미디어의 출판 세계

버벌로 뉴스
비즈니스 와이어
워싱턴 포스트
월드북
월트 디즈니
컴캐스트
타임워너

버크셔의 의류와 신발 세계

개런
나이키
덱스터 슈
러셀 코퍼레이션
저스틴 인더스트리스
페치헤이머
프루트 오버 더 룸
H. H. 브라운 슈

버크셔의 보석업과 기타 세계

H&R 블록
XTRA
무디스 던 앤드 브래드스트리트
벤 브리지 보석
보셰임
헬즈버그 다이아몬드 숍

"인플레이션"

그에게 인플레이션은 극복의 대상이 아니라, 적극적인 이용 대상이었다. 이제 우리는 투자의 지존 워런 버핏의 사업에 대한 철학을 아주 어렴풋이나마 알게 되었다. 그에게 실패는 있을 수가 없었다. 그는 체제의 본질을 꿰뚫고 있었다. 사업이나 투자의 수준이 아닌 체제 자체의 본질을 이용한 것이다.

6. 시황에 집착하지 마라.

대부분의 우리 개미들이나 전문가들은 전망이나 시황에 집착하고 항상 새로운 소식과 정보를 갈망한다. 하지만, 우리의 나침판이 될 수 있는 워런 버핏은 시황에 집착하지 않았다. 고급 정보마저도 귀찮다며 모든 금융전문가가 집합한 월스트리트에 있지도 않았다. 그는 혈혈단신으로 고향인 오마하에 내려와 혼자 집에서 투자했다.

월스트리트에 가서 고향으로 내려온 워런 버핏은 투자를 시작한 초창기에 이미 다음과 같은 사실을 깨달았다. 인터넷 데이트레이더부터 뮤추얼 펀드매니저들까지 오로지 관심사는 빨리 수익을 내는 것에 있다는 것을 알았다. 많은 사람이 장기투자에 대한 중요성을 강조하는 입에 발린 말을 하지만, 사실은 어떻게 하면 빨리 돈을 벌 수 있을까에 사로잡혀 있다.

"시황에 집착해서 투자할 때 과연 진짜 투자를 할 수 있는가?"

시황에 집착하면 단기적인 수익률을 따라다닐 수밖에 없다. 또한, 단기적인 투자를 하려면 케인스가 지적한 미인대회 투자법인 모멘텀 투자법을 이용할 수밖에 없고, 그것은 결국 투자를 가장한 투기의 행위밖에 되지 않는다. 또한, 인플레이션을 이용할 수가 없다. 결국은 투기가 된다.

시황에 집착하게 되면, 필연적으로 군중심리를 피할 수 없다. 또한, 이성과 본능 사이에서 갈등이 심화하면서 투자와 투기의 경계를 구분할 수 없게 된다. 투자도 투기가 되고, 투기가 투자되는 상황이 된다.

"시장이라는 존재가 안락감을 느낄 때는 호재만을 보게 된다. 반대로 의기소침해 있을 때는 오직 악재만을 보게 된다." ─ 워런 버핏

시장이 강세장에 들어서면 우리에겐 꿈과 희망이 싹트고 수많은 권력기관이 우리를 부추긴다. 언론매체들은 장밋빛 미래를 꿈꾸게 하고 증권사와 은행은 신용을 빌려주면서 돈을 권하고, 기관과 외국인도 자기들의 물량을 떠넘기려고 개미들을 부추긴다.

또한, 시황에 집착하는 것 자체가 경기변동에 따라 투자하는 것과 같다. 하지만, 우리는 앞장에서 경기변동은 실질적 경기변동과 달리 화폐적 경기변동 현상 때문에 얼마든지 인위적으로 통화량을 늘리고 줄임으로써 경기를 조작할 수 있다는 것을 알았다.

우리 개미는 경기변동을 이용해 투자하는 것이 불가능하다. 혹 어떤 개미는 한두 번 맞출 수 있다고 착각할 수 있지만, '경기가 좋아질 것이냐? 나빠질 것이냐?'의 50% 확률 찍기게임에서 그저 한두 번 맞춘 것뿐이다. 최고의 기관투자들과 외국인 투자들 또한 경기 선행지수와 동행지수, 후행지수를 분석해서 투자해도 다반사로 실패하는 곳이 주식시장이다. 우리는 어떤 자료에 의지해서 경기를 분석하고 시황을 분석하는가? TV, 신문, 라디오 등의 언론은 그저 우리가 보고 싶어 하는 전망을 보여

줄 뿐이다.

이런 기본적인 경기변동의 현상과 시황의 메커니즘을 꿰뚫는 워런 버핏은 시황 자체에 집착하지 않았다. 어쩌면 10년간 보유할 종목이 아니면 10분도 들고 있지 마라고 가르쳐 준 워런 버핏에게 시황분석이라는 단어 자체가 불필요할 것이다.

정리해보자. 워런 버핏의 '황금 나침반' 가르침은 다음과 같다.

1. 복리의 마술을 이용하라.
2. 장기투자를 해라.
3. 쉬운 기업에 투자하라.
4. 계란을 한 바구니에 담아라.
5. 주식을 사업투자 하듯이 하라.
6. 시황에 집착하지 마라.

우리는 이런 투자기법과 아이디어로 세계의 1등 부자가 된 워런 버핏의 말 한 마디 한 마디를 새겨듣고 그 말의 진정한 의미를 깊이 있게 사색해봐야 한다. 그럼, 우리에게는 절대 뛰어넘을 수 없는 14가지의 난관을 워런 버핏은 어떻게 뛰어넘었는지 한번 짚고 가보자.

1. 돈은 우리의 이성과 믿음 (돈의 객관화 결여. 돈의 상대성과 가변성)

워런 버핏은 금본위제가 폐지되고 채무화폐로 넘어가는 체제를 직접 경험했고, 워런 버핏의 아버지 하워드 버핏은 하원의원으로서 금본위제를 사수하기 위해 온 힘을 다했다. 이런 상황 속에서 워런 버핏은 돈이라는 것은 자본주의 체제에서 하나의 수단이라고 생각하며 체제에 대한 통찰력을 가졌을 것이다.

2. 가치에 대한 철학 (가치의 기준은 사람마다 다르다. 가치의 주관성)

워런 버핏의 가치에 대한 철학은 확고했다. 주로 인플레이션의 도움을 받을 수 있는 막강한 브랜드 네임과 유통망을 가진 우리가 보기엔 약간 시시한 생활 소비재 산업을 중심으로 투자했다. 그는 경기변동산업이나 첨단기술주에는 투자하지 않았다.

3. 인간 마음의 객관화 불가능 (시장의 주체인 우리의 감정을 숫자로 통계화 시킬 수 없음)

모멘텀 투자를 하지 않는 워런 버핏은 시황 자체에 집착하지 않았기 때문에 군중의 심리 자체에 아예 관심이 없었다. 시장의 변동성을 조울증 걸린 Mr.마켓으로 치부해 버렸다.

4. 투자는 본질적으로 미래를 예측하는 일 (미래 예측의 불가능성)

워런 버핏은 미래를 아예 예측하려 하지 않았다. 그는 10년이나 20년이나 한결같은 사업을 할 수 있는 산업에만 투자했다. 1998년 버핏은 주주들에게 이렇게 말했다.

"내가 교수라면 인터넷 기업의 주식가치가 얼마인지 학생들에게 물은 후 그 질문에 답을 내놓는 학생에게는 무조건 F 학점을 줄 것이다."

5. 달러는 금 (세계무역의 토대는 불완전한 미국의 신용)

워런 버핏은 자본주의 체제의 본질을 알고 있었으며, 달러의 가치를 평가하는 방법에 능했다. 최근 버크셔가 미국이 아닌 여러 국외기업에 투자하는 이유는 달라 가치하락을 헤지하는 차원이라고 여러 차례 말했다.

6. 1 + 1 = 2가 될 수 없는 안타까움 (돈의 불안전한 도량형, '돈의 숫자'의 객관성 결여)

대다수 투자자와는 달리 버핏은 데이터 마이닝(data mining; 정확히 수치화하기 어려운 데이터 간의 연관성을 찾아내는 일)에 대해서는 크게 신뢰하지 않는다. 누구라도 데이터를 조작하여 건전한 투자처럼 보이게 하거나, 과대평가된 주식이 싼값에 나온 것처럼 오판하게 할 수 있다고 생각하기 때문이다. 예를 들면, 수익률 예측에 관한 단 하나의 가정만 변경해도 25달러짜리 주식을 100달러 이상의 가치가 있는 주식으로 아주 간단히 바꿀 수 있다는 것이다. [29]

7. 채무화폐의 본질 (금융기관은 신용으로 말미암아 가짜 돈을 찍어 낼 수 있음)

워런 버핏은 버크셔 해더웨이 자체를 금융업으로 만듦으로써 신용을 창조하여 마음껏 투자했다.

8. 경기변동의 허상 (경기변동도 인위적인 조작 가능)

경기변동에 관심이 없었다. 경기변동을 조울증에 걸린 Mr.마켓으로 치부해 버린다.

9. 대중매체의 진실과 거짓 (대중이 원하는 전망을 보여줌)

워런 버핏은 대중의 광기와 군중심리에 휘둘리지 않으려고 일부러 월 스트리트를 버리고 고향에 혈혈단신으로 내려와 투자했다.

10. 금융기관의 횡포 (우리에게 투기를 강요함)

시황에 관심이 없는 워런 버핏은 금융기관의 투기의 부추김에 추호도 흔들림이 없었다. 또한, 버크셔 해더웨이 자체가 금융업이며 금융기관이다.

11. '돈 님'에 대한 두려움, 우리의 욕심 등

세계 최고의 부자지만 워런 버핏은 우리가 모두가 아는 바와 같이 검소한 생활을 하고 있다. 또한, 대부분 재산을 사회에 환원했다. 그가 돈을 두려워할까?

소유와 성공, 그리고 인생의 가치에 대해 버핏은 앨버트 아인슈타인의 신조를 따르고 있다. "소유물, 외형적인 성공, 명성, 사치품 등은 항상 나에게 경멸할 만한 것이었다. 나는 단순하고도 겸손한 삶의 자세가 모든 이들에게 신체와 정신 모두를 위한 제일 나은 방법이라고 굳게 믿는다. [30]

12. 개별기업의 분석의 어려움, 기술적 매매, 기본적 매매 방법 등

모멘텀 투자인 기술적 분석에는 관심을 두지 않았고, 기본적 분석으로는 인플레이션을 이용할 수 있는 소비제품을 중심으로 막강한 브랜드 네임과 유통망 그리고 영업이익이 꾸준히 증가하고, 부채가 없는 기업을 선택했다.

13. 일일이 다 말할 수 없는 외부요소, 즉 전쟁, 정치적 상황, 자연재해 등

자연재해는 워런 버핏도 어쩔 수 없을 것이다. 특히나 보험업이 중심인 워런 버핏은 9·11 테러 때 심각한 손해를 입었지만 슬기롭게 대처해 나갔다.

14. 거시경제요소, 즉 환율, 유가, 원자재 가격 변동성 등

그밖에 알 수 없는 수많은 요소에 대처해서 그는 기술주나 유행을 타는 산업을 피했고, 체제 자체를 이용한 인플레이션을 이용할 수 있는 산업과 기업을 선택함으로써 최대한 위험을 피하고자 했다.

"찰리 멍거와 나는 사업상의 난해한 문제를 해결하는 방법을 배우지 못했다. 우리가 배운 것은 그러한 문제를 피하는 것이다. 우리가 이 정도의 성공을 거둘 수 있었던 것은 2미터짜리 장애물을 뛰어넘는 능력을 갖췄기 때문이 아니라, 손쉽게 넘을 수 있는 30센티미터짜리 장애물 경기에 집중했기 때문이다."

우리 개미는 이제는 알 것 같다. 투자의 지존 워런 버핏이 전쟁터 같은 주식시장에서 얼마나 확고한 철학과 자기의 신념으로 버텨오면서 살아왔는지…. 그의 어마어마한 독서량과 여기서 생긴 체제에 대한 이해와 철학 그리고 세상의 거짓과 진실을 구별하는 지적능력, 그리고 그의 고독한 사색이 느껴진다. 수많은 사람의 피 같은 돈을 투자하면서 그가 정한 투자원칙을 한번 보자.

"첫째 원칙, 원금을 절대로 잃지 않는다."

"둘째 원칙, 첫째 원칙을 지킨다."

이것을 완성하기 위해 그가 쌓아 올린 수많은 돌의 무게가 느껴진다. 우리는 지금껏 14가지 난관을 어떻게 극복할지 함께 이야기해 보았다. 이제는 투자에 대해 조금은 알 것 같다. 하지만, 또다시 뭔가 모를 허탈함이 밀려든다. 우리는 14가지 난관을 풀어가면서 함께 느낄 수 있었다. 투자라는 것은 이토록 호락호락하지 않다는 것을 말이다.

호락호락하지 않은 정도가 아니라 눈물이 난다. '아~, 주식투자라는 것이 이토록 많은 것을 생각해야 하는 것이었나?' 하고 말이다.

단순히 차트를 보거나 개별기업을 분석하는 것만으로는 우리는 아무것도 할 수 없다. 세상의 모든 것을 하나하나 분리해서 모든 것을 다시 합쳐야만 투자라는 것을 할 수 있다. 증권시장은 단지 시장으로서 존재하는 것이 아니라, 우리가 살아가는 자본주의의 터전이기 때문이다.

'차트를 보는 것 + 개별기업 상품을 살피는 것 + 기업 재무제표를 살피는 것 + 시중 경기에 대한 철학 + 돈에 대한 철학 + 가치에 대한 철학' 등등 우리의 머릿속은 점점 더 복잡해지는 듯하다.

우리는 이제야, 어째서 재무제표를 확실히 이해하는 회계사들이나 경제학자들이 투자에 실패하게 되는지 알게 된다. 투자는 나무가 빽빽해서 길이 잘 보이지 않은 숲 속에서 나아갈 길을 개척해가는 것과 유사하다. 이것을 헤쳐나가려면 숲을 보고 다시 나무를 보고 길을 찾아야 한다. 나무만 봐서는 전체 나있는 길을 찾을 수도 볼 수도 없다.

숲을 보고 다시 나무를 보고 그곳에서 다시 길을 찾아가고…, 이런 과정을 끊임없이 반복한다. 이것이 우리 개미가 걸어가야 할 길이다. 이것이 바로 투자의 진실이고 투자의 현실이다.

우리는 14가지 난관을 이겨내며, 투자의 지존 워런 버핏이 체제를 완벽하게 이해하고 인플레이션을 이용해서 어떻게 수익을 냈는지 확실하게 알아봤다.

"우리는 승리의 방법을 이제는 알고 있다."

하지만, 우리는 여기서 또 고민이 생긴다. 복리의 마법을 이용하려면 장기간의 시간이 필요하기 때문이다. 우리는 승리의 방법을 이제는 알고 있다. 우리가 살길은 인플레이션을 이용할 수 있는 기업을 찾는 것이다. 우리는 과연 5년이나 10년을 보면서 투자할 수 있는가?

우리는 어떻게 투자해야 하는가?

우리는 황금 나침판을 찾았다. 하지만, 당장 '돈 님'의 마력이 우리를 끊임없이 유혹할 것이다. 그 유혹을 이기기 위해서, 우리의 본능을 억누르고 이성을 지키려고 우리는 끊임없이 공부하고 사색하고 자신의 투자 원칙과 투자철학에 대해서 생각해야 한다. 우리는 인플레이션을 이용해서 우리의 재산을 늘릴 수 있는가? 아니면 인플레이션 때문에 우리의 재산을 야금야금 강탈당할 것인가?

"우리는 어떻게 투자해야 하는가?"
"어떻게 투자해야 성공할 수 있는가?"

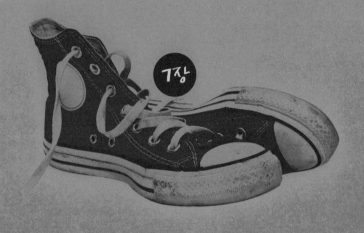

7장

젊은 청춘, 기술적·기본적
분 석 을 말 하 다

젊은 청춘, 기술적 분석의 철학을 논하다　·　젊은 청춘, 기술적 분석
을 말하다　·　젊은 청춘, 기본적 분석의 철학을 논하다　·　젊은 청춘,
기본적 분석을 말하다　·　젊은 청춘, 그레이엄의 투자방식을 말하다

여기에서는 개미들이 주식투자를 할 때 주로 사용하는 매매방법과 기술의 핵심이 되는 기술적 분석과 기본적 분석에 대해서 다시금 생각해 보는 시간을 갖게 된다.

"개미들이여 공부해라! 그러면 부자가 될 수 있다."

우리 개미들에게 전문가들은 자꾸 구박을 한다. 그리고 우리 보고 자꾸 바보라고 한다. 우리가 아무것도 모르고 투자하기 때문에 실패하는 것이 당연하다고 하며 공부하면 큰 부자가 될 수 있다고 한다. 하지만, 과연 그 전문가들은 부자가 되었는가?
그들의 방법이나 기술, 비법은 과연 효과가 있는가?
우리는 어떤 공부를 해서 어떤 방법과 기술을 배우고 익혀야 하는가?
전문가들은 각각 기술적 분석과 기본적 분석을 이용하면 금방 부자가 될 것처럼, 우리에게 환상을 갖게 하지만, 현실은 그리 호락호락하지 않다는 것을 우리는 알고 있다.
이제는 무작정 기술적 분석이나 기본적 분석을 배우기보다는 이런 방법과 기술에 대한 비판적인 사고를 하고, 우리가 진정 어떤 진실을 봐야 승자가 될 수 있는지를 생각해 보아야 할 때다.

젊은 청춘,
기술적 분석의 철학을 논하다

"가장 소중한 것은 쉽게 눈에 보이지 않는 법이다."

우리는 살아가면서 누구나 이 말에 동의한다. 하지만, 우리는 종종 진실을 잊어 버리고 눈앞의 이익만을 좇고 당장의 아름다움만 취하려고 한다. 우리 개미가 기술적 분석에 집착하는 가장 큰 이유는 눈에 쉽게 보이기 때문이다.

우리는 앞장에서 투자라는 것이 얼마나 많은 공부가 필요한지 깨닫게 되었다. 증권투자가 쉽다고 하는 사람은 '나는 아무것도 모른다.'라고 말하는 것과 같다. 진실과 거짓, 그리고 거짓과 진실을 제대로 보려고 하지만, 세상은 너무나 복잡하게 구성되어 있어 언제나 어려움이 따른다.

일반 우리 개미는 맡은 일에 최선을 다하면서 살아가면 그뿐이다. 하지만, 우리 개미들이 투자에 뛰어드는 순간, 상황은 달라진다. 우리는 전체를 볼 줄 알아야 하며, 그 전체를 바탕으로 투자대상을 이해해야 하고, 미래를 예측해야 한다. 그것이 투자이기 때문에 그렇다.

주식투자에서 수익의 본질에 대해 워런 버핏의 의견은 이러하다.

1999년 버핏은 비즈니스 리더들이 모인 비공식적인 자리에서 이렇게 말했다.

"전반적으로 투자자들은 기업이 벌어들이는 수익 이외에는 그 기업으로부터 얻는 것이 아무것도 없다는 것을 명심해야 한다. 그러나 지나치게 자주 주식을 사고파는 투자자들은 종종 이러한 사실을 무시하고 있다."

우리가 증권투자를 할 때 매수하는 주식이라는 유가증권은 회사의 주주가 되는 동시에 회사의 이익을 나누어 가질 수 있는 권리 증서이다. 물론 사실 우리는 이러한 사실을 종종 잊어먹는다. 그것보다는 매수한 주식이 얼마나 오르고 떨어지냐에 관심이 집중된다.

사실 이러한 행동은 투자를 가장한 투기의 행동이다. 우리가 세상의 진실과 거짓을 구별하는 데는 수많은 공부와 통찰력이 필요하지만, '선'과 '악'은 직관적으로 파악할 수 있다. 단기간에 빨리 돈 벌고자 하는 행동은 분명이 '악'이 된다. 우리는 나쁜 행동이며 바람직하지 않은 태도라는 것을 알면서도 인간의 본성인 '빨리 돈 벌고 싶다.'에 이끌려 투자를 가장한 투기를 하고 있다.

흔히 우리가 말하는 기술적 분석이라는 것은 차트분석이며, 우리 개미가 주식매매를 할 때 주로 사용하는 방법이다. 우리가 주로 개별종목을 분석할 때 쓰이는 차트에서 중요한 정보는 두 가지이다. 과거의 주식가격과 거래량, 이 두 가지가 차트의 전부다.

여러 가지 현란한 보조지표가 차트 창에 즐비하게 붙어 있지만, 결국은 보조지표라는 것은 과거의 주식가격과 거래량을 약간 다르게 표현한 것에 불과하다.

주식차트를 보면 삼성전자나 현대차, 현대중공업을 분석하는 방법은 같다. 이평선과 거래량, 매물대, 다른 보조지표 등 과거의 가격을 바탕으로 미래의 가격을 과학적이고 합리적으로 분석하는 것 같지만 사실은 다 그냥 동물적 감각에 의존하는 것이다. 내일의 가격이 오를지 떨어질지의 확률은 어차피 50%이기 때문이다.

상식적으로 삼성전자와 현대차, 현대중공업과 같이 완전히 다른 산업에 종사하고 있는 회사를 같은 방법으로 분석하는 게 말이나 될 소린가?

과거의 가격과 과거의 거래량만으로 상장 기업의 미래 가격을 예측한다는 것은 손바닥으로 하늘을 가리는 것과 같다. 그저 우리는 진실을 외면하고 거짓을 진실이라 믿고 싶은 것이다. 과거에 가격이 이렇게 됐었으니까 지금은 저점이고 이 정도에서 반등했으니 이곳의 가격은 심리적 지지선이고 과거에 이곳의 가격에서 계속해서 고점 돌파에 실패했으니 이곳이 심리적 저항선이고…. 우리가 흔히 차트에 나타나있는 5일선이니 20일선이나 하는 이평선은 그저 가격의 종가를 5일, 20일로 평균해서 나타난 것에 불과하다. 그것으로 무엇을 분석한단 말인가?

그것으로 우리는 미래의 자동차 매출량을 분석할 수 있는가? 반도체와 휴대폰의 매출과 미래의 기술산업에 대해 예측할 수 있는가? 중국이 무서운 속도로 우리 대한민국의 주력산업인 중공업을 위협한다고 하는데 현대중공업이나 삼성중공업 주식 차트를 보고 우리는 무엇을 분석할 수 있는가?

"이동평균선이 정배열 되면 주가가 오른다."라는 말도 오해다. 주가가 오르면 5일선부터 10일선, 20일선, 60일선, 120일선 순으로 주가가 오르고 이동평균선들은 골든크로스를 낸다. 이동평균선이 오르거나 골든크로스를 내어서 주가가 오르는 것이 아니라, 주가가 올라서 이동평균선이 움직이고 골든크로스가 생기는 것이다. 선후가 잘못됐다. 그래서 골든크로스니 데드크로스니 정배열이니 역배열이니 하는 모든 말들은 궤변이다. 이 모든 것은 과거의 자료를 미래의 예측 근거로 제시한 것일 뿐이다. [31]

투자에는 정도가 없다고 한다. 돈만 벌면 된다고 한다. 어떤 투자든지 수익률이 가장 중요하다고 한다. 그렇기 때문에 누구나 맞는 투자방법이 있고, 어떤 투자가 옳고 그른지는 누구든지 판단할 수 없다고 한다. 때문에 기술적 분석 또한 투자의 기술 중 한 가지로 봐야 한다고 한다.

'성공한 투기는 투자이고, 실패한 투자는 투기'라고 말하는 사람도 있다. 하지만, 난 '기술적 분석'이라는 말에 추호도 동참하고 싶은 마음이 없다. 기술적 분석이라는 허울뿐인 투자방법이 우리 개미들을 사지로 내몰기 때문이다. 기술적 분석은 우리 개미를 죽음의 문턱으로 내몬다. 기술적 분석인 차트분석의 설명을 보고 있자면 주식투자라는 것이 아주 쉬워 보이고, 심지어 게임처럼 보이기도 한다. 주가차트만 보면 주식을 해서 돈을 번다는 것이 어차피 내일 오르면 벌고, 내일 떨어지면 잃는 도박판의 모습일 뿐이다. 어차피 확률은 50%인데다가 여러 가지 보조지표나 분석 도구를 사용하면 50% 승률을 70%의 승률까지 올릴 수 있을 것 같은 생각은 누구나 할 수 있다.

절대로 승리할 수 없는 기술적 분석의 매매에서 결국 승자는 증권회사와 그와 관련된 금융산업뿐이다.

한 기업이 어떤 프로젝트를 처음 시작해 이익으로 반영될 만큼 중요한 성과를 얻기까지는 통상 7~11년이 걸린다는 사실이다. 따라서 아무리 수익성 있는 연구개발 프로젝트라 하더라도 최종적으로 주주들에게 더 많은 이익으로 돌아오기 이전에 먼저 재정적인 부담이 될 수밖에 없는 것이다.

— 필립 피셔

투자를 하겠다는 것은 돈을 벌기 이전에 투자대상의 가치발전 과정을 지켜보겠다는 의지이다. 처음부터 차익만 챙기겠다는 태도는 투자가 아니라 돈놀이다. 무엇이 투자인가? 본능을 억누르고 날카로운 이성적 사고와 판단으로 앞으로의 성장가능성과 효율성과 발전과정을 지켜보겠다는 의지가 바로 투자 아닌가?

세상이 더 낳은 방향으로 발전해 갈 수 있도록 돈의 흐름을 조절하고 투입하는 것이 바로 '투자'이다. 효율성과 생산성이 동반되지 않는 돈놀이는 결국 파멸을 맞게 될 뿐이다. 인류의 진보에 전혀 도움이 되지 않는 돈벌이는 그저 돈의 가치에 손상을 가져올 뿐이다. 그런 행위는 결국 망하게 되어 있고 또 망해야만 한다.

'우리 개미는 모두 투기만 좋아한다.'라고 말하면서 우리 개미에게 모든 책임을 전가하고 싶은 생각은 절대로, 결단코, 추호도 없다. 우리 개미들은 다들 너무나 순진하기 때문이다. 우리가 차트분석에 집착하는 이유는 방송이나 다른 전문가라고 하는 사람들이 차트를 자꾸 보여주면서 매수시점이니 매도시점이니 손절매니 추가매수니 하는 단어를 자꾸만 사용하기 때문이다. 또 그렇게 하면 금방 큰돈을 벌 수 있을 것 같은 환상을 심어준다.

우리 개미들 입장에서는 신뢰할 수밖에 없는 거대기업인 언론매체와 증권방송을 전문으로 하는 많은 방송사에서 주로 차트를 보여 주면서 어떻게 매매를 해야 하는지 가르쳐준다. 차트 설명이 간편하고 쉬운 이유는 차트는 매일매일 바뀌기 때문이다. 매일매일 전망을 해야 하고, 매일매일 방송을 해야 하고, 의견을 말해야 하는 방송국 입장이나 증권사나 기타 금융업 입장에서는 매일매일 딱히 할 말이 없다.

기업의 정책 방향이나 기타 가치는 매일매일 변화하지 않기 때문이다. 그렇기 때문에 차트를 보여주면서 전망을 말하고 어떻게든지 시청자 입장인 우리 개미들에게 손에 땀을 쥐게 만든다. 차트를 보여주면서 "여기서 팔고, 여기서 샀어야죠", "이 부분에서 적당히 차익 실현하고 이 구간에서 추가 매수하세요."라며 투기를 부추긴다. 경마장에서 역동적으로 뛰고있는 경주마를 보며 "달려라, 달려라! 2번 말, 4번 말~." 이와 같이 환호하고 흥분하면서 개미들이 샀다 팔았다 하면 금세 큰돈을 벌 수 있을 것처럼 투기를 부추긴다. 왜 우리에게 투기를 부추길까? 한 번 생각해 보자.

워런 버핏이 한 말을 인용해 보면, 그는 다음과 같이 말할 것이다.

"인플레이션을 이용해서 장기의 복리효과를 누리세요."

"돈은 저절로 불어나니까 오래 살면 돈 벌어요."

"10년간 보유할 주식이 아니면 10분도 보유해서는 안 돼요."

이런 철학으로 기업의 주식을 매수한다면 투자란 그것으로 끝이다. 그러면 매일 증시전망을 해야 하는 방송국이나 언론매체들 그리고 증권사는 무엇으로 먹고 살지 심각하게 걱정해야 할 것이다. 주식매수와 매도를 중개업으로 하는 증권회사는 거의 대부분 망해 버리고 말 것이고, 시황이나 개별종목을 찍어 주는 증권전문 방송도 망해 버릴 것이다. 그들은 결국 우리에게 투기를 부추기고만 있을 뿐이다. 물론 그중에 차트매매로 돈을 버는 사람도 있을 것이다. 하지만, 우리에게 불가능이라고 생각했던 복권에 당첨된 사람도 매주 나오고 있다. 진짜로 돈을 가져가는 당사자가 누구인지는 가만히 생각해 보면 알 수 있다.

경마장에서도 돈을 버는 사람은 결국 투기를 조장하는 경마장뿐이다. 강원랜드에서 돈을 버는 사람은 결국 투기를 조장하는 강원랜드뿐이다. 경마장과 강원랜드의 투기보다 차트매매법인 단기 증권 매매가 더 위험한 이유는 경마장과 강원랜드에서 투기를 하는 사람들은 자신이 투기를 하고 있는 것을 확실히 알고 있지만 단기 증권 매매를 하는 사람은 자기가 투기를 하고 있는지조차도 잘 모른다는 것이다. 돈을 벌면 벌수록 투기를 해서 돈을 번 것이 아니라, 차트를 보고 실력이 늘어서 돈을 번 것이라고 착각한다. 자신의 실력에 대한 과신은 자만을 부르고 자만은 신용과 미수를 부른다. 결국은 파멸하고 만다. 투기지만 투자로 보이는 함정에 빠진 일반 투자자들을 사지로 몰아 넣는다.

시장의 주체는 우리 인간이다. 시장은 자연적으로 움직이는 것이 아니다. 우리 모두의 의지가 모여서 움직이는 곳이 시장이다. 개인, 기관, 외국인, 크게 3개의 그룹으로 나누어 투자주체를 이루어 내며 시장을 움직인다.

기술적 분석이라 불리는 차트분석 함정의 무서움은 강세장에서는 어느 정도 통한다는데 있다. 강세장에서는 모두의 관심이 시장에 집중되어 있기 때문에 일시적으로 우리 모두가 원하는 방향으로 시장이 움직이고 골든크로스니 데드크로스니 이평선이니 매물대 등 일시적으로 맞아 떨어지는 것 같은 느낌이 든다. 지지선과 저항선도 어느 정도 맞아 들어 가는 것 같다. 그 이유는 우리 모두가 지켜 보고 있기 때문이다.

강세장에 들어서면 일단 모두가 시장에 관심을 가지고 당장에 빨리 돈을 벌 수 있는 차익 실현에 주력하게 된다. 이런 상황에서는 지지선과 저항선 그리고 골드크로스니 데드크로스가 어느 정도 맞아 들어가는 것처럼 보인다. 이격이 적당히 벌어지면 다들 차익을 실현하고 20일선에서 반등이라도 할라고 치면 다들 타이밍을 노려 매수하기에 바쁘다. 언론이나 방송들은 차트매매를 더욱더 부추기고 증권사나 방송들은 투자자 아닌 투기의 중심에서 우리를 더욱더 부추긴다.

증권사나 기타 금융업 그리고 시황분석을 하는 방송업들은 개인들이 투기를 하든 투자를 하든 돈을 날리든 벌든 상관없이 우리 개미들의 관심이 증권시장에 몰려 있으면 그것 자체로 큰 수익을 창출해 낸다. 매수와 매도가 반복되면 증권사는 중간에서 수수료를 챙기고, 개미들의 관심이 증권시장에 집중되면 증권방송을 하는 매체는 시청율이 올라가기 때문이다. 우리는 누구를 위해서 차트매매를 해야 하는가?

우리가 차트매매를 하는 이유는 한 가지이다. 빨리 돈을 벌기 위해서이다. 이것은 명백한 투기행위이다. 차트매매를 하는 개미는 그저 투기매매를 하고 있다는 사실을 명심해야 한다. 단지 과거의 주식가격과 거래량을 바탕으로 미래의 가격을 추론하겠다는 의지는 전 재산을 털어 복권에 쏟아 붓는 것과 같이 의미 없는 행동임을 잊어서는 안 된다.

차트매매로 투기를 해서 돈을 벌겠다는 행위는 계란으로 바위 치는 겪이다. 차트에서 우리가 알 수 있는 것은 과거의 가격과 거래량밖에 없다는 사실을 꼭 짚고 넘어가야 한다. 과거의 가격 그리고 과거의 거래량, 이

두 가지로 도대체 기업의 무엇을 분석하겠다는 말인가?

앞장에서 우리는 워런 버핏이 어떠한 난관을 뚫어내며 결국에는 투자에 성공하는지 살펴보았다. 그리고 워런 버핏은 시장의 장세 따위는 '조울증에 걸린 Mr.마켓'이라며 아예 무시해 버렸다는 사실을 끊임없이 상기하기 바란다.

워런 버핏도 벤자민 그레이엄을 만나기 전까진 한때 기술적 분석에 심취했다고 한다. 하지만, 기술적 분석에 대해 워런 버핏의 태도는 재미는 있지만 돈은 되지 않는다고 말했다. 기술적 분석은 손에 땀을 쥐게 한다. 단기간의 차익 실현을 노리기 때문에 항상 긴장해야 하고, 애당초 법칙이 존재하지 않는 공간에서 법칙을 찾아내야 하기 때문에 항상 피곤과 스트레스의 근원이 된다. 우리 개미들이 기술적 분석을 통해 주식을 매매하려고 하면 생업을 포기해야 한다. 오직 주식에만 메달려야 한다. 실시간으로 움직이는 주가의 등락에 목숨 걸 수밖에 없고 어떤 선택을 해도 항상 후회와 좌절감만 가득하게 된다.

"아, 저때 매도해서 차익 실현했어야 했는데."

"아, 저때 손해 보더라도 손절매 했어야 했는데."

"아, 조금만 더 들고 있어야 했는데 난 참을성이 없어. 난 바보인가 봐."

"아, 조금만 더 빨리 매도했어야 했는데 난 욕심이 너무 많아."

벌어도 후회, 잃어도 후회, 항상 좌절과 고통 속에 몸부림치게 될 수밖에 없다. 기술적 분석이란 차트매매의 실상은 이렇다. 벌어도 속상하다. 잃으면 더 속상하다. 자꾸 자신이 한심해 보이고 끊임없이 좌절감만 맛보게 된다. 누구는 흔히 말하길 감정에 휘둘리지 말고 기계적으로 매매하면 된다고 한다. 하지만, 차트매매를 하는 목적은 재미가 아니라 돈을 벌기 위해서하는 것이다.

"돈 보기를 돌 같이 하라."
"기계적으로 매매하라."

돈을 벌려고 차트매매를 하는 사람이 돈 앞에서 감정에 휘둘리지 않고 기계적으로 매매하기란 이미 득도한 사람의 경지를 말하는 것이다. 득도란 끊임없는 고통과 파산이라는 죽음의 문턱에서 살아남은 소수 사람의 영광을 말한다. 이런 득도의 경지를 우리 초보 개미들에게 요구하는 게 말이나 되는 소리인가? '돈 보기를 돌 같이 하라.'라는 말은 우리에게 '복리의 마법을 누리기 위해서는 장기로 투자하라.'라는 말보다 어려운 요구 조건이다.

젊은 청춘,
기술적 분석을 말하다

우리는 결국 행복을 위해서 돈을 모으고 벌기를 원한다. 기술적 분석을 통해 차트매매를 하는 순간 돈은 우리에게 짐이 되고, 두려움이 되며, 고난과 스트레스의 연속이 된다. 생업 또한 손에 잡히지 않는다. 우리는 어째서 이런 절대로 벌 수 없는 투기의 세계로 빠져들려고 하는가?

"주식시장은 누군가 어리석은 짓을 하는지 확인하는 장소일 뿐이다. 나는 그저 사업에 투자하듯 주식에 투자하고 있다." — 워런 버핏
"주식시장에선 미래가 불확실하기 때문에 주가는 투자자 자신들의 믿음과 다수의 순진한 인간들의 집단심리에 의해 절대적으로 결정된다."
— 존 메이너드 케인스

단기적인 주식가격의 움직임은 시장 주체인 우리 모두의 심리적 영향 때문에 나타난다. 그 영향력은 실로 대단하다. 케인스는 단기적인 주식시장의 움직임을 미인대회에 비교하면서 인기투표의 공간으로 만들어 버

렸다. '단기적으로 내일 무슨 주식이 올라갈까?'를 생각한다면 기업의 성격이나 영업이익 등 모든 기본적인 것을 무시하고, '내일 어떤 주식이 인기 있고 사람들의 관심을 끌 수 있을까?'를 생각하는 것이 가장 효율적이라고 말했다. 이와 마찬가지의 원리인 공시매매라든지, 테마주 매매, 기술적 매매는 다 같이 뭉텅이로다가 투기로 규정하는 것이 옳은 듯하다. 공시를 보고 순간에 매매하는 것은 단기적인 시장의 관심을 이용해 짧은 시간 내에 이익을 보려는 행동이며, 테마주가 형성되어 뭉텅이로 오르는 종목들은 케인스의 미인대회 투표와 별반 다르지 않다.

우리 개미는 대전제를 깔고 시작해야 한다. 단기적인 매매는 투기이며 이와 같은 원리로 기술적 매매, 공시매매, 테마주 매매는 그저 돈놀이 일 뿐이라고 말이다. 간혹 이 돈놀이에서 돈을 버는 사람도 있지만, 이는 순전히 운이 좋아서 벌 뿐이다.

투기는 그저 투기일 뿐이다. 기술적 매매는 재미삼아 하는 것이 타당하다. 투기를 투자로 생각하지 않는 것만 해도 우리 개미의 고난은 훨씬 줄어들 것이다.

그러면 기술적 분석을 무턱대고 구박하기 전에 우리의 심리는 차트 속에서 어떻게 나타나는지 그리고 과거의 주식가격과 거래량을 통해 우리가 무엇을 알 수 있는지 한번 살펴보기로 하자. 투기가 뭔지 제대로 알려면 기술적 분석의 기본적인 원리 또한 알아야 하기 때문이다.

기술적 매매의 원리는 수급과 시장 주제의 심리에 의해 결정된다. 기술적 매매에서는 당장의 수급이 가장 중요하다. 단기 차트매매란 어차피 매수 매도를 반복하는 치고 빠지기의 수법이기 때문이다. 기술적 분석의 차트매매에서 주식의 가격은 단지 경매에 부쳐진 숫자일 뿐이다. 그러면 경매시장에서 수급으로 인한 가격 형성의 기본을 살펴 보자.

주가가 올라가는 원리

1. 매수세력이 아주 많아서
2. 매도세력이 거의 없어서

너무나 당연한 말이지만 주가가 올라가기 위해서는 매수를 하는 세력이 많아야 한다. 하지만, 다른 경우도 있다. 아무도 매도하지 않으면 매수세력이 아주 조금만 들어가도 가격은 폭등하게 되어 있다.

주가가 내려가는 원리

1. 매도세력이 아주 많아서
2. 매수세력이 거의 없어서

이 또한 너무나 당연한 말이지만 주가가 떨어지기 위해서는 매도를 하는 세력이 많아야 한다. 하지만, 다른 경우에 매수하는 세력이 거의 없으면 조금만 매도해도 주가는 폭락하게 되어 있다.

우리는 매수세력이 많아야지만 주가가 급등하고 매도세력이 많아야지만 주가가 급락하는 것을 생각하기 쉽지만, 매수세력이 많지 않지만 매도세력이 거의 없을 때 주가가 급등하고, 매도세력이 많지 않지만 매수세력이 더 없을 때 주가가 급락한다는 원리도 생각해봐야 한다.

기술적 분석은 또한 모멘텀을 이용한 투자이다. 상승은 상승을 낳고 하락은 하락을 낳는 원리를 우리는 이용해야 한다. 대세에 따르고 시장의 가격에 순응하는 원리가 바로 이것이다.

"시장이라는 존재가 안락감을 느낄 때는 호재만을 보게 된다. 반대로 의기소침해 있을 때는 오직 악재만을 보게 된다." — 워런 버핏

과거의 가격과 거래량 그리고 우리 시장 참여자들의 심리에 의해서 차트를 보고, 어떤 결과를 추론할 수 있는지 다음의 그림을 통해 살펴보자.

1. 시장의 흐름에 역행하지 않고 대세를 따른다

신고가 매매

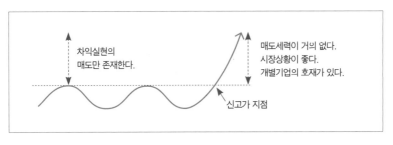

차익실현의
매도만 존재한다.

매도세력이 거의 없다.
시장상황이 좋다.
개별기업의 호재가 있다.

신고가 지점

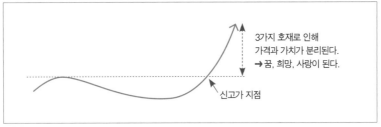

3가지 호재로 인해
가격과 가치가 분리된다.
→ 꿈, 희망, 사랑이 된다.

신고가 지점

이 신고가 매매에서 알 수 있는 것은 일단 신고가를 갱신하면, 그 순간부터는 모두가 수익이 나는 상황이라는 것이다. 중간에 매도세력은 대부분 차익 실현 물량이다. 악성 매물대가 사라진다. 이런 상황 속에서 우리가 자연스럽게 알 수 있는 것은 매도세력이 많지 않다는 것이다. 매도세력이 거의 없으면 조금의 매수세력만 있어도 주가는 폭등한다.

그러면 또 생각해 보자. 개별기업이 신고가를 돌파하는 이유는 무엇일까?

1. 그냥 오른다.
2. 시장상황이 좋다.
3. 개별기업의 영업이익 증가나 신규산업진출, 신상품 개발 등등의 개별기업 호재가 있다.

아마도 신고가를 갱신하는 개별기업은 2번과 3번의 복합으로 이루어질 것이다. 그러면 다시 생각해 보자. 신고가를 갱신한 개별기업은 일단 매도세력이 거의 없다. 다들 수익이 나는 상황이기 때문이다. 또한, 시장상황이 좋고 개별기업의 호재가 있다.

신고가 갱신 주가 상황 = 매도세력 거의 없음 + 시장환경 좋음 + 개별기업 호재

우리는 여기서 재빨리 가격과 가치를 분리시켜야 한다. 이미 모두가 수익이 발생한 상황에서 매도세력은 자취를 감추고, 분위기 좋은 시장상

황과 개별종목의 호재를 통해 기업의 가격과 가치는 분리된다. 이때부터는 기업의 주식은 우리의 꿈, 희망, 사랑의 존재가 되기 때문이다. 매도물량이 거의 없고 작은 매수에도 주가는 폭등하고, 호재는 계속해서 호재를 낳게 되는 법이다. 가격이 무슨 상관인가? 가치가 무슨 상관인가? 기업은 우리 사랑의 대상이 된다.

'사랑하는데 조건 따위가 무슨 상관이란 말인가?'

거품이 끼고 거품을 넘어서 거품이 폭발할 때까지 주가는 계속 올라간다. 돌덩이를 들고서는 그것을 금이라 생각하고 그것이 결국 돌덩이라는 사실을 깨닫게 되기까지 계속해서 주가는 폭등하게 되어 있다.

마음속 깊은 곳에 두려움을 감춰두고, 이미 사랑과 희망이 되어 버린 기업의 주식은 더 이상의 합리적인 가격 따위와 가치는 아무래도 상관이 없어진다. 모두가 마음속 깊이 감춰둔 두려움이 수면 위로 발생할 때까지 'GO! GO!'를 외치게 된다.

보통 내공이 약한 우리 개미들은 강세장에 들어서면 이런 심리적인 매매법을 이용하지 못하고, 신고가 종목으로 적당히 차익실현을 하고 저점 종목을 매수하는 패턴을 반복한다. 그러다가 결국 시장이 폭등하면 그때서야 왕창 거품이 낀 주식에 사랑과 꿈, 희망을 품고 어이없이 최고점에서 매수하는 실수를 반복한다. 시장이 폭등할 때 저점매수 종목은 별 재미를 못 보기 때문이다.

'이러한 개미들의 상황은 왜 자꾸만 반복되는가?'

실제로 주식매매를 하게 되면 무엇이 더 힘들 거라고 생각하는가?

1. 종합주가가 폭락해서 다 같이 손실을 보는 구간일 때
2. 종합주가가 오르는데 내가 보유한 종목만 안 오를 때
3. 종합주가가 오르는데 투자 안 할 때

다 같이 힘들 때는 견딜만 하다. 아예 투자를 안 해도 견딜만 하다. 하지만, 2번 상황이 되면 우리는 극도의 스트레스를 받는다. 옆에서는 다들 돈벌었다고 자랑하는데 내 종목만 안 오르면 정말 돌아 버릴 것 같다. 일단 시장이 강세장에 들어서면 시장을 이끌어 가는 종목만 계속해서 폭등한다. 결국, 저점매수를 한 개미들은 참지 못하고 종합주가의 상승 분위기에 휩쓸려 최고 강세종목의 꼭지를 물게 된다.

일단 시장이 강세장에 들어서면 주식시장은 온 국민에 의해 투기판이 형성된다. 거래량은 폭등하고 국민과 모든 대중언론 매체는 주식시장에 관심을 갖는다. 눈감고 '가나다라' 순으로 주식을 매수해도 돈을 벌 수 있게 된다. 이런 상황에서 진정한 투기판의 묘미는 이미 급등한 종목을 더욱더 급등시켜 많은 사람을 순식간에 떼부자로 만들고 그것을 뉴스화시키고 다시 관심을 갖게 하는 것이다. 그 뉴스는 또 다른 투기를 낳고, 그 투기는 또 다른 투기를 만들어 낸다. 거품은 거품을 만들고 결국 터질 때까지 계속 커진다.

기관이나 외국인 같은 거대한 투자자들은 저점매수 종목보다는 악성 매물대가 없는 신고가 종목을 투기화시킨다. 이렇게 하는 것이 단기간에 돈을 버는 데 있어서 훨씬 더 유리하기 때문이다. 기술적 분석은 이러한 시장주체의 심리 상태인 사랑, 희망, 기대, 꿈, 공포, 두려움, 절망을 이용해 가치와 가격이 분리될 때 그 사이를 이용한다.

어느 가격까지 우리의 사랑과 꿈, 희망이 깨지지 않는지…?

어느 가격에야 우리의 공포와 두려움, 절망이 진정이 되는지…?

이것이 기술적 분석을 투기라 부르는 이유이다. 기술적 분석은 가치와 가격을 일치시키는 매매가 아니라, 가격과 가치를 분리시켜 그 사이를 이용해 재빠르게 돈을 버는 기술이다. 꿈과 사랑, 희망으로 돌덩이를 금이라 생각하는 사람에게 돌덩이를 비싸게 팔아 버리고, 절망과 두려움에 금을 돌덩이라 생각하는 사람에게 금을 싸게 매수해버리는 것이다.

기술적 분석은 방법이나 기술이 존재하지 않는다. 사람의 심리는 일정할 수가 없기 때문이다. 이 때문에 적당히 매수하고 적당히 매도하는 분할매수기법과 분할매도기법이 나올 수밖에 없다.

"그러면 신고가 종목은 언제 매도해야 되나요?"

이렇게 묻는다면 가장 확실한 대답은 "꿈과 환상이 깨질 때요."라고 말하고 싶지만 그게 언제일지 그 누가 알 수 있겠는가?

2. 바닥 매수, 이중바닥 원리

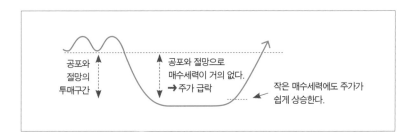

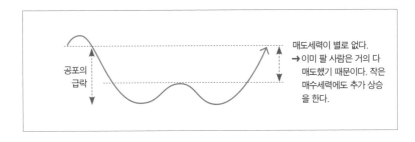

매도세력이 별로 없다.
→ 이미 팔 사람은 거의 다
매도했기 때문이다. 작은
매수세력에도 추가 상승
을 한다.

공포의
급락

　　시장은 비이성적으로 폭등하기도 하지만, 비이성적으로 폭락하기도
한다. 신고가를 돌파한 주식은 이미 가치와 가격이 분리되어 사랑과 희
망에 의해 폭등하듯이, 최저점을 깨고 내려가는 주식은 모두의 공포와
두려움의 대상이 되어 버려 투매가 일어나기도 한다. 여기서도 가치와
가격은 분리된다. 가치와 가격 따위는 안중에도 없다. 최저점을 깨고 내
려가면 일단 공포와 두려움이 이성을 압도하기 때문이다. 이때 주가가
폭락하는 가장 큰 이유는 매도세력이 많기 때문이지만, 매수세력이 거의
없기 때문이기도 하다. 이런 비이성적인 상황이 어느 정도 진정되고 더
이상의 투매세력이 없어지면 작은 매수세력이 발생해도 주가는 반등하
게 되어 있다.

　　이때 우리가 쉽게 알 수 있는 바닥의 모습은 이중바닥 내지는 저점평
형구간 반등이다. 이중바닥이 형성되거나 평형바닥이 형성되면 일단 최
저점이 무너진 구간까지는 매도세력이 거의 없게 된다. 이미 투매할 사람
들은 대부분 주식을 매도했기 때문이다. 아주 작은 매수세력만으로도 쉽
게 주식이 반등된다.

3. 파동의 원리

파동의 원리 또한 그저 우리의 심리일 뿐이다. 강세파동은 저점과 고점을 높여가는 파동이고, 약세파동은 저점과 고점을 낮춰가는 파동이다.

강세파동

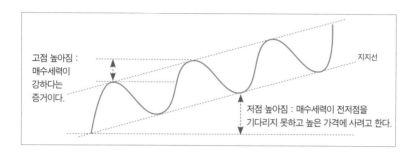

강세파동의 저점을 연결해 지지선이라고 부르기도 한다. 여기서 우리의 심리 상태를 생각해 보자. 강세파동에서 저점이 자꾸 높아지는 이유는 매수 주체가 전저점까지 기다리지 못하고 빨리 사려고 하기 때문이다. 이런 상황은 심리를 반영한다. 주식을 매도하려는 사람보다 매수하려는 사람의 힘이 강하다. 하지만, 여기서 알 수 있는 건 그것뿐이다.

강세파동에서 알 수 있는 건 과거에 매도세력보다 매수세력이 강하다는 것뿐이다. 언제든지 매도세력이 더 강해지면 강세파동은 사라진다.

저점을 연결해 지지선이라 부르는 것 또한 별 의미가 없다. 말그대로 심리적 지지선일 뿐이다. '대충 이쯤이면 이제 반등할 때가 됐는데……' 라는 심리적인 추론(?) 정도이다.

약세파동

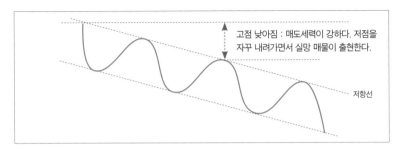

고점 낮아짐 : 매도세력이 강하다. 저점을
자꾸 내려가면서 실망 매물이 출현한다.

저항선

약세파동의 고점을 연결해 저항선이라고 부르기도 한다. 이 그림에서
투자 주체의 심리 상태를 파악해 보자. 전고점에 도달하기까지 참지 못하
고 먼저 팔아 버리려고 한다. 또한, 매도세력이 강하기 때문에 전저점이
깨져 버린다. 약세파동의 투자 주체는 매수세력보다 매도세력이 강하다
는 것이다. 우리가 알 수 있는 것은 그것뿐이다. 매도세력보다 매수세력
이 강해지면 언제든지 저항선도 별반 소용이 없게 된다.

강세파동은 매도세력보다 매수세력이 강하다는 것을 알 수 있고, 약세
파동은 매수세력보다 매도세력이 강하다는 것을 알 수 있다. 하지만, 단지
과거일 뿐이고 그뿐이다. 지지선과 저항선도 그저 과거의 심리적인 구간
일 뿐이다. 그 심리적인 구간은 언제든지 매수세력과 매도세력의 의지에
의해 변해 버린다. 기술적 분석은 인간의 심리를 이용해서 매매하는 방법
이다. 이 때문에 우리 개미는 기술적 분석을 이용해 투자해서는 안 된다.

감정을 이용한 투자는 결국 감정에 의해 투기가 될 뿐이다.

젊은 청춘,
기본적 분석의 철학을 논하다

기본적 분석에 와서야 우리는 이제야 "투자하려면 공부를 하세요."라는 말의 의미를 깨닫게 된다. 기본적 분석은 직관적으로 봐도 다른 분석보다 신뢰할 만하다. 기본이란 단어 또한 마음에 든다.

기업의 기본을 분석하고 투자하라는 사전적 의미에 토를 달 수 있는 사람이 있을까? 흔히 우리가 말할 때 기본적으로 분석하는 것은 기업 재무제표의 손익계산서와 대차대조표를 말한다. 이것을 보고 투자하라는 이야기는 우리 개미에게 동물적 감각이나 미래에 대한 막연한 기대감으로 투자하지 말고 정확한 숫자를 바탕으로 이성적으로 투자하라는 말과 같다.

"숫자를 보고 이성적으로 투자하라."

우리 개미들은 환호할 수밖에 없다. 진리의 말인 것 같기 때문이다. 손익계산서와 대차대조표를 바탕으로 정확한 수치를 파악하여 투자하는 것은 가장 공부다운 것이며, 투기적 본능을 억누르게 하는 효과적인 수단이 될 수 있기 때문이다. 그리고 한 가지 확실한 것은 기술적 분석보다는 기본적 분석이 훨씬 좋다는 것이다.

"투자의 방법에서 기술적 분석보다는 기본적 분석이 훨씬 낫다."

기술적 분석이 오직 시장의 심리를 이용한 투기적 행동이었다면, 기본적 분석은 그래도 기업의 손익계산서와 대차대조표를 바탕으로 미래의 잠재적 영업이익을 추론하고, 재무상태의 건전성을 파악하기 때문에 기술적 분석에 비하면 진정한 투자라고 할 수 있다. 하지만, 이렇다고 해서 기본적 분석에 무분별한 동경을 가지고 있으면 안 된다. 우리 개미는 공부를 안 해서 제대로 투자하지 못한다는 논리나, 재무제표를 완벽하게 숙지하면 무조건 투자를 잘한다는 이러한 흑백논리는 잘못된 생각이다.

회사의 손익계산서와 대차대조표를 완벽히 알면 무조건 투자를 잘할 수 있다고 생각하면 애널리스트들은 사실 필요가 없다. 그 자리를 재무제표를 꿰뚫고 있는 회계사들이 대신해야 할 것이다. 현실은 어떠한가? 회계사들은 주식투자의 귀재인가?

나는 여기서 절대로 그리고 결단코 기본적 분석의 기본이 되는 재무제표를 무시하라는 것이 아니다. 단지 우리 개미들이 맹목적으로 재무제표만을 숙지해서는 투자라는 현실적 문제에서 큰 위기에 봉착할 수 있다는 점을 말하고 싶다. 더욱이 무조건 '나는 저런 숫자가 가득한 회계보고서를 읽을 능력이 없기 때문에 나는 투자를 못 해!'라는 생각 또한 일종의 편견이다.

단지 투자라는 것이 재무제표라는 숫자를 통해서만 올바르게 할 수 있는 것이라 생각한다면 대륙간 탄도 미사일을 쏘아 올리고, 인공위성을 쏘아 올리고, 잠수함을 만들고, 핵탄두를 만들어 내고, 인터넷으로 전세계 어디든지 실시간으로 검색할 수 있는 우리의 찬란한 문명 앞에서 투자라는 것쯤은 어쩌면 가소로운(?) 일이 될 수 있다. 물리학의 거부인 뉴턴조차도 이성보다는 감정적 판단을 근거로 매매하다가 실패한 후 증권시장에서 쓸쓸히 퇴장했다는 사실을 돌이켜 생각해 볼 필요가 있다.

기본적 분석이 우리 개미에게 미치는 가장 큰 영향은 "우리 개미들은 공부를 안 해서 투자를 잘하지 못한다."라는 말을 정당화시켜 준다는 것이다. 우리 개미들은 기업 회계보고서를 보면 절로 주눅이 든다. 중·고등학교 때 제발 수학만은 피하게 해달라면서 수학에 대한 좋지 않은 추억(?)이 가득한 수많은 개미들은 투자하기 위해 다시 수학을 공부해야 한다는 현실에 좌절하고, 이 때문에 역시나 투자는 전문가들만 할 수 있다며 좌절한다. 회계자료의 빼곡한 숫자를 보면 우리는 좌절할 수밖에 없다. 또한, 기초부터 하나씩 배우려고 해도 각자의 생업을 갖고 있는 우리는 도저히 엄두가 나지 않는다.

그저 열심히 번 돈을 조금이라도 불려 보려고 재테크 중 하나인 증권투자를 하는 우리 개미는 재테크를 위해 생업을 포기하면서까지 공부를 해야 하는가, 라고 자문자답할 수밖에 없다. 하지만, 여기서 숫자에 무조건 가슴을 졸이기보다는 숫자를 통해 과연 무엇을 얻을 수 있는지 생각해 보는 것이 좋다.

우리가 투기라고 판명했던 기술적 분석 매매의 기본은 '과거의 가격과 거래량으로 미래의 가격을 예측'한다는 것이었다. 과거의 가격과 거래량만으로 기업의 미래 가격을 예측할 수 있을까? 이러한 고민을 진지하게 하다 보면 결국은 아무것도 찾을 수 없다는 결론에 도달하게 된다.

그러면 여기서 물음을 던져 보자. 과거의 실적이 미래 실적의 절대적인 근거가 되는가? 또한, 과거의 자산가치는 절대적으로 미래의 자산가치와 일치할 수 있는가? 이 물음에 대해 진지하게 고민해 봐야 한다.

재무제표의 숫자는 어차피 과거와 현재의 숫자일 뿐이다. 우리는 미래의 숫자는 알 수가 없다. 재무제표의 과거 수치는 물론 미래의 수치를 예측하는 하나의 도구로서 훌륭한 역할을 수행하는 데는 일말의 의심할 여지가 없지만 그것이 앞으로 어느 정도까지의 미래를 예측할 수 있다고 생각하는가? 100%? 90%? 80%? 50%? 또한, 있는 그대로의 숫자가 아니라 숫자를 해석하는 우리 인간은 과연 얼마나 객관적으로 그 정보를 해석할 수 있는가?

개인과 집단의 이기심으로 인해 정보가 과장되고 왜곡될 수 있는 가능성은 얼마나 되는가? 이 질문 역시 우리는 깊게 생각을 해 봐야 한다. 또한, 순자산과 부채를 보여 주는 대차대조표를 대할 때도, 있는 그대로의 숫자는 의심할 필요가 없지만 경영자나 회계사들이 얼마든지 부채를 작게 적고 순자산을 크게 만들 수도 있다는 사실을 알아야 한다. 또한, 아무리 정확하게 작성된 대차대조표조차도 현실적인 순자산과 부채의 차이가 분명히 나게 되어 있다. 가장 대표적인 예로는 부동산 가액을 들 수 있다. 대차대조표상의 부동산은 실제 가액이 아니라 취득가액으로 잡힌다. 세월이 지나서 부동산 가치가 올라도 대차대조표에서는 처음 살 때의 부동산 가격으로만 표시된다.

우리 개미는 기본적 분석의 기본이 되는 재무제표 안의 손익계산서와 대차대조표 또한 참고사항일 뿐이라는 사실을 알아야 한다. 실제로 어떤 식으로 수익이 나는지 얼마나 순자산의 가치가 있는지는 회사에 직접 찾아가 일일이 재무제표를 비교해 보지 않는 이상 진실은 보지 못하고 왜곡된 사실만을 바라볼 가능성이 매우 크다.

벤저민 그레이엄도 미래수익에 대한 할인방식을 다음과 같이 공격했다. 미래전망, 특히 지속적인 성장전망이라는 개념을 통해 좋아하는 주식의 현재가치를 계산하기 위해서는 수학공식들이 동원되어야 한다. 하지만, 아주 부정확한 가정과 정확한 수학공식의 조합은 특정주식의 가치를 만들어내거나 옹호하는데 주로 쓰인다. 가치를 계산하는 데에는 '의도'가 좋아야 한다는 '전제'가 필요하고, 미래의 수익률을 결정하는 '요소'의 타당성을 더 따져봐야 한다면 기업의 가치는 더 불확실해질 수밖에 없다. 사람들은 수학이 정확하고 믿을 만한 답을 도출해낸다고 확신하고 있다. 하지만, 수학이 더 정교해지고 난해해질수록 도출된 결론은 더 불확실하고 투기적일 수밖에 없다. 따라서 수학은, 투기를 투자로 위장하는 수단일 수 있다. [32]

특히 계량경제학의 방정식들에 실수를 채워 넣는 일의 위험성에 대한 케인스의 경고는 신랄하다. "그것은 마치 사과가 땅 위에 떨어지는 것이 사과의 동기, 땅에 떨어지는 것이 가치 있는 일인지의 여부, 그리고 땅에 사과가 떨어지기를 원하는지의 여부, 자신이 지구의 중심에서 얼마나 멀리 떨어져 있는지에 대한 사과 쪽의 계산 실수에서 비롯되었다고 말하는 것과 같다." [33]

경제학의 대부 케인스와 벤저민 그레이엄 또한 수학과 숫자의 위험성을 경고했다. 숫자 자체로서는 아무런 논리의 문제가 없다. 다만, 숫자를 해석하는 우리에게 문제가 있다. 누군가 수학과 권위를 이용하여 사실을 왜곡하려 할 때 과연 그 논리에 이용당하지 않을 수 있는 사람이 얼마나 될까? 우리 개미들은 자세히 들여다보기 싫은 수많은 통계치와 숫자 그리고 전문가가 그들의 권위를 이용해서 미래를 예측하려 들고 전망할 때, 우리는 어떤 철학을 가지고 객관적인 시각을 유지할 수 있을까?

"경제학의 세계에서 과거의 숫자로서 미래를 예측하려는 행동은 과연 합당한가?"

이 물음에 대한 철학적 사고를 우리 개미들은 꼭 해봐야 한다. 기본적 분석의 토대가 되는 재무제표는 결국 숫자이기 때문이다.

"숫자는 무엇을 어디까지 평가할 수 있는가?"

"자연과학이 아닌 인문과학으로서의 숫자는 어디까지가 참된 진리가 될까?"

재무제표를 아무리 잘 분석해도 그것만으로는 기업을 분석할 수 없다. 재무제표는 기업의 많은 구성요소에서 단지 양적요소의 부분이기 때문이다. 기업은 단지 숫자로 구성되어 있는 것이 아니다. 결국, 기업을 구성하고 이끌어 가는 것은 우리 인간이다. 개개인의 인간을 어떤 잣대로서 숫자로 평가할 수 있겠는가? 기업을 분석할 때 우리는 전체적인 거시경제를 바탕으로 개별기업의 질적 분석과 양적 분석 그리고 시장의 심리적인 영향들을 고려해서 분석해야 한다.

여기서 양적인 요소는 회계자료를 참고하면 되지만 기업의 핵심적인 사항인 질적 요소는 무엇으로 분석할 것인가? 질적 요소는 숫자적인 '양'

으로는 파악할 수 없는 다른 회사와 차별화되는 경쟁력이라 생각하면 된다. 경영자의 마인드와 회사의 독특한 문화 그리고 비즈니스 모델 회사의 브랜드 네임, 영업망, 유통망 경쟁에서의 우위 등 어떻게 보면 양적 분석보다도 더 중요한 것이 기업의 질적 분석이다. 하지만, 우리는 그것을 과연 객관적으로 계산할 수 있는가?

1. 경영자의 열정과 성실함   3. 비즈니스 모델
2. 회사만의 독특한 문화   4. 브랜드 네임

이런 많은 질적 요소를 우리는 어떤 식으로 평가하여 숫자로 대입할 것인가? 사실 요즘의 기본적 분석이란 가치투자와 일맥 상통한다고 보면 된다. 하지만, 여기서의 심각한 오류는 기업의 수많은 요소 중에서 어떤 가치에 무게를 더 두는 것은 순전히 개인의 문제라는 점이다. 앞장의 가치에 대한 철학을 다시금 생각하게 하는 대목이다.

또한, 가치투자라고 하면 뭔가 그럴듯 하지만, 더 혼란스럽기만 하다. 어떤 투자가 가치투자인가? 어디에 무게를 더 두어야 하는가? 숫자로 표현할 수 없는 질적 분석인가? 숫자로 표현할 수 있는 양적 분석인가? 둘 다 포함하는 것이 가장 이상적이지만 숫자로 계산할 수 없는 질적 분석을 기업마다 어떻게 비교 분석한단 말인가? 우리는 어떤 기준을 가지고 각 회사의 경영진을 객관적으로 평가할 수 있는가? 그냥 단지 들리는 소문으로 판단할 것인가? 우리는 직접 경영진과 차라도 마시면서 어떤 마인드로 회사를 운영하고 주주를 위해서 최선을 다할 것인지 이야기라도 들을 수 있는 여건이 되는가?

기업을 분석하고 탐방하는 애널리스트들의 예를 들어 보자. 애널리스트도 사람이다. 기업을 탐방하다 보면 경영자와 개인적으로 친분이 쌓일 수도 있을 것이며, 주는 것 없이 괜히 미운 사람도 있을 것이다. 이때 과연 경영진에 대한 객관적 시각이 유지될 수 있을 것인가? 사람은 역시나 이성과 감정이 분리될 수 없는 존재이다.

　가치투자를 하기 위해서는 기업의 내재가치를 구해야 한다는 말을 자주 듣는다. 그러면 가치투자를 하기 위한 내재가치는 무엇인지 알아보자.

　내재가치는 아주 유동적인 개념이라는 사실을 간과해서는 안 된다. 일반적으로 내재가치는 자산, 실적, 배당, 구체적인 전망 등 '사실'을 바탕으로 정당하게 도출해 내는 것으로 이해하고 있으며, 인위적인 조작으로 형성된 시장가격이나 심리적 흥분으로 왜곡된 시장가격과는 분명히 구분되는 개념이다. 하지만, 내재가치가 시장가격처럼 분명하고 알기 쉽게 결정할 수 있는 개념이라고 보는 것은 큰 오산이다. 얼마 전까지만 해도 주식의 내재가치는 장부가치와 같은 것이라고 여겨졌다. 즉, 적절하게 평가한 순자산가치와 동일하다는 의미이다. 내재가치를 이런 식으로 보면 그 개념이 분명한 것처럼 보이지만, 현실적으로 아무런 의미가 없는 것으로 드러났다. 평균 실적이나 평균 시장가격 어느 것도 장부가치를 근거로 결정되는 경향은 보이지 않기 때문이다.

　그러므로 내재가치가 장부가치에 따라 결정된다는 논리는, 기업의 내재가치는 기업의 수익력에 의해 결정된다는 새로운 주장으로 대체되었다. 하지만, '기업의 수익력'이라는 용어에는 "어떤 기업이 미래에 얼마의 수익을 낸다."라고 확정적으로 단언하는 듯한 어감이 내포되어 있다. 과거의 평균실적이 얼마인지 안다거나 더 나아가 과거의 실적 흐름이 일정한 추세를 보인다고 해도 미래 실적을 예측하기에는 충분하지 않다. [34]

가치투자의 창시자 벤자민 그레이엄 또한 '내재가치는 무엇이다.'라고 정의하지 않았다. 그는 내재가치의 개념에 굉장한 유연성을 두었다. 그러면 내재가치와 시장가격의 관계에 대해 표를 참고해 보자.

표3. 내재가치와 시장가격의 관계

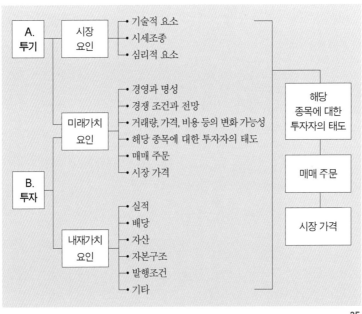

35

우리 개미들은 머리가 더 아파진다. 거시경제는 둘째 치고서더라도 개별종목의 내재가치와 시장가격을 분석하는데도 얼마나 많은 철학과 공부가 필요한지 직관적으로 알기 때문이다. 하지만, 우리는 도대체 어떤 것을 공부해서 더하고 빼면서 내재가치를 구하고 시장상황을 고려해서 시장가격을 도출해 낸다는 말인가?

우리는 이제야 또 왜 그 수많은 전문가 집단인 애널리스트들이 정확하게 분석할 수 없는지 깨닫게 된다. 누가 알 수 있겠는가? 기준을 정할 수 없는 것이 투자의 세계인 것을.

일반적으로 기본적 분석을 사용할 때, 다음 3가지의 기준을 가지고 주식의 양적 요소를 평가한다.

1. 수익력 → 만족할 만한 순이익 실적
2. 자산가치 → 확실한 유형 고정자산
3. 배당 → 안정적인 배당 수익

바로 이 세 가지 기준이 있다. 하지만, 이 기준은 집합이 되지는 않는다. 각각의 기준에 어떤 수치를 일괄적으로 대입할 수가 없기 때문이다. 확실한 숫자나 명확한 기준은 없고, '만족할', '확실한', '안정적인'이라는 추정치만 가득하다. 따라서 우리는 투자할 때, 수학을 적용할 수 없다는 사실을 알 수 있다. 첫 번째 문장부터 집합이나 명제 자체가 성립하지 않기 때문이다. 이것은 마치 우리가 중학교나 고등학교 때, 수학시간에 배운 '아름다운 사람의 모임', '키가 큰 사람의 모임' 등은 집합이 될 수 없다고 배운 것처럼 아예 수학이 통하지 않는다는 것을 알 수 있다. 우리는 무엇으로 어떻게 내재가치를 계산할 수 있단 말인가? '안정적인', '만족할 만한', '확실한' 만한 추정치는 시대와 그때의 시장상황에 따라 다르게 적용할 수밖에 없다.

만약, 내가 일반적인 양적 요소의 이 3가지 사항을 무시하면서,

1. 배당금은 주식의 가치를 평가하는 변수가 될 수 없다.
2. 자산과 수익력은 상관관계가 없기 때문에 자산가치는 별로 중요하지 않다.

라는 다른 기준을 만들면서 '주식의 가치는 전적으로 미래 수익에 따라 결정된다.'라고 말한다고 해서 무조건 아니다, 잘못됐다고 비판할 수 있는가?

증시가 약세일 때는 너도나도 기업의 청산가치와 안전마진을 확보하기 위해 자산의 가치를 중요시하지만, 일단 증시가 강세장으로 진입하면 자산의 가치는 안중에도 없고, 다들 기업의 수익성에만 집착한다. '돈 님'의 마력에서 우리는 과연 어떤 객관적인 선택을 해야 하는가? 이렇듯 개인마다 가치라는 의미가 달라지듯이 시장의 상황과 투자의 여건에 따라 수시로 변하는 게 투자원칙과 내재가치이다.

주가변동폭이 더 넓어지고, 또 한 방향으로 오래 지속되면 보통주를 거래하는데 투자의 관점을 유지하기가 더 어렵게 된다. 내재가치에 비해 주가가 매력적인지 아닌지와 같은 투자의 관점에서 시세가 저점인지 고점인지와 같은 투기의 관점으로 관심이 이동한다. [36]

이렇듯 투자의 세계에서는 아무리 분석한다고 해도 그것은 상대적인 개념일 뿐 절대적인 개념이 될 수 없다. 우리들 자체가 이성과 감정이 분리될 수 없는 존재이기 때문이다. 우리는 감정 없이 살아갈 수 없다. 어떤 사물을 대할 때, 똑같은 상황에 처해 있더라도 그때 기분에 따라 상황에 따라 보는 시각이 달라진다. 또한, 다른 양적 분석의 큰 틀을 이루는 배당에 대해서도 생각해 보자.

젊은 청춘,
기본적 분석을 말하다

"배당을 많이 하는 회사는 배당을 적게 하는 회사보다 좋은가?"

배당과 관련된 버핏의 재미난 에피소드가 있다. 버핏이 대주주로 있는 버크셔 해서웨이는 지난 1967년 딱 한 차례 주주들에게 배당금을 지급한 적이 있었다. 이에 대해 버핏은 "그때 내가 화장실에 있었던 게 분명하다."라고 농담을 했다.

'배당을 많이 주는 회사는 좋은 회사인가?'라는 물음을 던질 때, 우리는 어떻게 대답해야 하는가? 상식적으로 배당을 주면 받는 우리 개미야 당장에는 좋지만 과연 기업의 장기적인 성장을 위해서는 그것이 최선인가? 당장에 주주에게 좋은 것과 장기적으로 주주에게 좋은 것 중에서 우리는 어떤 것이 더 좋은가? 남은 이익의 일부분을 배당으로 주주들에게 배분해야 하는가? 아니면 기업의 장기적인 성장을 위해서 이익을 재투자 해야 하는가? 무엇이 최선인가?

우리는 워런 버핏의 회사 버크셔 해더웨이는 배당을 하지 않는다는 사실을 알고 있다. 배당을 하지 않지만 세계의 주주에게 열렬한 사랑을 받고 주주총회에는 주주들이 2만명 이상 모여 하나의 축제나 파티 같은 행사를 하는 버크셔 해더웨이라는 회사를 보면서 배당에 대해서 어떻게 생각해야 하는가? 이익을 배분하는 것이 옳은가 아니면 재투자 하는 것이 옳은가?

기업의 내재가치란 이렇듯이 '무엇이다.'라고 할 수 없는 것이다. 기업은 평가 기준을 동등하게 적용할 수 없다. 일단 기업을 이끌어 가는 주체인 사람들이 모두 다르기 때문이다. 기업마다 경영진이 다르고 구성원이 다르며 사업방식이 다르고 매출구성이 다르고 비즈니스 모델 등이 다 다르다. 기본적으로 아예 다른 기업을 같은 기준의 잣대로 분석한다는 자체가 무리이기 때문에 가치분석의 토대가 되는 최고의 권위자 벤저민 그레이엄 또한 내재가치에 많은 융통성을 두었다.

투자의 세계에서 'BEST'는 없다. 'Better than~'이 존재할 뿐이다. 우리의 투자세계에서 최고의 기업은 있을 수 없다. 상황은 늘 변하고 기술도 늘 변하며 사람들의 기호도 시대에 따라 변해 버리기 때문이다. '이것이 최고의 기업이다.'라는 평가는 굉장히 위험한 발상이며 객관적으로 그리고 주관적으로 비교분석 해서 '이것이 최선의 기업이다.'라는 평가를 해야 한다.

간단히 정리하자면 기업에 대해 절대적인 평가를 내릴 수는 없고, 다른 경쟁기업과 비교분석하여 상대적인 평가를 내려서 완벽하진 않으나 '이것이 최선이다.'라는 표현은 적당하다. 우리는 전설적인 펀드매니저인 피터 린치와 필립 피셔 그리고 벤저민 그레이엄, 워런 버핏 등 많은 투자자들이 끊임없이 공부하고 자료를 검토하는 것을 익히 들어서 알고 있다. 펀드매니저들은 자료를 읽고 또 읽고 또 생각한다. 수많은 자료를 비교분석하면서 무엇이 최고인지가 아니라, 무엇이 최선인지를 검토하는 것이다.

이 때문에 주식을 잘하는 비법은 사실 있을 수 없다. 또한, 어떤 기준을 잣대로 개별기업의 주권인 주식을 분석하려는 태도 또한 굉장히 위험천만한 발상이다. 수많은 데이터를 비교분석 해야 하고 또한 그것들을 분석할 수 있는 경험적 능력, 양적 데이터를 질적 측면과 연결시킬 수 있는 능력, 모든 정보를 총체적으로 합치고 총체적으로 합친 데이터를 다른 기업과 또다시 비교분석 하여 최고가 아닌 최선의 기업에 투자하는 것이 바로 펀드매니저의 역할이다.

뭔가 그럴싸한 방법으로 '이렇게 하면 돈번다.'라는 주식비법이라는 투기적 유혹에 빠지기 전에 투자란 이런 총체적 사고의 결과물로 이루어진다는 사실을 생각해 보자.

실전적으로 기본적 분석을 주로 말할 때, 우리는 PER나 PBR이라는 수치로 표현되는 말을 자주 듣는다. PER이라는 것은 지금 주가가 회사의 이익에 비해 몇 배나 평가받고 있는지 나타내는 수치이며, PBR은 지금 주가가 기업의 부채를 뺀 순자산에 비해 얼마의 평가를 받고 있는지 나타내는 수치이다.

간단히 말해 PER은 기업의 수익력을 나타내는 수치이며, PBR은 기업의 순자산에 대한 안정성을 나타내는 수치이다. 최고의 기업은 두말할 것도 없이 수익력이 좋고 순자산의 가치가 안정적인 기업이다. 하지만, 이런 기업은 드물다.

수익이 높으면 회사 순자산의 가치가 높아지게 마련이며 회사의 수익이 낮으면 회사 순자산의 가치가 떨어지는 것은 당연한 것이다. 회사의 수익이 높으면서 자산의 가치가 저평가된 회사를 찾았을 때, 우리는 당연히 매수해야 한다. 하지만, 이 또한 쉽지 않다. 과연 회사의 높은 수익이 일시적인 것이냐 아니면 장기적인 것이냐를 판달할 때, 회사의 수익이 장기적으로 좋으면서 회사의 순자산 가치가 저평가된 회사는 아마 특별한 상황, 예를 들어 전쟁이라든지 지진이라든지 테러라든지 기타 심각한 거시경제의 타격이 아닌 이상 눈을 씻고 찾아 봐도 없기 때문이다.

현재 순이익은 평가의 주요 기준이 될 수 없다. 주가 수준은 장기 평균 실적보다는 현재 순이익에 따라 결정되는 바람에, 실적 변화에 따른 주가 변동이 심해지고 있다. 기업 순이익의 일시적인 변동에 따라 시장의 가치 평가가 심하게 흔들리는 것은 합리적으로 말하기 힘들다. 기업은 호경기에 두 배의 수익을 올릴 수 있지만, 오너는 순이익 변동에 맞춰서 자신의 투자자본 가치를 올리거나 내리지는 않는다. 바로 이 점이 월스트리트의 평가와 일반적인 비즈니스 원칙 사이의 괴리이다. 투기적인 대중이 내리는 가치평가 방식에 잘못이 있으므로 논리적인 사고력을 갖춘 투자자는 이를 활용해 큰 수익을 챙길 수 있다. 실적이 일시적으로 나빠진 해에 주식을 저가에 매입해서 일시적으로 좋아진 해에 고가에 팔아 시세차익을 남길 수 있다. [37]

특히나 PER과 PBR을 분석할 때, PER은 PBR에 비해 우리들의 주관적인 요소가 개입될 여지가 상당히 있다. 기업의 순자산은 어느 정도 일정하기 때문에 임의적으로 평가가 쉽지 않고 객관적인 시각으로 바라볼 수 있지만, PER은 기업의 실적을 토대로 계산하기 때문에 우리의 주관이 개입될 가능성이 크다. 경기가 호황일 때는 기업의 미래 실적치를 낙관하게 되면서 기업이 얼마든지 과대 평가될 가능성이 있기 때문이다. 이 때문에 PER이라는 수치는 신중하게 분석되어야 하며 최소 과거 5년 이상의 영업이익이나 순이익을 살펴봐야 한다.

이런 사정을 알면서도 어째서 언론매체나 증권사 등은 '어닝서프라이즈', '어닝쇼크'라는 자극적인 단어를 사용하면서 단기적인 실적에 과도하게 집착할까? 이 또한 섭섭한 이야기지만 우리 개미들에게 투기를 부추기기 위해서이다. 언론이나 증권사는 차분하게 최소 5년의 평균치 또는 10년의 평균치 영업이익이나 당기순이익을 말하지 않고, 단기적 실적에 관심을 맞춰 주가를 전망하고 예측한다. 그래야, 우리 개미들의 관심을 끌 수 있기 때문이다.

정확한 평가는 불가능하다. 증권분석은 특정 종목의 적정가치를 산출하기 위해 일반 기준을 만드는 것이 아니다. 현실적으로 말해 일반 기준이라는 것은 존재하지 않는다. 가치의 기준이 너무 급변하기 때문에 그런대로 정확하다고 볼 수 있는 공식은 없다. 끊임없이 변하는 현재 순이익을 가치평가의 기준이라고 하는 것은 터무니없다. 주당 순이익의 10배인지, 15배인지도 순전히 자의적인 판단일 뿐이다. [38]

내가 말하고자 하는 것은 'PER은 믿지 못하는 수치이다.'라는 극단적인 논리를 펼치자는 것은 아니다. PER이라는 이익 비교 수치 또한 하나의 단순한 참고자료에 불과하다는 것이다. PER이 낮다고 해서 무조건 좋고 PER가 높다고 해서 무조건 나쁘다고 말할 수 없는 것이 투자의 세계이다. 일반적으로 PER이 20을 넘어가는 주식은 고평가 주식이라고 생각한다. 하지만, 이 또한 시대적으로 또한 상황적으로 얼마든지 달라질 수 있다. PER이라는 수치는 이렇듯이 많은 융통성을 두기 때문에 언제든지 투기적 요소가 가미될 수 있다.

"우리는 어떤 객관적이고 주관적인 기준을 두고 투자를 해야 하는가?"

PBR은 PER에 비해서는 우리의 주관이 개입될 여지가 덜하다. 개별기업의 순자산은 하루아침에 쉽게 변동될 수 없는 요소이기 때문이다. PER처럼 앞으로의 일정하지 않은 수익을 주관적·자의적으로 예측하여 투기를 조장하기가 쉽지 않다. 눈에 보이는 순자산을 가지고 자산을 늘렸다 줄였다 하면서 전망을 말하면 누가 봐도 거짓이라는 것을 알기 때문이다.

"PBR은 PER에 비해서는 상대적으로 주관이나 자의적 판단 가능성이 떨어진다."

PBR은 현재 순자산의 기업의 가격에 비해 주가가 몇 배의 가격으로 거래되고 있는지 한눈에 알 수 있는 지표이다. 물론 그 순자산을 대차대조표에 있는 그대로 존재한다고 생각하는 것은 굉장히 순진한 생각이긴 하지만, 순자산을 몇 배 뻥튀기거나 작게 하는 건 실질적으로 어려운 일이기 때문에 차라리 우리의 주관이 개입되는 PER에 비하면 상당히 신뢰할만 하다.

일반적으로 우리가 흔히 말하는 기본적 분석인 가치투자를 한다고 할 때 내재가치 중에서 대부분의 가치투자자들은 순자산의 가치를 많이 본다. 가치투자의 대가 벤저민 그레이엄이 말했듯이 '길거리에 던져진 담배꽁초를 한모금 빤다.'라는 논리로 아주 싼 가격에 주식을 매수하는 것이 가치투자의 기본이라 하겠다.

벤저민 그레이엄의 투자를 대하는 태도에 대해서 생각해 보자. 벤저민은 대공황 시절에 손실을 입은 적이 있기 때문에 경기침체기에 자신을 보호해줄 방법을 모색했다. 최상의 방법은 손실 가능성을 줄일 수 있는

규칙들을 정해 놓은 것이었다. 이에 대한 좋은 사례가 있다.

내가 우연히 그레이엄 뉴먼에 들렀을 때, 벤저민은 자신의 회사가 가이코 주식 50%를 매수했다는 전화를 받고 있었다. 그는 나를 돌아보며 "월터, 이게 잘못된다고 해도 우리는 언제든지 그것을 청산해 돈을 회수할 수 있다네."라고 말했다.[39]

《벤저민 그레이엄의 증권분석》을 읽어 보면, 증권을 선정하는 것이 얼마나 까다롭고 얼마나 많은 요소들이 융통성을 가지고 있는지, 또한 경영자에 의해서나 시장의 심리에 의해서 얼마나 많은 요소들이 변동하는지 적나라하게 열거하였다. 투기와 투자의 경계는 매우 모호하고 구별하기도 쉽지 않다고 판단한 벤저민 그레이엄은 필살의 투자기법을 개발한다.

그것은 바로 주식을 무조건 싸게 사고 주가가 떨어지면 추가 매수하고, 최악의 상황에는 회사의 주식을 전부다 매수해서 회사를 청산해 버려 이익을 남긴다는 투자기법이다. 시장환경과 기업의 가치는 안중에도 없고 최악의 상황에서 회사가 망해 버려서 청산을 해도 돈을 회수할 수 있는 기업에 분산투자 한다는 것이 벤저민 그레이엄의 투자기법이다.

젊은 청춘,
그레이엄의 투자방식을 말하다

예를 들어 어느 괜찮은 기업의 시가총액이 유동자산의 3분의 2 이하면 무조건 사고, 주가가 상승해 시가총액이 유동자산과 같으면 판다는 원칙을 고수했다. 실제로 그레이엄은 이런 방식으로 많은 투자수익을 거두었다. 여기서 유동자산이란 현금, 어음, 외상매출금, 재고품 등과 같이 바로 처분해 당장 현금화할 수 있는 기업의 재산을 의미한다. 그레이엄은 기업의 총가치가 자산 중 바로 현금화할 수 있는 자산이 66%(2/3)라면 저평가됐다고 판단해 투자했다.

이것이 바로 가치투자의 지존이자 대가인 벤저민 그레이엄의 투자방법이다. 그의 투자방법은 가능하면 분산투자를 해서 유동자산의 3분의 2 이하의 종목은 무조건 매수하고, 오르든 말든 상관하지 않았다 떨어지면 주식을 더 매수해 회사를 청산할 생각을 하면서 주식을 매수하는 것이다.

청산가치란 발생 기업이 문을 닫을 때 소유주가 가져갈 수 있는 자산 가치이다. 기업의 소유주는 기업의 자산 일부 또는 전부를 제3자에게 매각할 수 있다. 또는 소유주는 시간이 걸리더라도 최고의 가치를 받기 위

해 회사의 자산을 조금씩 현금화할 수도 있다. [40]

투자라는 논리적 관점에서 보면 완벽한 무위험 차익거래이다. 원래 원가보다 싸게 사서 더 싸게 되면 추가로 더 사고 나중에는 투자자금 이상의 가격으로 판다. 이것이 우리가 흔히 말하는 벤저민 그레이엄의 가치투자분석의 방법이다.

실제로 대부분의 가치투자 분석가들은 PER보다는 PRB를 주로 본다. 간단해 보이지만 이것 또한 우리 개미들은 경계할 부분이 많다. 무조건 PBR이 낮다고 해서 매입한다는 것은 굉장히 위험한 발상이다. 순자산의 가치가 시가총액보다 낮은 것은 대부분 그 이유가 있기 때문이다. 예를 들어 회사가 점점 사양 산업으로 진입하거나 회사가 적자가 나면서 순자산의 가치를 점점 까먹을 수도 있다. 또한, 양적으로는 알 수 없는 많은 질적 결함도 있을 수 있다. 예를 들어 경영자가 부도덕하다거나 소송에 휘말리게 될 수도 있으며, 노사관계가 원만하지 않는 등 저평가 주식은 나름의 저평가 이유가 있기 때문에 저평가를 받는 것이다.

우리 개미들의 가치투자는 내부적으로 문제가 있거나 곧 망할 회사 중에서 저평가되는 기업을 고르는 것이 아니라, 멀쩡하고 좋은 회사 중에서 저평가된 회사를 찾아야 한다. 하지만, 이게 어디 쉬운 일인가?

또한, 청산가치까지 생각하면서 주식을 매입해야 한다면 재무제표를 전문가 수준으로 봐야 한다. 당장에 팔아 버릴 수 있는 물건을 골라 내야 하고, 실제로 회사가 망했을 때의 재고품이나 부동산의 가치 또한 파악할 수 있어야 한다.

그리고 사실 웃음이 나오기도 한다. 우리 개미가 수십억의 지분투자를 하는 것도 아니고, 청산가치까지 계산하면서 투자하는 건 사실 오버다.

　PBR이 낮은 주식을 선호하긴 하지만, 나 또한 청산가치까지 생각하면서 매매해 본 적은 없다. 일반적인 우리 개미들은 열심히 일해서 목돈을 만들어 그저 인플레이션에 재산을 강탈당하지 않고 조금이라도 불려보고자 증권매매를 하는 것인데 회사에 투자할 때 청산가치까지 계산하면서 투자할 수 있겠는가? 또한, 재무제표를 단순히 읽는 것이야 숫자를 보면 되지만 그것을 해석하는 것은 실제로 만만치가 않고 수많은 경험과 공부가 필요하다. 우리 개미가 과연 최악의 상황으로 인해 회사가 망할 경우를 대비해서 청산가치까지 고려하면서 투자할 수 있는지는 굉장히 의문이다.

　또 실제로 청산가치까지 고려하면서 투자해도 기업이 실제로 망해버렸을 때, 선순위 부채와 채권을 빼고, 우선주의 권리를 빼고, 많은 법적 절차를 거치고 나면 보통주 주주인 우리 개미는 회사의 얼마나 되는 순자산을 나눠 가질 수 있는지 실질적으로 감도 오지 않는다.

　기본적 분석이라고 하더라도 우리는 사실 무엇을 분석해야 하는지 알수가 없다. 내재가치 또한 알 수 없는 것이고 기업의 질적 분석은 더더욱 계산할 수가 없다. 그렇기 때문에 가치투자자의 창시자인 벤저민 그레이엄이 마지막에 생각해 낸 것은 안전마진을 갖춘 청산가치 투자법이다.

　기본적 분석에서 우리는 무엇을 분석해야 하는가?

　손익계산서를 보고 이익을 계산해야 하는가?
　대차대조표를 보고 순자산과 부채의 관계를 파악해야 하는가?
　회사의 앞으로의 배당을 보고 투자해야 하는가?

경영자의 자질과 인간의 됨됨이를 봐야 하는가?

회사의 비즈니스 모델을 봐야 하는가?

회사의 톡특한 문화와 노사관계를 봐야 하는가?

등등등……. 사실은 이런 것이다. 기본적 분석 또한 우리에게 혼란만 가득 가져다 준다. 그리고 기준을 잡을 수도 없다. 어차피 기본적 분석을 활용해 숫자로 표현할 수 있는 건 기업의 아주 작은 일부분이기 때문이다.

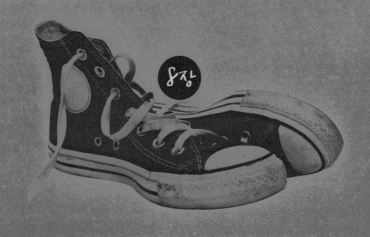

젊은 청춘, '투자의 길'을 말하다

젊은 청춘, 주식투자의 진실을 들여다보다　　　젊은 청춘, 풍요 속 빈곤 극복법을 논하다　　　젊은 청춘, 진실한 '부'는 어디에서 흘러나오는지 진단하다

증권시장은 화려한 겉모습과는 달리 천천히 속을 들여다 보면 전쟁터나 다름없는 살벌한 곳이다. 증권시장에서 우리가 그토록 소중하게 피땀 흘려 모은 자산이 쥐도 새도 모르게 사라진다. 그곳에서 우리는 모두 눈뜨고 코를 베이고 있다. 아무리 벗어나려 해도 결국 허우적거리며 더 깊은 늪으로 빠져들 뿐이다. 증권시장이 어째서 '전쟁터'라 하는지 생각해 보자.

"우리 개미에게 하루하루의 삶은 고달프다."

왜? 세상은 발전을 거듭하지만, 우리 삶의 무게는 자꾸만 무거워지는 걸까?
과거보다 분명히 기술이 발전하고, 상품이 다양해지고, 건물과 도로들이 많아지고, 사회는 점점 풍요로워지는 것 같은데 우리는 왜 자꾸 사회가 발전할수록 힘들어지기만 하는 것일까? 이 삶의 무게를 가볍게 하려면 어떤 투자의 진실을 알아야 하는지 생각해 보자. 또한, 그 진실을 바탕으로 우리는 증권시장이라는 곳에서 무엇을 바라보아야 하는지, 무엇을 꿈꾸면서 어떤 진실을 추구해야 할까?

여기에서는 증권시장이 가져 오는 전쟁터 같은 고통의 원인이 무엇인지, 또한 그 고통을 꿈과 희망으로 바꾸려면 결국 우리가 추구해야 하는 것이 무엇인지 생각해 보는 시간을 가져 보자.

젊은 청춘,
주식투자의 진실을 들여다보다

"아는 것을 안다고 하고, 모르는 것을 모른다고 하는 것이 진정 아는 것이다." — 공자

개미인 우리가 투자할 때 우리를 가장 혼란스럽게 하는 것은 바로 정보의 왜곡이다. 있는 사실을 그대로 말하지 않고 교묘하게 정보를 조작하고 심지어 대놓고 조작을 해도 우리는 진실과 거짓을 판단하기가 여간 쉽지 않다.

증권시장을 총성 없는 전쟁터로 비유하는 이유는 결국 모두가 서로 이익을 위해서 투자를 하기 때문이다. 기관투자자, 외국인투자자, 각종 언론 매체, 각 나라와 정부, 기업의 입장, 또는 유수의 펀드매니저나, 권위 있는 경제학자, 세계 각종 기관의 전문가 등등 그들은 결국 누구를 위해서 무엇을 위해서 투자하는가? 결국, 자기 자신을 위해서 투자하는 것이다.

현실을 인정하자. 우리가 살아가는 자본주의의 가장 기초적인 원리는 바로 아담 스미스의 '보이지 않는 손'이다. 인간이 이기심을 추구하면서 이루어진 체제가 바로 우리가 살아가는 자본주의 체제의 근간이 된다.

아담 스미스에 따르면 인간은 이기적 욕망을 추구함으로써 동물 상태에서 벗어날 수 있었다. '개가 심사숙고하고 공정한 거래를 통해 자기 뼈다귀를 다른 개의 무엇과 바꾸려고 하는 것을 보았는가……?' 동물이 몸짓이나 소리로 다른 동물에게 '이것은 내 것, 저것은 네 것이다. 나는 이것을 받고 이것을 주겠다.'라고 알리는 것을 본 사람은 아무도 없을 것이다. 인간은 교환 능력 덕분에 진보했고, 특별한 존재가 되었다고 스미스는 믿었다.

"교환 덕분에 인간은 타고난 재능에 따라 특정 기술을 갈고 닦을 수 있었다. 물건을 교환할 수 없었다면, 인간은 특정 분야에서 전문성을 지니지 못했을 것이다. 개인차는 교환 능력 덕분에 유익한 것이 되었다."

우리 인간에게 교환하려는 욕구는 본능에 가깝다. 하지만, 이 욕구는 결국 자신의 이익을 위해서이다. 교환하려는 상대방의 물건보다 자기의 물건이 더 가치 있다고 판단되면 누가 물건을 바꾸려 하겠는가?

경제의 가장 기초가 되는 기회비용은 결국 자신의 이익에 최선의 선택을 하라는 것이다. 국가와 국가 간의 무역은 비교우위를 통해 자신의 국가에 이익이 될 수 있게 선택을 해서 이루어지는 것이고, 기관과 각종 단체, 개인과 개인이 모든 속해 있는 우리 체제의 기본은 결국 어떤 것이 내가 속해 있는 사회의 최선이냐? 그리고 내가 속해 있는 기관과 조직의 최선이냐? 그리고 마지막은 자신 또는 가족을 위해 어떤 것이 최선의 선택이냐?로 마무리되게 되어 있다. 이것이 바로 우리가 살아가는 사회의 진실이다.

이런 이유로 우리는 어떤 정보나 눈에 보이는 사실을 접했을 때, 있는 그대로 받아들이는 것은 매우 위험한 행동이다. 이면의 진실은 보이지 않고 가짜 껍데기만 볼 가능성이 크기 때문이다. 우리는 이것을 재가공할 수 있는 자기 나름의 기준과 철학이 필요하다.

물론 아무리 이기심으로 이루어진 사회지만 우리는 짐승이 아니라, 인간이므로 우리 인간에게 주어진 특권인 도덕적 양심과 이성 그리고 긍휼(矜恤)이 여길 줄 아는 마음을 가지고 있다. 그렇기 때문에 모든 정보가 다 왜곡되었다거나 모든 사실이, 사실이 아니라는 논리는 매우 극단적이고 위험한 발상이다.

하지만, 100가지 정보 중에서 10가지의 정보만 왜곡되었을 때도 사실과 진실을 판단하기는 정말 쉽지 않다. 우리는 '모든 사람이 양심적이고 양심에 따라 도덕을 지킨다.'라는 생각 또한 누구나 극단적이라고 생각한다. 이런 이유로 모든 정보가 거짓과 사기로 판을 친다는 이야기가 아니라, 수많은 진실한 정보 중에서 아주 조금의 거짓 정보가 섞여 있어도 정보는 해석하는 사람에 따라 심각하게 왜곡될 수 있다.

이 때문에 우리가 투자의 세계 속에 있을 때, 어떤 정보를 접하더라도 그것을 자신의 기준과 철학적 판단에 따라 해석할 수 있는 능력을 갖추어야 한다. 이것이 말처럼 쉬운 일은 아니다. 생업에 종사하는 우리 개미가 모두가 투자전문가가 될 수 없기 때문이다.

하지만, 진실은 알아 두자. 그것이 주식시장을 왜 전쟁터라고 부르는지 이해할 수 있는 단초를 마련해주기 때문이다. 모두가 서로 이익을 위해 온 힘을 기울이고, 그중 페어플레이를 하는 조직이나 기관, 개인도 있지만, 반칙을 서슴지 않는 무리도 존재한다.

이런 이유로 증권시장에 있을수록 자꾸 속는 것 같은 기분이 들고, 사기당하는 기분이 드는 것이다. 어떤 방법을 찾으려 하고 단순히 정보를 받아들이기만 하면, 아무리 공부하고 노력할수록 더욱더 혼란스럽기만 하고 힘들어진다. 하지만, 우리가 누구를 원망하고 탓하겠는가? 우리 자신도 결국 스스로 이익을 위해서 투자하는 것을…….

"미꾸라지 한 마리가 흙탕물을 만든다."라는 속담이 있다. 우리는 모두 어느 한순간에 미꾸라지가 될 수 있다. 우리는 모두 감성과 이성을 분리할 수 없기 때문이다. 인간답게 살아가려고 평생을 불완전한 이성의 힘을 빌려 본능을 겨우 억누르며 살아가는 우리다.

애덤 스미스가 그토록 위대한 이유는 인간의 본성인 이기심을 다르게 해석해서 '인간은 짐승과 다를 바가 없군, 다들 자신의 이익을 위해 살아는 존재니.'라고 한탄하는 대신에 인간의 본성을 간파하고 그것을 사회와 체제에 적용시켜 우리 인간에게 마음껏 우리의 본성인 이기심을 극대화시켜 문명을 발전시킨 것이다.

"증권시장에 참여하는 모든 조직과 개인은 자신의 이익을 위해 투자한다."

이 문장에 반박할 수 있는 사람이 있는가? 이것이 진실이다. 이런 곳이기 때문에 주식시장을 전쟁터라고 불린다. 우리 개미들에게 증권시장은 혼돈과 고통의 공간이다. 진실은 거짓이 되고, 거짓은 진실이 되고, 주가의 전망은 같은 정보라도 긍정이 될 수 있고, 부정이 될 수도 있다. 우리는 이성과 감성이 분리될 수 없는 존재이기 때문에 고통을 감수하면서 미래의 장기적인 이익을 생각하기보다는 당장 이익만 보게 마련이다. 그래서 우리는 순간적으로 어떤 정보든지 객관적으로 볼 수 있는 능력을 상실할 수밖에 없다.

'아는 만큼 보인다.'라는 말은 똑같은 글을 읽고 생각해도 사람들은 각기 다르게 해석할 수 있다는 뜻이다. 우리는 또한 투자의 세계에서만큼은 보고 싶은 것만 보려고 하고, 듣고 싶은 것만 들으려고 한다. 현실을 애써 외면하고 당장 편한 길만 가려고 하는 것이 우리 모두의 모습이 아닐까?

혼돈의 시장에서 우리가 궁극적으로 시장을 이기는 방법은 정신을 차리고 자신만의 철학을 만드는 것이다. 하지만, 이것은 통찰력을 가져야 하기 때문에 사실상 우리 개미에겐 매우 힘들다. 우리는 동물적 감각을 이용해야 한다. 여기서 동물적 감각이란 '선'과 '악'을 분리할 수 있는 우리의 직관적인 능력을 말한다. 진실과 거짓을 구분하는 것은 힘들지만, 우리 대부분은 직관적으로 '선'과 '악'은 구분할 수 있다. 어느 것이 결국은 '정의'인지 우리 모두는 어렴풋이는 알고 있다. 사실 주식매매를 해서 재빠르게 돈을 벌려고 하는 행위는 모두 잘못된 행동이고 건전하지 못하다는 사실 또한 알고는 있다. 모두가 빠르게 돈을 벌려는 방법을 알고 싶어 하고 대박이나 떼돈을 향한 가냘픈 돛단배를 타려고 하지만, 그런 방법은 처음부터 애초에 없다는 것도 사실은 모두가 어렴풋이는 알고 있다. 주식매매를 해서 쉽게 돈을 벌 수 있다면, 누구든지 일을 하려들지 않고 주식매매만 하려고 할 것이다. 그런 세상은 누가 봐도 엉터리이다.

나 또한 경험적으로 주식매매를 시작한 초창기에 대박이나 떼돈을 향한 열망에 타올랐지만, 나중에서야 결국 알게 된 진실은 나 혼자만 대박 나고 떼돈을 번다는 건 불가능하다는 것을 알게 되었다. 우리는 결국 다 같이 벌어야 한다. 주식시장은 결국 우리가 살아가는 세상 일부라는 것을 알게 되었고, 주식 시세판에 들어 있는 삼성전자, POSCO, 현대차, LG 등 유수의 우리 기업들은 단순히 종목의 이름이 아니라 우리나라의 중추적인 산업이라는 사실을 수많은 눈물 속에서 고통을 겪고서야 깨닫기 시작했다.

시장이 결국 대세상승장에 들어서야만 내가 돈을 벌 수 있다는 지극히 당연한 사실을 알게 되었다. 전체적으로 경기가 좋아져야만 돈을 벌 수 있다는 것이다. 그런데 그것은 내가 돈을 버는 것이 아니라, 우리나라 기업들이 열심히 일한 결과라는 사실을 비로소 깨달았다.

주식매매로 혼자만 떼돈을 벌려는 특별한 방법 같은 것은 애초부터 있지도 않았다. 아니 아예 없다. 설령 그런 것이 있다 해도 그것을 알아내려면 생업을 포기하고 적어도 주식시장 안에서만 10년 이상의 고통과 처절한 죽음의 문턱에서 살아남을 수 있는 사람들만의 깨달음과 철학적인 방법일 것이다. 그리고 어떤 방법이든 그 방법이 공개되는 순간 그것은 더 이상의 비법이 될 수 없다. 그래서 우리 개미가 생업을 포기하면서까지 주식매매를 하려고 하지 않는 이상 우리는 대박이나 떼돈을 벌려고 시도하지 않는 것이 우리 모두에게 유익하고, 자신의 건강과 행복을 위해서도 최선의 선택이 될 것이다.

"정의는 반드시 승리한다. 당장은 좀 아닌 것 같지만."

결국은 단기적으로 시장은 혼란스럽지만, 장기적으로 봤을 때는 굉장히 정교하게 맞아 들어간다. 왜냐하면, 그것이 우리가 모두 살길이기 때문이다. 한 사람은 천하보다 귀하고 한 개인은 존엄하지만, 그 존엄이란 사회가 바로 서고 그 사람이 속한 체제가 안전하게 유지될 때만이 인정받을 수 있다.

당장 우리는 모두 자기의 이익을 위해 온 힘을 다한다. 단기적인 문제는 욕망에 치우쳐 사소한 것으로 치부될 수 있지만, 전체가 위협을 받는 심각한 상황이 일단 도래하면 모두가 개인적인 욕망을 버리고 전체를 위해 개인을 희생하는 것이 우리의 모습이다. 인간은 혼자서는 살아갈 수 없기 때문이다.

모두가 대박과 떼돈을 벌어들이는 대세상승 시기에 질적, 양적 성장이 없이 단순히 시중에 유동성이 넘쳐 주가가 상승하는 것이라면 그 상승은 결국 우리 돈의 가치를 심각하게 손상시킬 것이다. 돈의 가치가 손상되면 우리 자본주의 체제는 침체하거나 심지어 붕괴한다. 그래서 결국 거품은 터지고 돈의 가치에 손상을 주는 투기행위를 한 사람은 큰 반성과 참회의 시간을 갖게 된다. 결국은 시장의 상승과 돈의 가치는 우리의 질적 그리고 양적인 성장성이 동반할 때만 가치가 있어진다. 그리고 그 과정이 절대 만만하지 않다는 것과 그것이 단기간에 이루어질 수 없음을 우리는 알고 있다.

우리의 역사에서 투기의 역사가 반복되는 것은 결국 우리의 이성과 본능의 사이에서 이성이 패배했기 때문이다. 그리고 앞으로도 우리의 투기 역사는 계속될 것이다. 우리는 결코 이성과 본능을 분리시킬 수가 없기 때문이다.

투자의 성공이란 이러한 역사의 반복 속에서 이성의 끈을 놓지 않는 것이다. 이성과 본능의 끊임없는 갈등 그리고 한순간의 방심이 불러오는 처참한 결과를 우리는 역사를 통해 알고 있다.

우리는 끊임없이 '진실은 무엇인가?'에 대한 물음을 던지면서 투자를 해야 한다. 그 물음을 하지 않고, 투자를 하는 순간 그 투자는 투자를 가장한 투기가 된다. 그리고 '선'과 '악'을 직관적으로 구별할 수 있는 우리는 땀 흘려 일하지 않고 어떤 노력과 대가 없이, 사회의 부를 누리려고 하는 사람을 당연히 비난해야 하며, 남보다 더 큰 부를 누리려는 사람은 그에 합당한 노력과 고통이 따라야 한다. 결국, 그것이 우리 돈의 가치를 높이는 길이기 때문이다. 누구나 가지고 있는 돈은 그 가치가 올라가면 그 돈이 많든 적든, 상관없이 누구에게나 좋은 일이다.

　진실이 거짓이 되고, 거짓이 진실이 되는 투자의 세계에서 모든 정보는 재해석되어야 하며, 쉽게 돈을 벌거나 남보다 빨리 돈을 벌 수 있는 방법이나 기술 따위는 없다는 사실을 인정해야 한다. 하지만, 언제든지 이 말도 다시 구박을 받을 수 있다. 어차피 진실이란 건 애초부터 없기 때문이다. 우리가 진실이라 믿는 것이 진실이다.

　"모두가 믿는 것이 진실이 되는 세상!"

　이것이 바로 주식시장에서 혼돈의 원인이자 개미들의 고난처가 되는 주식시장이란 싸움터의 세계이다.

젊은 청춘,
풍요 속 빈곤 극복법을 논하다

"우리의 문명은 계속 발전한다."

어른들은 추억의 도시락을 보여 주면서 옛날에 계란은 부잣집 아이들만 먹을 수 있었고, 필기구인 샤프와 지우개를 가지고 있으면 친구들에게 부러움의 대상이었다고 말씀하신다. 빠른 발전 덕분에 우리는 경험적으로 과거보다 훨씬 풍요로워졌다는 사실을 알고 있다.

과거보다 자동차가 훨씬 많아졌으며 과거보다 주택과 먹을거리가 훨씬 많아졌다. 과거에는 정말 귀했던 휴대전화기는 초등학생들에게조차 필수품이 되어 있고, 초중고등학교에 학급마다 에어컨이 설치되었다는 사실에 화들짝 놀라기도 한다. "와, 세상 정말 많이 좋아졌네."라는 말이 절로 나올 때가 한두 번이 아니다.

그만큼 문명은 급속도로 발전하고 있으며 우리는 그만큼 열심히 살아가고 있다. 하지만, 우리의 인생은 더 고달파진다. 세상은 분명히 점점 풍요로워지는데 우리의 삶은 더욱더 고달파진다. 무엇이 문제일까?

문명이 발전할수록 우리는 더욱더 돈에 집착하게 된다. 돈으로 할 수 있는 것이 예전보다 더 많아졌기 때문이다.

"아…, 돈만 있었어도……"라는 탄식을 우리는 모두 얼마나 많이 하면서 살아가고 있는가?

'돈…, 돈…, 돈……. 돈만 있었어도……' 당장에 돈이 있으면 누릴 수 있는 수많은 문명의 혜택 속에서 우리는 모두 돈의 노예가 되어 가고 있다. 돈을 사랑하면서 돈을 두려워하는 우리는 돈을 가지고 지키려고 손발을 바들바들 떨면서 살아간다. 지금의 사회는 모든 사람이 돈을 벌려고 온 힘을 들이면서 살아간다. 그렇기 때문에 사회는 역동적이고 문명은 초고속으로 성장해 간다. 어떤 것이 '돈이 되는 사업이다.'라는 소문이 돌면, 다들 그 사업에 돈을 투자하고 '어떤 땅이 곧 개발된다.'라는 소문이 돌기만 해도 떴다방이 뜨는 것이 지금 사회의 한 단면이다.

우리는 지금 공급초과의 세상에서 살고 있다. 누구나 돈을 벌려고 열심히 일하는 까닭에 끊임없이 새로운 상품이 쏟아져 나온다. 이렇게 누구나 돈을 벌려고 열심히 살고 있다. 그런데 이 풍요로운 사회를 살아가는 우리는 왜 살기가 더욱더 어려워지는 것일까? 아주 당연한 이야기지만 우리 모두의 욕심 때문이다. 우리의 욕심과 욕망은 끝이 없고 충족될지를 모른다. 사람은 혼자 살아갈 수 없어서 항상 주위 사람들과 삶의 수준과 질을 비교하기 때문에 그렇다.

간단히 예를 하나 들어 보자. 내가 티코를 타도 주위 사람들이 아무도 차가 없다면 나는 부자이고, 내가 그랜저를 타도 주위 사람들이 다들 독일제 자동차를 몰고 다니면 나는 가난한 것이다. 이렇듯 우리가 생각하는 부는 아주 상대적이다.

아이들은 옛날이야기를 들으려 하지 않는다. 옛날의 배고픈 보릿고개와 계란 하나로 행복했던 과거 이야기를 들려주면서, '넌 행복한 줄 알아라!', '아빠 엄마 때는 이런 생활은 라스베이거스에서도 상상도 못할 일이다.'라고 아무리 말을 해도 아이들은 현재의 또래 친구들과 부의 질을 측정할 뿐이다. 계속해서 최신식 휴대전화기를 사달라고 조르고, 최신식 PMP를 사달라고 조른다. 명품 시계와 지갑을 사달라고 조르고 친구들과 비교해서 자신의 가난함과 부를 비교하게 된다.

이렇듯 우리의 부는 상대적이다. 우리의 저축수준과 소비수준도 상대적이다. 우리는 우리가 속한 사회의 영향 속에서 벗어날 수가 없다. 아무도 혼자 살아갈 수 없으며, 우리가 가지고 있는 철학과 생각도 모두 우리가 속한 사회의 교육을 통해 이루어졌기 때문이다. 이 때문에 살아가면서 무작정 '부'나 돈을 좇기보다는 어떤 것이 자신에게 있어 진정한 '부'인지 생각해 봐야 한다.

직장을 구할 때조차 자신의 적성보다는 '연봉'을 보는 것이 우리의 현실이다. 어쩌면 스스로 만족에 따라서 지금 부자일 수도 있고, 지금 거지일 수도 있다. 얼마를 가지고 있고, 없고를 떠나서 가진 것에 만족하는 사람은 부자인 사람이고, 가진 것에 만족하지 못하는 사람은 가난한 사람이다. 기본적인 의식주가 해결된 상태에서의 부자라는 것은 어떻게 보면 그저 다 상대적인 개념이다.

무엇을 위해서 '부'를 갈망하는지에 대한 철학 또한 필요하다. 그것이 투기를 피하고 투자를 만들어 내는 나침반이기 때문이다.

증권투자 책을 쓰고 있는 내가 '풍요 속의 빈곤을 해결하는 방법은, 가진 것에 만족하라….'라는 헛소리를 주장할 수는 없다. 단지 우리의 부와 빈곤은 이처럼 상대적 개념이라는 것이다.

'부'란 도대체 무엇인가에 대한 스스로 기준과 철학이 필요하다. 사실 우리 대부분이 풍요 속의 빈곤을 겪는 가장 큰 이유는 투기를 하기 때문이다. 좀 더 완화된 표현을 써 보자면 투자를 너무 공격적으로 하기 때문이다. CAPM(자산자본결정모형)을 군이 설명하지 않더라도 우리는 직관적으로 기대 수익률이 크면 그만큼 위험도 커진다는 사실을 알고 있다.

너무나 당연한 이야기지만 큰 수익은 저절로 얻어질 수 없다. 그만큼 큰 위험을 짊어지면서 장기간에 걸쳐 남들보다 훨씬 노력하고 노련하게 행동해야만이 얻을 수 있는 것이 바로 큰 수익이다. 우리는 당연히 단기간에 큰 수익을 얻으려고 행동한다. 그래서 당연히 실패한다.

우리는 풍요의 시대에 살면서도 단기간에 큰돈을 벌려고 정의롭지 않은 행동을 하기 때문에 빈곤해지는 것이다. 우리는 진정 무엇 때문에 가난하고, 고통을 받는가? 가난과 고통의 원인이 국외여행을 못 가서인가? 더 좋은 차를 못 타서인가? 더 좋은 집에 살지 못해서인가? 더 비싼 옷을 못 입어서인가?

나는 인간의 기본적인 욕구인 이러한 이기심을 구박하고 싶은 마음은 추호도 없다. 단지 구박하고 싶은 건 노력하지 않고 너무 빨리 단기간에 이러한 것을 누리고 싶어 하는 우리의 헛된 욕심을 구박하고 싶다.

지금의 세상은 역설적으로 우리는 열심히 살면 살수록 더 힘들 수밖에 없다. 모두가 열심히 살고 있기 때문에 더 잘살려면 더 노력해야 하고 더 노련하게 행동해야 하기 때문이다. '부'는 상대적인 개념이기 때문이다.

모두가 열심히 살기 때문에 공급은 초과 상태이다. 그 때문에 더 좋은 제품이 계속해서 나오고 기존의 상품은 금방 사양 산업으로 전락해 버린다. 여기에서 문제점은, 공급은 우리의 노력으로 거의 무한대에 가깝지만, 그 물건을 사주는 수요자는 한정되어 있다. 여기서 경제학적으로 원래의 균형을 회복하는 가장 간단한 방법은 공급과 수요가 균형을 이룰 때까지 그냥 두는 것이다. 공급이 수요를 초과하면 공급이 줄어들면 되는 것이 자연적인 방법이다. 하지만, 공급이 줄어든다는 것은 간단히 말해 과잉 공급되는 상품이 사라져야 한다는 소리고 그것은 곧 기업의 도산을 말한다. 기업이 도산하면 실업자가 생기고 실업자는 돈이 없기 때문에 시중에 수요자는 더욱더 줄어든다. 단기간에는 굉장히 고통스럽고 힘든 시간이 될 것이다. 장기적으로는 결국 균형을 이룰 것이다. 공급과 수요는 장기로 두면 결국 일치하게 된다.

하지만, 케인스는 '장기'라는 말을 하지 말라고 했다. 당장 유효수요를 창출하라고 했다. 공급이 초과한 상태에서 수요자에게 돈을 쥐어주라고 했다. 돈과 금의 연결 고리를 끊어 버리고 정부는 얼마든지 재정적자를 이용해서 돈을 찍어 낼 수 있게 했다. 무엇보다 중요한 것은 돈의 통제와 균형이라고 하면서 잘 만들기만 하면 되는 게 아니라, 잘 사야 경제가 원활하게 돌아간다고 했다.

이것은 금과 돈의 연결고리를 끊어 버림으로써 우리의 돈은 '인플레이션'을 피할 수 없게 되었고, 우리의 돈은 가치저장 기능을 크게 상실한다. 이렇듯 돈의 가치저장 기능은 상실했다. 그럼으로써 전 인류는 현실에 안주하지 못하고 죽기 살기로 살아야 한다. 생산성은 극도로 높아지고 사회는 전반적으로 풍요해졌다. 사회는 풍요롭지만 우리가 살기 어려운 이유는 인플레이션 때문이다. 그러면 우리가 여기서 생각해 봐야 할 것이 있다. 사회는 풍요로우나 인플레이션 때문에 우리가 고통을 겪는 이 상황에서 우리의 선택은 두 가지다.

1. 인플레이션으로 돈을 야금야금 강탈당하거나,
2. 인플레이션을 이용해서 돈을 벌거나.

우리는 어떤 선택을 해야 하는가? 당연히 우리는 돈을 벌어야 한다. 우리는 누구나 돈을 벌고 싶어 하고, 벌고 싶다는 욕망 때문에 자신에게 열심히 살 것을 강요한다. 우리의 문명은 돈과 그것을 좇는 개인의 욕망 탓에 전속력으로 달려가고 있다.

종합주가지수는 현재 체제에서 장기적으로 보았을 때 무조건 상승할 수밖에 없다. 현 체제에서 정부 재정적자와 각종 금융기관의 신용창조로 말미암아 돈은 점점 많아질 수밖에 없고, 시중 돈의 유동성은 부동산이나 증권시장으로 흘러갈 수밖에 없기 때문이다.

진실은 이것이다. 우리는 굳이 큰 수익을 위해 투자하려고 노력할 필요가 없다. 큰 수익은 큰 위험을 감수해야 하기 때문이다. 우리는 전속력으로 발전하는 풍요로운 문명의 혜택을 그저 누리면서 살면 된다.

우리는 주식투자를 할 때 돈을 벌려고 투자해야 하는가? 아니면 돈을 지키려고 투자하는가? 세계는 '돈 님'의 품을 향해서 무한정 달려가고 있다. 우리가 돈이면 다 되는 세상으로 만들어 버렸기 때문이다. 세상은 점점 발전하고 있고 풍요해지고 있다. 지금의 체제에서 금값은 계속해서 상승할 것이다. 또한, 코카콜라라든지 질레트라든지 막강한 브랜드 네임과 유통망을 가진 산업은 인플레이션만큼 가격을 상승시킬 수 있고, 이 때문에 큰 영업이익을 창출할 수 있다. 워런 버핏은 인플레이션을 이용해서 세계 최고의 부자가 되었다.

"우리는 얼마 만에 부자가 되기를 원하는가?"

우리는 경험적으로 물가상승이 얼마나 무시무시한지 알게 되었다. 우리가 이토록 다들 재테크에 목을 메는 이유는 다름이 아니라, 적금을 해서는 이제는 절대로 부자가 될 수 없음을 직관적으로 알고 있기 때문이다. 5년 전의 1억과 지금의 1억 가치 차이는 상상도 못할 정도이다. 단 5년간의 세월 만에 돈의 가치가 얼마나 빠른 속도로 하락하는지 정말 황당할 정도이다.

하지만, 여기서 우리가 알아야 할 것은 물가가 빠르게 상승한다는 것은 그만큼 우리 인류가 역동적으로 움직이고 있다는 것이다. 공급량은 과잉으로 치닫고 그로 말미암은 경기침체를 막기 위해서 유효수요를 창출해 낸다. 즉, 돈을 찍고 신용을 창조해 소비하게 하여 경제를 돌아가게 한다. 물가가 빠르게 상승할수록 금값은 점점 빠르게 올라간다.

금값만 올라가는 것이 아니다. POSCO의 철 값도 오르고 삼성화재의 보험금도 오르고, 태평양의 화장품도 오르고, 롯데칠성의 칠성 사이다도 오르고, 제일기획의 광고료도 오르고, 유한양행의 휴지와 생리대 가격도 오른다. 단순히 인플레이션으로 가격만 올라가는 것은 아니다. 만약, 영업이익까지 낼 수 있는 기업을 선택해서 누구나 5년에서 10년 정도 장기적으로 투자한다면, 분명히 이렇게 올라가는 인플레이션을 따라잡으면서 효과적으로 부수입인 배당과 주가 시세 차익의 효과까지도 볼 수 있다.

결국, 여기서 내가 하고자 하는 말은, 우리는 과거에 비해서 이미 부자라는 사실이다. 과거에는 휴대전화기만 들고 있어도 부자 취급을 해주었다. 과거에는 포니라는 트럭 하나만 몰고 다녀도 부자라고 해주었다.

즉, 우리가 겪는 돈의 집착은 상대적인 것이다. 이런 상대적인 부에 휘둘려 무모하게 투자를 가장한 투기판에 뛰어들어 풍요의 시대에 고통 받으면서 살지 말자는 뜻이다. 우리는 누구나 부자가 돼서 잘살 수 있다. 현 체제는 문명 탄생 이후 가장 공격적이고 적극적인 발전을 이루고 있기 때문이다. 지금의 체제는 어느 개인에게도 게으름과 나태함을 용서하지 않고 개인 또한 돈을 벌려고 모든 노력을 다한다.

투자의 정의를 다시 해야 한다. 우리 개미에게 투자란 위험하게 돈을 투입해서 무리하게 초과수익을 내려는 행동보다는 물 흐르듯이 발전하는 문명의 인플레이션을 따라가기만 하면 된다.

우리 개미는 고도화된 사회 속에서 진실과 거짓조차 판단할 수 없다. 우리는 그저 맡은 생업에 온 힘을 다하면서 돈의 가치하락은 인류 문명의 발전이라 생각하고, 가지고 있는 돈의 가치하락을 막을 수 있는 기업과 산업에 장기적으로 투자하는 것이다. 이것이 바로 부자가 되는 지름길이다. 이것이 곧 우리가 풍요 속에서 빈곤을 극복하는 방법이다.

젊은 청춘,
진실한 '부'는 어디에서 흘러나오는지
진단하다

우리 개미는 돈을 벌려고 투자한다. 하지만, 역설적이게도 우리는 돈을 벌려고 투자하기 때문에 실패한다. 단지 돈을 벌기 위해서만 투자를 하게 되면 당장의 이익과 수익, 손실만 보일 뿐이다. 이성적 진실은 가려지고 거짓과 소문의 달콤한 유혹만이 보이고 들린다.

주식시장은 자본주의의 꽃이다. 그리고 자본주의 근간이 되는 애덤 스미스의 '보이지 않는 손'은 인간의 이기심에 의한 작용이다. 그곳은 각각의 국가와 기관, 개인 등이 참여하는 모든 존재가 자신의 이익을 위해서 투자하는 곳이다. 이런 곳에서 우리는 누굴 믿고 누굴 의지해야 하는가? 결국, 서로 자신의 투자수익을 온 힘을 기울여 모든 능력을 펼치는 주식시장에서 자신의 철학이나 생각이 없으면 말 그대로 눈뜨고 코를 베이는 상황이 발생한다.

극단적 진실을 말하자면, 개미투자자가 어떤 투자수법이나 방법을 통해서 시장의 초과수익을 내려는 행동은 계란으로 바위 치기와 같은 행동이라 할 수 있다. 인정해야 한다. 그런 방법은 없다. 또 만약 있다면 그 방법을 하려면 내가 장담컨대 지금의 생업을 포기하고 주식시장에서 죽음의 레이스를 달려야 하고 최소 5년 동안은 경험을 쌓아야 한다. 사실 우리 개미에게는 불가능한 방법이다. 이런 사실에 대한 진실을 우리는 자꾸 잊어버린다. '돈 님'의 마력 때문이다. 사랑하면서 두려워하는 그분이 우리의 이성적 사고를 가로막는다.

1. 내일 어떤 주식이 오를까요? 앞으로 시황은 어떻게 될까요?
2. 어떤 기업이 장기적인 질적 성장이 가능할까요? 앞으로 어떤 산업에 투자해야 국가발전에 보탬이 되고, 우리 아이들이 더 행복하게 살 수 있을까요?

우리가 투자하려면 전문가에게 어떤 질문을 해야 할까? 1번의 질문을 했을 때는 그저 단기적인 수급의 시황이 궁금할 뿐이다. 1번의 질문은 그저 "난 투기를 하겠어요. 내일 종목을 짚어 주세요!"라는 말밖에 되지 않는다. 사실 우리가 진정 궁금해야 할 것은 바로 2번의 질문이다. 그것이 바로 지금 풍요의 시대를 유지할 수 있는 나침반이기 때문이다. 결국은 2번의 질문에 대한 진지한 고민과 행동만이 풍요의 시대에 지속적으로 풍요를 누릴 수 있는 투자방법이다.

결국, 우리는 모두 돈을 가지고 싶어 하고 돈을 원한다. 더 극단적으로 말하자면 돈에 미치고 환장한다. 하지만, 여기서 곰곰이 생각해 봐야 할 것은, 우리가 가지고 싶어하는 만 원짜리 돈은 우리나라의 채권을 담보로 찍어 내는 종이에 불과하다는 것이다. 채권을 찍어 내서 만들어 내는 종잇조각의 가치는 전적으로 국가의 신용으로 정해진다. 내가 아무리 힘들게 돈을 모아서 집의 지하 창고에다 가득 쌓아도 국가의 신용이 떨어지거나 국가가 힘들어지면 말 그대로 종이밖에 되지 않는다. 결국, 우리가 모두 풍요해지는 길은 국가가 부강해야 한다. 우리 돈의 가치는 전적으로 우리나라 채권의 가치로 정해진다. 국채의 가치는 결국 우리가 만들어낸다. 국가 채권의 가치는 국민의 미래 세금과 국민의 생산성과 효율성으로 만들어진다.

앞의 글에서 나는 지금의 화폐제도에서 인플레이션이 어째서 필연적인지를 많은 부분 할애해서 적었고, 워런 버핏이 어떻게 인플레이션을 이용해 돈을 버는지 함께 알아봤다. 결국, 나는 우리 모두가 인플레이션을 이용한 투자로 풍요의 시대를 함께 누리자고 주장했다. 또한, 이것이 우리 개미를 위한 나침판이라 주장하고 있다.

워런 버핏이 인플레이션을 이용해서 세계 최고의 부자가 되었는데 그 이유는 워런 버핏을 둘러싼 거대한 '부', 즉 노력한 만큼 보상을 받을 수 있는 부유한 국가에서 살았기 때문이라고 했다. 그러면 여기서 질문을 해보자. 대한민국의 부는 얼마나 되는지……?

이론상으로 기업이 발행한 채권의 신용도는 그 기업이 아무리 번창해도 해당 국가의 신용도보다 높을 수는 없다. 정부는 막강한 조세 징구권을 통해 자국 내 기업의 자산과 이익에 대해 거의 제한 없이 우선적 청구권을 행사할 수 있다.[41]

세계화의 영향으로 기업이 아무리 다국적 기업이 된다고 해도 기업은 그가 속한 국가의 영향력에서 벗어날 수 없다. 이론상으로는 대한민국에 속해 있는 어떤 기업도 대한민국의 신용 자체를 뛰어넘을 수 없다. 우리 개미는 결국 우리나라에 상장된 코스피에 투자한다. 그리고 그곳에서 수익을 얻어야 한다. 이곳에서 우리가 가진 인플레이션의 풍요를 누려야 한다.

"인플레이션을 이용해 투자하려면, 무엇을 해야 할까?"

우리가 진실을 보려면, "내일은 어떤 종목이 오를까요?", "앞으로 어떻게 하면 돈을 벌까요?"라는 질문보다는 "앞으로 어떤 기업이 질적인 발전을 할 수 있을까요?", "앞으로 어떻게 하면 국가가 발전할 수 있을까요?"라는 질문에 초점을 맞춰야 한다.

투기만 생각하는 사람은 단기의 수익만을 바라기 때문에, 주식시장이란 결국 우리 모두 삶의 공간이자, 자본주의의 꽃이라는 생각을 하지 못한다. 그저 단기간의 투자수익만을 생각할 뿐이다. 심지어 주식시장은 제로섬 게임이라고 생각한다. 투기를 하는 사람은, 모두가 잘살 방법은 생각하지 않고, 남의 돈을 먹고 먹히는 투기의 장으로 주식시장을 바라본다.

남보다 빨리 남보다 쉽게 돈을 벌려고 하고, 어떤 알팍한 방법으로 단발적인 투기를 벌여 돈을 벌려고 한다. 그것은 내가 장담컨대 어떤 정당화된 행동, 합법적인 행동이라도 결국은 나쁜 짓이다.

투자의 진실은 다른 사람을 속이고 밟아서 무너뜨리고 돈 놓고 돈 먹는 투기판이 아닌 우리가 모두 잘살 방법을 찾는 것이다. 그리고 결국은 그런 식으로 우리의 문명과 역사는 흘러가게 되어 있다. 그것이 결국 우리 모두가 원하는 것이기 때문이다.

인플레이션을 이용하는 투자는 쉬워 보이는가? 너무나 시시하고 지루해 보이는가? 결국 복리의 마법은 하찮고, 너무나 당연한 방법 같아 보이는가?

결코 아니다. 인플레이션을 이용하려면 그만큼 세계 최고의 질적, 양적 기업들이 우리나라에 있어야 한다. 코카콜라나 질레트, 나이키 등 워런 버핏이 보유한 각 분야의 최고 기업을 보면 알 수 있다. 우리나라에는 인플레이션을 이용할 수 있는 기업이 과연 몇 개나 되는가?

막상 인플레이션을 이용해 투자하려고 마음먹는다 하더라도 과연 이런 기업이 존재는 한다고 생각하는가? 최소 10년 이상 동안 지속적으로 시장경쟁에서 최고의 지위를 차지하고, 가격경쟁력을 가질 수 있으며, 꾸준한 영업이익을 내고, 지속적으로 시장을 확장해 가고, 사업의 구조가 크게 변하지 않을 기업이 과연 몇 개나 될까?

인플레이션을 이용하려면 기업이 생산해내는 상품의 가치가 시장경쟁에서 거의 '금'과 맞먹는 가치를 지녀야 한다. 우리나라는 그런 기업을 과연 몇 개나 보유하고 있는가?

가장 안정적으로 무조건 벌 수 있다고 생각하는 인플레이션을 이용한 투자도 막상 해보면 극도로 스트레스를 받는다. 인플레이션을 이용할 수 있는 기업은 정말로 막강한 기업이어야만 하기 때문이다. 직접 인플레이션을 이용한 투자를 하다 보면 워런 버핏이 왜 '계란을 한 바구니에 담아라.'라는 소리를 하는지 저절로 깨닫게 된다. 기업이 결코 망할 수가 없고, 그 기업이 생산해 내는 상품의 가치가 금과 같을 수 있는 기업은 극도로 소수이기 때문이다.

내가 말하는 또 하나의 진실은 인플레이션을 이용한 투자는 절대 만만치 않다는 사실이다. 시각을 넓혀 세계 속에 속한 대한민국의 위상을 살펴보자. 2008년 노벨 경제학상을 받은 폴 크루그먼의 생각을 들여다 보자.

폴 크루그먼의 생각을 극단적으로 요약하여 간단히 살펴 보면 이렇다. '대한민국은 공산당의 성장과 다를 바가 없다. 너희의 양적 성장은 이제

곧 한계에 도달한다.'

즉, 과거 150년간 서구세계의 경제성장이 주로 기술발전에 따른 경제의 효율성 향상에 기초를 둔 것인데 비해, 과거 공산권과 현재 아시아 개발도상국의 성장은 효율성 향상보다는 주로 생산요소 투입의 양적 확대 때문이었다는 지적이다. 따라서 이런 성장은 과거 공산권의 성장이 그러했듯이, 어느 단계에 이르면 한계에 부딪히게 마련이며, 결국 그 속도가 둔화하리라는 전망을 내린 것이다. 그래서 이른바 환태평양 중심의 세계경제 시대가 도래하리라는 주장도 지나치게 과장된 표현이라는 것이다. [42]

만일 아시아의 성장에 어떤 비결이 있다면 그것은 단지 행복을 뒤로 미룬다는 것이다. 즉, 미래의 이득을 위해 현재의 만족을 기꺼이 희생시키는 것이다. [43]

폴 크루그먼은 오직 너희가 이 정도로 잘살 수 있는 가장 큰 이유는 '그지 헝그리 정신일 뿐이다.'라고 결론을 내려 버린다. 아시아의 최근 몇십 년 동안의 빠른 성장을 그저 양적인 성장으로 치부해 버린다. 중앙정부의 통제 계획에 따른 양적 투입의 증가, 예를 들어 사회기반 시설과, 도로 건설, 제조업 라인의 확대, 교육수준의 확대 등 일시적으로 허허벌판에서 외국의 자본과 기술을 빌려 양적으로 성장했을 뿐이라며, 그러한 성장은 곧 한계에 부딪히고 계속적인 양적 투입은 불가능하다고 말한다.

폴 크루그먼이 "반도체 라인을 늘린다고? 자동차 라인을 늘린다고? 중공업 도크를 늘린다고? 화학업체를 더 늘린다고? 건물을 더 늘린다고? 너희가 성장할 수 있을 것 같냐? 공급을 늘려봐야 가격 경쟁력만 떨어질 뿐이다. 너희의 양적 성장은 이제 한계에 도달해 간다."라고 말하는 것 같다.

최근 몇 년간의 속도로 아시아의 성장이 지속할 수는 없다. 2010년의 시각에서 보면, 최근의 추세를 그대로 연장해서 아시아가 앞으로 세계를 지배하게 되리라는 지금의 전망은 브레즈네프 시대의 시각에서 소련의 산업지배를 내다본 1950년대식 전망만큼이나 어리석게 보일 것이 틀림 없다. 44

그런 행동은 이제 공급의 초과만을 일으키며 결국은 과거보다 높은 임금 때문에 단순한 양적 성장은 이제 곧 한계에 부딪힌다고 말하고 있다.

"높은 성장기에 보여준 소련의 성장과 마찬가지로 아시아의 성장도 효율성의 증가보다는 노동이나 자본과 같은 생산요소의 이례적인 투입 증가에 의해 추진되는 것으로 보인다.

특히 싱가포르의 경우를 생각해 보자. 싱가포르 경제는 1966~1990년까지 미국보다 세 배나 높은 연간 8.5%의 눈부신 성장을 이룩했다. 1인당 소득은 6.6%씩 늘어, 대략 10년마다 두 배가 됐다. 이런 성과는 일종의 경제기적처럼 보였다. 그러나 이 기적은 알고 보면 영감에 의한 것이라기보다는 땀에 의한 것이었다.

싱가포르는 스탈린이 들었다면 기뻐했을 자원동원을 통해 그런 성장을 이룬 것이다. 고용인구의 비율이 전체의 27%에서 51%로 급증했고, 노동력의 교육수준도 크게 높아졌다. 1966년에는 노동자들이 절반 이상이 정식교육을 전혀 받지 않았었다. 이에 비해 1990년에는 3분의 2가 중등교육을 이수했다. 무엇보다도 이 나라는 엄청난 물적 자본을 투자했다. 생산에 대한 투자비율이 11%에서 40% 이상으로 높아졌다.

정식 성장회계를 들여다 볼 필요도 없이 싱가포르의 성장이 주로 반복

될 수 없는 1회적인 행동변화로 이루어졌다는 것을 이 수치들은 여실히 나타낸다." [45]

아…, 최근의 노벨 경제학상을 받은 폴 크루그먼이 저렇게 말하니 많이 속상하고 억울하기 하지만, 딱히 반박할 말도 없다. 상당 부분 공감이 가기 때문이다. 우리나라의 최근 심리적 침체는 더는 양적 투입을 할 산업이 점점 없어지기 때문에 생긴다. 우리는 더는 반도체 라인을 늘린다고, 자동차 라인을 더 늘린다고, 중공업 도크를 더 늘리고, 건설업체를 늘리고, LCD 라인을 더 늘린다고 해서 발전하는 것이 아니라는 사실을 알고 있다. 더 이상의 양적 투입은 공급초과로 가격의 경쟁력 약화만을 가져오고 있다. 또한, 무리한 확장 설비는 경기침체 구간일 때, 기업 도산의 사태로 이어진다는 사실을 알고 있다.

대한민국은 지금 기로에 서 있다. 양적 투입은 한계에 도달해 가고 있으며, 그마저도 중국의 우리보다 더 독한 계획 경제에 따른 양적 투입의 극대화로 우리의 주요 산업을 무서운 속도로 따라오고 있다.

우리의 주요 산업인 반도체, 조선, LCD, 화학, 건설 등 가만히 보면 우리나라 대부분의 수출품은 거의 제조업이다. 이 때문에 우리 개미와 모든 국민이 온 힘을 다해 열심히 살고는 있지만 우리는 점점 힘들어질 수밖에 없다.

아시아의 양적 산업의 경쟁은 서로 제 살 파먹기식의 경쟁일 뿐이다. 양적 성장의 경쟁력은 단 하나다. 오직 가격 경쟁력, 가격을 더 싸게 공급해야 하기 때문에 만들면 만들수록 골병만 들고 힘들어진다. 열심히 일은 하지만, 삶은 더 고달퍼진다.

자원이 없는 우리나라가 제조업 중심인 수출에서 경쟁력이 떨어진다면 과연 내수는 성장할 수 있는가? 수출이 경쟁력을 잃으면 인구가 적은 우리나라는 내수가 급격히 침체된다. 결국, 내수의 활성화는 수출의 결과물일 뿐이다. 수출이 경쟁력을 잃어 가고 내수가 침체된다면 우리는 인플레이션을 이용한 투자를 할 수 있는가? 나라가 점점 힘을 잃게 된다면, 우리가 투자할 수 있는 기업 자체가 없어지게 된다.

"인플레이션을 이용한 투자는 우리에게 풍요 속의 행복을 가져다준다."

하지만, 여기서 '풍요 속'이라는 말 속에 의미를 두자. 무엇이 우리에게 풍요를 가져다 주는가? 세상은 저절로 풍요를 가져다 주는가? 그것은 절대로 아니다. 우리 대한민국은 우리 모두의 헝그리 정신으로 먹을 것 안 먹고, 입을 것 안 입고, 자식을 위해 모든 것을 헌신하는 우리의 부모님 세대 덕분에 이런 풍요를 누리는 것이다. 과거 중앙의 계획경제와 국민의 성실함과 근면함이, 이 모든 것을 이루어 낸 것이다. 하지만, 미래는 단순히 땀으로만 경쟁할 수 없다. 우리는 이제 양적 성장의 한계에 도달해 있다.

우리나라의 88만 원 세대

우리나라 비정규직 평균 임금인 117만 원에 20대 임금 비율인 74%를 곱해서 나왔다는 88만 원, 88만 원 세대로 불리는 지금의 20대가 좌절하는 것은 취업의 어려움과 적은 보수 때문만은 아닐 것이다.

20대 중후반은 중·고등학교 때 IMF를 겪으며 경제적 어려움을 뼈저리게 체험했고, 그것이 트라우마(정신적 외상)로 남아 젊음을 만끽할 여유도 없이 토익과 성적, 인턴 등 열심히 준비해 왔지만, 그들에게 남은 것은 대부분 비정규직 일자리였다. 산업의 고도화, 고용 없는 성장, 노동시장의 유연화로 좋은 일자리는 줄어들고, 30대 경력직을 원하는 기업의 구인 풍토는 그들에게 남은 희망마저 자꾸 앗아간다. [46]

이런 현상은 왜 일어나는가? 과거보다 분명히 좋은 환경에서 공부했고 고등학교 들어가면서부터는 최소 밤 10시까지 야간 자율학습을 하며 온 힘을 다하는데 졸업과 동시에 취업난에 치이며 결국 최고의 수재들은 국가고시와 공무원 임용에 매달린다는 사실을 우리는 알고 있다.

사회가 전반적으로 양적 성장의 한계에 부딪히면서 더는 양적 확장을 할 수 없는 우리나라 산업 구조상의 한계라고 하겠다. 양적 산업을 넘어선 질적 성장만이 우리나라의 산업이 발전해 나가는 길이다. 그리고 그것이 우리 모두에게 풍요로워질 수 있는 '인플레이션 이용한 투자'를 가능케 하는 것이다. 만약, 질적인 성장 없이 양적인 확대로 수출을 열심히 해서 무역흑자가 생기면 우리는 안심할 수 있을까? 우리는 오직 수출에 의한 무역흑자만이 살길인가?

국가 경제의 손익을 그 국가의 무역수지라고 단순하게 생각하는 사람이 있을는지도 모른다. 즉 경쟁력을, 국외에서 사들이는 것보다 더 많이 팔 수 있는 그 국가의 능력으로 측정할 수 있다고 생각할 수 있다. 그러나 이론상으로나 현실적으로나, 무역흑자가 국가의 취약함을 나타내고 적자가 오히려 국가의 힘을 나타내는 때도 있다. 예를 들면, 1980년대 멕시코는 국제투자가들이 차관 제공을 중단했기 때문에 외채에 대한 이자 지급을 위해 거액의 무역흑자를 내지 않을 수 없었다. [47]

너무나 당연한 이야기지만 세계의 법이라는 것은 존재할 수 없다. 법이 있는 것처럼 보일 뿐이다. 세계는 진정한 약육강식의 법칙을 기초로 한다. 우리나라는 달러가 부족하면 IMF를 맞이하고 국가 부도 사태를 맞이해야 하지만, 미국은 달러가 부족하면 찍어 내면 된다. 어차피 미래의 세금을 담보로 찍어 내는 채권은 그저 국가의 신용이기 때문이다. 우리나라가 악착같이 외환 관리를 해야 하는 이유는 세계에서 대한민국의 원화가 차지하는 위상이 그만큼 낮기 때문이다.

"무엇이 우리에게 인플레이션을 이용한 투자를 가능하게 하는가?"

우리는 인플레이션을 피할 수 없다. 우리나라 대부분 금융기관은 이미 외국의 손에 넘어갔으며 미국은 기축통화의 위치를 계속 유지하기 위해 수단과 방법을 가리지 않을 것이다. 세계 대부분 주요 국가에는 이미 미군이 배치되어 있으며 세계의 통합기구 WTO, IBRD, IMF, OPEC 등등 대부분이 미국의 손아귀에 있다. 미국은 날이 가면 갈수록 재정적자를 늘려 갈 것이다. 그리고 재정 부담을 인플레이션을 통해 극복할 것이다.

케인스의 대답이 가장 확실하다. "연속되는 인플레이션 과정에서 정부는 비밀리에 국민의 재산 일부를 몰수할 수 있다. 이 방법을 쓰면 마음대로 국민의 재산을 뺏어올 수 있다. 다수가 가난해지는 과정에서 소수는 벼락부자가 된다." [48]

그린스펀도 1966년에 다음과 같이 주장했다. "금본위제가 없는 상황에서는 어떤 방법으로도 국민의 재산이 인플레이션에 먹히는 것을 막지 못한다." [49]

우리는 인플레이션에 의해 재산을 야금야금 강탈당해야 하는가? 아니면? 인플레이션을 이용해 풍요를 누려야 하는가?

"무엇이 우리에게 인플레이션을 이용한 투자를 가능하게 하는가?"

우리에게 주식투자란 단지 싸게 사서 비싸게 파는 것뿐인가? 우리에게 투자란 그저 차익실현일 뿐인가? 결국, 우리가 모으는 '돈' 원화는 무엇을 보증하고 어떤 가치를 지니는가?

돈이라는 것은 언제나 우리에게 소중하지만, 그 이면을 들여다 보면 더욱더 소중하다. 우리는 모두 돈의 가치가 손상되지 않도록 온갖 노력을 해야 하며, 돈의 가치를 손상하는 어떤 행동도 용납해서는 안 된다. 수많은 경제적 현상은 얽히고설키며 우리를 혼란스럽게 하고, 그것을 분석하려는 숫자는 우리를 더욱더 혼란스럽게 만든다. 우리는 이러한 복잡한 사회에서 살아가고 있다.

결국, 돈만 봐서는 아무것도 알 수가 없다. 진실과 거짓을 구별하는 건 우리 개미에게는 거의 불가능한 일이다. 우리는 직관적으로 '선'과 '악'을 구분해야 한다.

"내일 주가의 상승폭이 중요한가?"
"내일 시장의 상황이 중요한가?"
우리가 진정으로 알고 싶어 해야 하는 것이 무엇인지 생각해 보자. 하지만, 누구나 의견을 말할 수 있지만, 누구도 답을 내릴 수는 없다. 돈을 대하는 우리의 태도와 철학은 누구나 다를 수밖에 없기 때문이다.

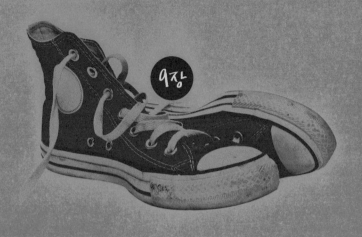

9장

젊은 청춘의 투자학

젊은 청춘, 위험요소 극복을 위한 철학을 만들다 · 젊은 청춘, 실전
투자 비법을 알게 되다 · 젊은 청춘, 적정가격을 이야기하다 · 젊
은 청춘의 실전투자학 · 젊은 청춘, 실전투자 사례를 경험하다

지금까지 우리는 증권시장의 수많은 위험요소를 살펴보았다. 하지만, 위험요소를 살펴보는 것만으로는 충분하지가 않다. 우리는 이러한 수많은 위험이 도사리고 있는 증권시장에서 어떻게 투자해야만 승리할 수 있는지 알아 보자.

투자의 진실과 진리를 알아보기 위해 지금까지 많은 비판과 철학을 바탕으로 결국 우리가 어떻게 투자해야 승리할 수 있는지 많은 생각을 해보았다.

우리 개미들에게 투자란 정말이지 호락호락하지가 않다. 승리할 수 있는 투자를 하려면 세상을 자신만의 시각으로 바라보는 철학이 필요하다. 단순히 방법만 가르쳐 주면 '돈 님의 마력', '가치의 혼돈', '수많은 세력집단', '군중심리' 등의 수많은 고난과 장애물 속에서 우리의 주관과 사고, 시각은 사라진다. 그저 남을 따라서 매매하게 되고, 알 수 없는 기쁨과 행복, 희망 그리고 알 수 없는 슬픔과 절망, 고난이 뒤따른다. 그리고 결국 그 감정의 기복은 우리를 파멸시킨다.

세상의 화려한 겉모습에 현혹되지 않고, 중심을 바라볼 수 있는 철학을 기르기 위해 지금까지 많은 비판을 해왔다면, 여기에서는 그것을 바탕으로 개미들이 승리하는 그리고 승리할 수밖에 없는 투자방법을 이야기해보려고 한다.

"우리는 시장을 이길 수는 없다. 하지만, 시장을 이용해 부자가 될 수는 있다."

결국, 우리 개미들은 시장을 이기려 하지 말고 이용해야 한다.

여기에서는 개미들이 시장을 이용해서 부자가 되는 방법을 알아 본다. 이 책의 처음부터 여기까지 읽은 개미들은 이제 시장 이용하는 방법을 터득할 수 있다. 결국, 이제 투자의 진실이 조금씩 보이기 시작하고, 우리의 욕망 탓에 애써 거짓을 진실이라 믿었던 자신을 되돌아보는 시간을 가지게 될 것임을 확신한다. 그리고 이것을 바탕으로 투자의 진실과 진리, 더 나아가 자본주의 세상을 살아가는 진실과 자본주의에서 태어나는 진정한 '부'에 대해서 생각하는 시간을 갖게 될 것이며, 진정한 '부'를 목표로 나아가게 될 것이다.

젊은 청춘,
위험요소 극복을 위한 철학을 만들다

글 말미에 오니 처음 주식시장을 접할 때가 생각난다. 나에게 주식시장의 첫 경험은 정말 충격이었다. 엄청난 돈의 흐름과 정보의 홍수 그리고 모든 사람의 관심이 집중된 주식시장은 그야말로 나에게 도전의 욕구를 자극하고, 거대한 자본의 흐름은 나를 완벽히 사로잡았다.

주식시장에서는 100억도 1,000억이라는 돈도 그저 아주 작은 부분에 불과하다. 흘러넘치는 돈과 흘러넘치는 풍요함이 여기에서 보인다. 돈이 돈을 낳고 또다시 돈이 돈을 낳는 그곳에서 우리는 매력을 느끼지 않을 수 없다. 아니 주식시장과 사랑에 빠지지 않을 수 없다. 하지만, 기대가 큰 만큼 실망이 큰 곳이다. 열렬히 사랑하는 만큼 우리는 모든 에너지를 쏟아 부을 수밖에 없고, 그 속에서 배신이라 생각하면 사랑했던 만큼 분노하고 실망한다. 이런 이유로 우리의 주식시장은 우리의 가장 큰 사랑과 가장 큰 실망이 공존해 있는 공간이다.

우리는 사람이기 때문에 감정과 이성을 분리시킬 수 없다. 열렬히 사랑하는 그곳에 열정을 쏟아 붓고 모든 에너지를 불어 넣는다. 그리곤 우리는 열정을 쏟은 만큼 실망과 좌절을 맛보게 된다.

이런 이유로 아무리 경제에 대해 공부를 하고 기업의 기본을 철저히 알아도 어느 사람도 성공을 장담할 수 없는 곳이 바로 주식시장이다. 주식시장은 결코 우리가 이성으로만 대할 수 없는 '돈 님'이 존재하는 곳이기 때문이다.

그 때문에 나는 글을 쓰면서 단순히 주식의 투자방법을 가르쳐주는 것보다, '돈 님'의 마력을 극복하는 방법을 설명하기 위해서 금본위제를 설명하고, 채무화폐의 메커니즘을 설명하면서 돈은 찍어 내면 된다는 논리로 '돈 님'의 마력을 조금이나 약화시키기 위한 노력을 했다. 돈은 결국 우리의 이성과 믿음을 믿을 뿐이라는 이야기를 계속하고 있다.

실제로 투자하다 보면 결국 정신을 잃어버리는 곳이 주식시장이기 때문이다. 그리고 스스로 정신 줄을 놔버리길 원한다. 똑바로 정신을 차리고 있기가 너무 고통스럽기 때문이다. 주식시장에서 대박과 떼돈의 환상과 꿈은 너무나 달콤하고 매력적이다.

결국은 고스톱 판의 막가는 투기꾼처럼 못 먹어도 '고'를 외치게 되는 곳이 주식시장이며, 이것이 가장 큰 무서움으로 다가온다. 기술적 분석을 완벽하게 숙지하고, 기본적 분석을 완벽하게 숙지하고, 경기변동을 완벽하게 숙지하고, 모든 투자방법을 숙지해도 결국은 방법이나 기술이 아니라, 자신이 세상을 바라보는 기준 '철학'이 없다면 결국은 스스로 무너지게 되어 있다.

돈을 벌면 버는 대로 '돈 님'의 마력은 사람을 거만하게 만들고 과감하게 하고, 더 많은 신용과 미수, 담보대출을 부르게 하며, 돈을 잃으면 잃는 대로 '돈 님'의 마력은 사람을 벼랑 끝으로 밀어 버리고, 더욱더 투기로 몰아붙인다. 그리고 심지어는 생명까지도 앗아간다.

주식시장이 무서운 이유는 '돈 님'을 직접 통제하고 다루어야 하기 때문이다. 주식을 매도하면 3일 만에 현금화된다. 속된 말로 주식투자는 현금 박치기다. 그곳은 돈을 다루지 못하면 결단코 살아남을 수 없는 공간이다.

이 때문에 '돈 님'을 감정과 욕망으로 바라보지 않고 이성으로 바라보기 위해서는 돈이 만들어지는 원리 그리고 돈의 가치가 만들어지는 원리를 알아야 한다. 그리고 경제와 경기라는 전체의 원리를 알고자 노력해야 한다. 이것은 돈을 버는 길이 아니라, 그것이 바로 '돈 님'을 극복하는 방법이기 때문이다. 앞에서 언급했지만 돈을 벌기 위한 현란한 기교와 방법, 기술은 결국 '돈 님'의 마력 앞에서 언제나 무릎을 꿇을 수밖에 없다.

근대의 세련된 형태의 화폐제도인 '금본위제'가 '어떻게', '왜?' 폐지되었으며, 지금 채무화폐의 장점과 문제점은 무엇인지……? 이러한 상황 속에서 경기변동은 어떻게 이루어지는지? 이런 체제 안에서 환율과 금리는 어떻게 이루어지는지에 대한 생각을 하고, 그 속에서 국가에 속한 상장기업을 분석하며, 회사의 '기본적 분석'과 '기술적 분석'을 바탕으로 매매해야 한다. 또한, 아무리 분석하고 예측한들 기업이란 결국은 사람들이 계속 이끌어 가는 기업이란 사실을 깨달아야 하고, 기업의 전망은 어느 누구도 100% 확신할 수 없다는 사실을 알아야 한다. 기업은 결국 우리가 이끌고 가는 것이며 우리 인간은 누구나 한결같기가 쉽지 않기 때문에 더더욱 그렇다.

어제의 방법은 오늘에는 통하지 않고 어제의 1등이 오늘의 1등이 될 수 없음을 우리는 인정해야 한다. 시대의 기술 표준은 계속 변해 가며, 우리의 가치관이나 사물에 대한 정의 그리고 가치는 시간이 지나갈수록 변화한다. 돈만 보고 주식시장에 뛰어들면, 그 속은 들여다 보지 못한 채 세속적인 껍데기만 보면서 진실과 거짓을 구별할 수 없게 된다. 한도 끝도 없는 안갯속에 갇혀 어느 길로 가야 할지도 모른 채 '돈 님'의 마력에 빠져 죽음의 공포만을 느끼게 된다. 이런 것이 바로 주식시장이다.

수많은 종목과 수많은 정보 그리고 수많은 공시와 수많은 소문 중에서 우리는 어떤 기준으로 투자하고, 어떤 기준으로 수익을 내고자 하는 철학을 가지고 있는가? 이 물음에도 대답하지 못한다면 도대체 우리는 무엇을 하는 것인가?

사업이라는 생각으로 하는 투자가 가장 현명한 투자이다. — 벤저민 그레이엄
그레이엄의 이 말이야말로 투자에 관한 가장 훌륭한 말이다. — 워런 버핏

주식을 매수하는 것은 단순히 주식 증서를 매수하는 게 아니라, 기업의 일부를 사들인다는 말이다. 주식을 매수하면 나 또한 한 명의 주주로서 그 기업에 대해 주인의식을 가져야 한다는 말이다. 하지만, 우리 개미들에겐 현실적으로 와 닿지 않는다. 실제로 소액주주로서 우리가 어떤 권리를 행사할 수 있는가? 배당을 받을 권리? 무상증자를 받을 권리? 유상증자를 우선적으로 받을 권리? 아니면 회사가 청산되었을 때 청산가치를 받을 권리? 이 모든 사항에서 소액주주로서 우리 개미는 어떤 의견을 행사할 수 있는가? 경영자와 이사진의 의견을 그저 따를 뿐이다.

우리 개미의 발언이나 의견은 아마 관심도 없을 것이다. 청산가치를 생각해봐도 과연 회사가 부도가 나버렸을 때, 부채와 선순위 채권, 우선주

등을 전부 다 제외하고 나면 내게 얼마나 떨어질지 실질적으로 감도 오지 않는다. 과연 소액주주에게 회사가 파산했을 때 남는 것이 있을까? 그 많은 법적 절차를 언제 다 해결하고, 선순위의 채권과 부채를 다 제외하고, 언제 맨 나중의 보통주에 대한 청산 권리를 행사할 수 있겠는가?

우리가 주식 매수를 투자라고 부르는 이유는 주식을 사는 행동이 결국 회사에 부채 없는 자금을 조달해 주는 행동이기 때문이다. 한 명의 주주로서 자금을 투입한 만큼 유한책임만을 지는 것이다.

우리 개미에게 주식매수를 한다는 것은, 결국 기업 자체를 사는 것이라기보다는 경영자나 이사진에게 돈을 투자하는 행동으로 보는 것이 맞다. 기업은 결국 소액주주인 우리가 아니라, 회사의 경영진과 이사진이 이끌어 가기 때문이다. 우리는 그저 경영자와 이사진 그리고 회사의 전사원이 노련하면서 열심히 일하길 바라보는 수밖에 없다.

이런 위험을 피하고자 워런 버핏은 '바보라도 경영할 수 있는 회사가 좋다!', '단순하고 쉬운 사업에 투자하라!'라고 말한다. 하지만, 워런 버핏의 버크셔 해서웨이가 지주회사로 있으면서 자회사의 경영자들에게 얼마나 신경을 쓰는지 알아야 한다. 인플레이션을 이용할 수 있는 상품과 비즈니스 모델, 브랜드 네임이 있는 회사를 사들인다. 그리고 그 회사를 이끌어 가는 경영자를 관리는 하는 것이 워런 버핏의 핵심 업무였다.

그리고 그는 우리 개미와는 다르게 실질적으로 소액주주라는 한계를 극복하기 위해서 회사의 대주주에 육박하는 지분을 취득하고, 심지어 회사를 통째로 사버리기도 한다. 일하는 경영자를 직접 관리하기 위해서다.

회사는 경영진이 파도와 같은 난관을 끊임없이 헤쳐나가야 하는 사업이 있고, 회사의 비즈니스 모델에 의한 '바보라도 경영할 수 있는 회사'

도 있다. 하지만, 바보라도 경영할 수 있는 회사는 이미 회사가 엄청난 브랜드 네임을 지니고 있고, 세계적이거나 전국적인 유통망을 가지고 있고, 상품 자체가 이미 소비자들에 인정받은 기업뿐이었다.

워런 버핏이 바보라도 경영할 수 있는 회사가 좋다고 해서 여기서의 '바보'를 사전적 의미로 받아 들이면 안 된다. 이미 엄청난 성공을 거두었기 때문에 바보라도 경영할 수 있다는 것이지 정말로 바보라도 운영할 수 있는 회사가 있다고 생각하면 큰 오산이다.

회사라는 법인은 결국은 어떤 시스템이나 비즈니스 모델보다 중요한 것이 사람이다. 얼마나 열정적인 가슴으로, 얼마나 노련하게 경쟁 속에서 운영하느냐에 달렸다. 생존에서 살아남느냐는 그 누구도 장담할 수 없지만 말이다.

근본적으로 따지고 들어가면 결국은 기업을 분석할 방법은 없다. 단지 우리는 기업의 과거와 현재를 보고 미래를 추론하는 것뿐이다. 가치투자의 기준이 되는 내재가치 계산조차 우리는 실질적으로 구할 수 없기 때문이다. 결국, 가치투자 창시의 대가인 벤저민 그레이엄마저 마지막엔 청산가치를 생각하면서 매매하고, 워런 버핏은 지금의 체제에 필요악인 인플레이션을 이용해 부를 거머쥐었다.

우리는 포기할 수 없다. 포기는 우리에게 더욱더 큰 고통을 줄 뿐이다. 폭풍이 몰아치는 파도 속에서 우리는 고통스럽지만 다음과 같은 질문을 던져 보고 끊임없이 해결책을 구해야 한다.

"우리 개미는 어떻게 투자해야 승리할 수 있는가?"
사실 해결책이라기보다는 그저 최선책일 뿐이다. 이런 혼란한 자본주의의 거대한 틀 속에서 우리는 우리를 위해 스스로 투자의 기준을 정해야 하기 때문이다. 먼저 벤저민 그레이엄의 《증권분석》의 결론을 살펴보자. 우리는 개별종목의 단기 주가전망을 하는 애널리스트의 능력에 대하여 회의적이다. 애널리스트 예측의 근거가 기술적 분석이든, 일반적인 경기전망이든, 혹은 개별회사 특유의 전망이든 간에 회의적이긴 마찬가지다. 우리는 애널리스트가 다음 분야에 한정해서 판단을 시도하는 것이 더욱 만족스러운 결과를 얻을 수 있다고 생각한다.

1. '엄밀한 안전' 테스트를 통과하는 전형적인 상위 증권 선정
2. 투자등급의 상위 증권이면서 '가치상승의 가능성'을 동시에 가지는 종목의 발굴
3. 보통주나 투기적인 상위 증권 중에서 '내재가치'보다 훨씬 싼 가격으로 거래되는 종목 발굴
4. 서로 관련 있는 종목 간에 교체 매매, 헤지거래, 혹은 아비트리지 거래차익거래가 가능할 정도의 가격 불일치 현상이 존재하는지를 판단하는 일 [50]

벤저민 그레이엄은 애널리스트가 이 4가지 분야로 한정지어 판단하기를 바랐다. 분석을 하려면 수많은 방법 중에서 그나마 이 4가지가 가장 적합하다는 것이다. 하지만, 우리 개미가 이 4가지 항목을 제대로 분석할 수 있다면 우리는 개미가 아니라 애널리스트이다.

그리고 이 분석은 우리 개미가 아무리 공부한다고 한들 단숨에 할 수 있는 것이 아니다. 일단 명제 자체가 명확하지 않기 때문이다. '엄밀한 안

전', '가치상승의 가능성', '내재가치' 등은 어떤 기준이 명확하게 있는 것이 아니라, 수많은 자료의 검토와 경험 덕분에 상대적으로 정해진다. '엄밀한 안전' 주식은 어떤 기준으로 정해지는가? 기준이 있다고 한들 그 기준은 영원불변한 것인가? '가치상승의 가능성'은 어떻게 정해지는가? 가치상승의 가능성은 장밋빛 전망으로 얼마든지 투기적으로 변할 수 있는 요소이며, 내재가치 또한 수많은 융통성을 두고 명확한 기준을 둘 수 없다고 했다.

계속해서 말하지만, 이런 이유로 우리는 주식시장에서 인위적인 방법으로 돈을 빨리 버는 방법이나 요행은 없다는 사실을 인정해야 한다. 주식매매로 돈을 빨리 벌고자 하는 행동은 그저 욕심과 욕망에서 기인한 것일 뿐이다.

"경제분야에서 진정으로 과학적인(전적으로 신뢰할 수 있는) 예측이란 이론상 불가능하다." - 벤저민 그레이엄

어떤 식으로든지 시장을 이기려는 행동은 무모하며 만일 무모한 행동을 해서 잠깐 큰 수익인 난들 그 무모함은 결국 한계와 파멸을 맞이하게 될 것이다. 운은 결국은 한계를 맞이하기 때문이다. 우리 개미들은 떼돈을 벌려고 투자하는 것이 아니라, 우리의 돈이 인플레이션에 강탈당하지 않으면서 공급초과 풍요의 시대를 함께 누리려고 투자해야 한다.

젊은 청춘,
실전투자 비법을 알게 되다

우리 개미는 어떻게 투자해야 승리할 수 있는가? 나는 우리 개미의 고난을 덜어 주기 위해서 수많은 업종을 단순화시키는 작업을 하려고 한다.

1. 인플레이션을 이용할 수 있는 기업
2. 유틸리티 기업
3. 경기순환형 기업
4. 경영자를 믿는 기업

이처럼 4가지의 업종으로 구별하겠다. 계속해서 나는 인플레이션을 이용한 투자가 결국 우리 모두를 부자로 만들어 주는 '황금나침판'이라고 했다. 우리는 워런 버핏의 무위험 비차익거래인, 돈의 가치하락률 + 물가상승률 + 영업이익률 + 주가상승률을 이용한 투자를 해서 연 20%의 안정적인 수익을 얻어내는 워런 버핏의 떼돈의 그림자라도 우리는 좇아야 한다.

"인플레이션을 이용할 수 있는 기업은 어떤 것인가?"

하지만, 인플레이션을 이용할 수 있는 기업의 정의는 난해한 어려움이 있다. 인플레이션을 이용할 수 있는 기업은 다음과 같이 요약해 버리고 싶다.

'제품이나 서비스가 물가상승만큼 따라갈 수 있는 것을 생산하는 기업'

하지만, 이것만이 전부가 아니다. 사실 이 정의로 치부해 버린다면 가장 적합한 산업은 가스나 전력 등 정부의 공기업 산업을 생각하기 쉽다. 하지만, 공기업은 인플레이션을 효과적으로 이용할 수 없다. 정부의 입김이 언제 작용할지도 모르며 공공재는 성격상 독점적 지위를 누리더라도 가격을 마음대로 올려 버리다간 정치적 압력을 받고, 우리 모두에게 분노의 구박을 받기 때문이다.

인플레이션 기업의 상품 비교군으로 가장 만만한 것은 '금'이나 '은'을 생각하면 된다. 금이나 은과 같이 영원불변하고 또한 우리가 계속 사용하면서 우리에게 가치 있는 것으로 인정받을 수 있는 재화나 서비스를 생각하면 된다. 이것만 생각해도 여간 힘든 게 아니다. 시장에서 만들어지는 상품 중에서 금과 맞먹는 가치를 지니는 것을 찾기가 어디 쉬운 일인가?

그래서 인플레이션을 이용하여 투자할 수 있는 기업을 찾기란 생각보다 쉽지 않다. 일단 기업이 영원불변하면서 계속 존재한다는 전제 조건이 있어야 하고, 기업 제품이나 상품 서비스 자체가 인류가 존재하는 한 계속 사용가치가 있어야 하고, 다른 경쟁 기업보다 가격 결정력을 가질 수 있는 독점적 위치를 차지해야 한다. 그만큼 어느 경쟁기업과 맞서 싸워도 이길 수 있는 강력한 브랜드 네임과 프랜차이즈와 현금 동원 능력 그리고 세계적인 유통망을 확보하고 있어야 한다.

기업이 치열한 시장경제에서 자연적, 독점적 위치를 차지하기란 정말 어려운 일이다. 그 때문에 워런 버핏은 가능하면 기술주를 피했고, 사람들이 주로 꾸준히 습관적으로 구매하는 소비재 품목에 투자했다. 기술주는 경쟁이 너무 치열하며 어느 한순간 기술의 표준이 바뀔 수도 있기 때문이다. 한순간에 기술 표준이 바뀌면 표준이 바뀐 기술주는 곧바로 몰락한다. 또한, 경기순환 기업도 피했다. 경기순환주는 전망이 들쭉날쭉하며 낙관할 때 과도한 확장으로 회사의 부담이 되기 때문이다.

우리나라에는 과연 세계 속에서 인플레이션을 이용할 수 있는 기업이 몇 개나 될까? 금과 은을 제외하면 가장 적합한 기업군으로는 '코카콜라'를 연상하면 된다. 코카콜라와 같은 기업과 비교했을 때, '우리나라는 과연 몇 개의 기업을 가지고 있을까?'라는 질문을 던져 봐야 한다.

또한, 인플레이션을 이용한 기업을 말할 때, 단순히 '금'과 '은'만을 비교하여 꼭 물건 같은 재화를 생산하는 기업에 한정 지을 필요는 없다. 우리가 살아가면서 반드시 이용해야 할 서비스 또한 포함해야 한다. 예를 들어 우리는 자동차보험이나 기타 보험을 계속 들어야 한다. 현재 우리나라에서는 '삼성화재'가 매우 독점적 위치를 차지하고, 유통업체에서는 '신세계'가 미국의 '월마트'까지 밀어내면서 명실 공히 국내 1위의 유통망을 자랑한다. 광고회사는 '제일기획'이 업계 선점적 위치를 고수한다.

모든 것은 가격이 오른다. 지금의 체제 자체가 인플레이션을 피할 수 없기 때문이다. 물가는 지속적으로 상승할 것이고, 임금 또한 계속 상승할 것이다. 모든 재화와 서비스는 지속적으로 가격이 상승할 것이다. 아니 화폐가치는 계속 하락할 것이다. 우리에게는 선택의 여지가 없다.

기축통화라 불리는 달러의 가치가 지속적으로 하락할 것이기 때문이다. 미국은 달러의 하락을 막을 것으로 보이지 않는다. 심지어 천문학적인 재정적자 따위는 신경 쓰지 않는 모습까지 보이고 있다. 미국은 화폐의 하락을 막는 대신에 기축통화를 유지하기 위해 정치력과 군사력을 동원할 것 같다.

아마 화폐가치를 안정시키는 대신에 인플레이션을 더욱 부추길 것이다. 인플레이션을 더욱 부추겨 돈의 가치를 쓰레기로 만들어 OPEC을 동원해 석유값을 폭등시켜 달러의 수요를 부추길지, 전쟁을 일으켜 자국의 구식 제품 군사용품을 비싸게 팔지, 우리나라처럼 은행을 통째로 장악해서 시중의 유동성을 조작해서 실물자산을 다 뺏어 가고, 심지어 국가 기반 산업인 유틸리티 산업까지 가져갈지 모르는 일이다. 극단적인 논리로 어차피 세계의 법과 경찰은 없다. 군사력과 외교능력, 정치력이 그 나라 화폐의 가치이다.

미국은 자국의 힘을 담보로 달러를 찍어 낸다. 채권은 어차피 미래 국민의 세금을 담보로 찍어 낸다. 장기국채라 해서 30년을 담보로 잡을지, 50년을 담보로 잡을지, 심지어 100년 뒤를 담보로 잡을지, 나중에 돈에 이자를 더 쳐준다고 프리미엄 국채를 발행해도 극심한 인플레이션을 유도하면 실질적으로 나중에 주는 돈은 그저 종이일 뿐이다.

버핏은 이렇게 말한다. "만일 당신이 열 개의 햄버거 사는 걸 보류하고, 그 돈을 2년 동안 은행에 넣어둔다면, 세금 내고 두 개의 햄버거 살 수 있는 이자를 받게 될 것이다. 그렇다고 좋아할 필요는 없다. 비록 받은 돈의 액수가 많아졌다 해도 이미 그 돈의 가치는 떨어져 2년 전이나 크게 다르지 않다. 그 돈으로 당신은 더 부자가 된 것처럼 느끼겠지만, 2년 전보다 더 풍요로운 식사를 하지는 못할 것이다."

이것이 우리도 잘 모르게 겪는 '고통'이며 '현실'이다. 아무리 일을 해도, 아무리 저금을 해도, 우리는 그것만으로는 부귀영화를 누릴 수 없다. 심지어 저금을 해도, 계속 가난해지는 상황이 발생한다. 이런 체제의 필연적이고 살인적인 인플레이션 현상을 원인과 이유로 들어 우리는 인플레이션 종목은 단순히 '금'이나 '은' 같은 재화를 생산하는 기업만으로 한정하면 안 되며, 모든 산업에 포함시키되 그 산업의 영속성과 앞으로의 독점적 지위까지 생각해야 한다.

인플레이션을 이용할 수 있는 기업의 정의를 해보았다.

"인류가 존재하는 한 계속해서 필요한 산업이지만 정부의 간섭이나 영향을 받지 않으며, 시장의 치열한 경쟁에서 스스로 살아남아 독점적 위치를 확보하여 상품이나 서비스의 가격 결정권을 가지고 있으며, 질적인 발전 때문에 앞으로도 독점적 위치가 지속적으로 보장될 수 있는 기업을 말한다."

하지만, 이것 또한 많은 융통성을 줄 수밖에 없다. 정의 차제가 너무나 추상적이라는 사실을 알고 있기 때문이다.

인플레이션주의 예

그러면 예를 들어 한국에서 복리의 마법을 누리면서 인플레이션을 이용할 수 있는 기업은 어떤 기업이 있는지 예를 들어 살펴 보자. 여기서는 어떤 기업이 있는지만 보고, 이 장의 뒷부분 '젊은 청춘, 실전투자 사례를 경험하다'에서 해당되는 기업들을 자세히 분석할 것이다. (358쪽 참고)

1. 삼성화재 2. 신세계 3. LG 생활건강 4. 오리온

유틸리티주의 예

유틸리티 기업은 경기방어주의 성격이 강하다. 정부가 일부 지분을 가지고 있고, 공공재의 성격이 강한 기업을 말한다. 개미투자자들 처지에서는 국채의 가치와 비슷하다고 생각하고 매입하면 된다. 기업의 성격상 큰 수익이 날 수 없고, 큰 손실도 날 수가 없다. 심리적 안정을 위해 약간 섞어 준다고 생각하고 매입한다.

1. 한국전력 2. 한국가스공사 3. 삼천리

경기순환주의 예

경기순환형 기업은 말 그대로 경기가 변동함에 따라 민감하게 주가가 움직인다. 경기순황형 기업은 경기에 따라 영업이익이 크게 차이가 나기 때문에 개미투자자 처지에서는 굉장히 혼란스러운 주식이다. 전망이란 것이 장밋빛으로 보면 한도 끝도 없이 좋아 보이고, 전망이 나빠 보이면 밑도 끝도 없이 니빠 보이기 때문이다. 우리 개미의 군중심리에 의해서 가장 감정적으로 매매하는 투기주의 중심이 되는 것이 바로 경기순환주이다.

우리는 경기변동을 예측하려는 시도조차 하면 안 된다. 그것은 어차피 불가능하기 때문이다. 경기변동은 자연스러운 산업의 성장과 쇠퇴로 이루어지기도 하지만 인위적인 통화량 유동성의 조작으로도 이루어진다.

수많은 경제학자들과 펀드매니저, 애널리스트들이 번번이 실패하는 경기변동 예측을 우리가 어떤 근거로 예측할 수 있을까? 하지만, 우리는 투기를 막으려면 경기변동주를 어느 정도 섞어 줘야 한다. 인플레이션을 이용한 투자는 단기가 아닌 장기적인 투자이다. 하지만 격변하는 경기변동 속에서 경기 활황구간과 절정구간일 때, 경기순환주는 필연적으로 폭등하게 되어 있다. 이때 보통 순진한 우리 개미들은 인플레이션주가 상대적으로 적게 올라가기 때문에 이 주식을 100% 들고 있으면 분명히 경기순환주로 교체하고 싶은 강렬한 욕구를 느끼게 된다. 경기 절정구간에서 당장 눈에 보이기에는 경기순환주는 인플레이션주와는 비교도 안 되게 높은 수익을 내기 때문이다. 이러한 치명적인 유혹을 뿌리치기 위해서 사전에 미리 경기순환주를 적절히 섞어 주는 센스가 필요하다. 그러면 경기순환주가 폭등해도 느긋하게 시장을 바라볼 여유가 생긴다. 간단히 말하자면 인플레이션주만 가지고 있으면, 우리는 대세상승 구간에서 너무 심심해지고 지루해진다.

또한, 인플레이션주만 가지고 있으면 '돈 님'의 마력으로 경기 활황기때, 분명히 정신을 잃게 되면서 인플레이션주는 다 팔아 버리고, 경기순환주에 올인할 확률이 높다. 워런 버핏과 같은 합리성을 가지지 않는 이상, 인간이라면 당연한 결과이다.

그런 최악의 상황을 미리 방지하기 위해서 약간의 경기변동주를 섞어주는 것도 나쁘지 않다. 경기변동주에 투자할 때, 가장 손쉬우면서 확실한 투자는 시장의 분위기를 살피면서 투자하는 것이다. 경기변동주의 급격한 상승과 하락은 시중 통화량의 유동성과 군중심리에 따라 이루어진다. 시중의 분위기가 벌겋게 달아오르면서 장밋빛 미래가 판을 칠 때, 슬슬 매도시점을 잡아가고 시중의 분위기가 비관으로 치달을 때, 슬슬 매수시점을 잡아가는 방법을 쓴다.

1. 건설주   2. 중공업종   3. 증권주

경영자주의 예

'경영자를 믿는 기업'이란 앞의 3가지 항목을 제외하는 기업을 말한다. 인플레이션을 이용할 수 있는 기업이나 유틸리티의 경기방어주 그리고 경기순환주를 제외한 작은 중소기업이나 테마주 그리고 코스닥 벤처 기업 등 우리가 투기의 함정에 빠지기 쉬운 기업을 말한다. 우리 개미들은 소형주 종목을 좋아한다. 그것은 당연하다. 왜냐하면, 소형주는 잘 오르고 잘 떨어지는 특징을 가지고 있어서 투기에 가장 적합하기 때문이다. 100,000원짜리 주식이 200,000원짜리 주식이 되는 것보다, 1,000원짜리 주식이 2,000원이 되기가 훨씬 쉽다.

소형주는 정말 특별하고 스페셜한 기업의 독특한 문화나 비즈니스 모델 그리고 그 기업만의 뜨거운 열정이 있지 않은 한 성장하기가 여간 쉽지 않으며, 자금조달이라든지 외부의 영향에 따라 기업의 상황이 크게 달라진다. 돌발 변수가 대단히 많다. 앞장에서 말했지만 우리 개미는 '기본적 분석'을 할 여건이 되지 않는다. 특히나 작은 중소기업이나 벤처회사 같은 경우는 양적 지표가 우수하더라도 어느 한순간에 외부 영향으로 말미암아 크게 출렁거릴 수 있다. 질적인 요소는 더욱더 파악하기 어렵다.

작은 회사는 인플레이션 효과를 이용할 수 없을뿐더러 큰돈을 벌기 위한 투자행위는 필연적으로 위험을 동반한다. 테마주나 코스닥 등의 우리가 말하는 고수익 주식을 투자할 때는 기업에 투자한다기보다는 경영자를 보고, 그 사람에게 투자한다고 생각하는 것이 제일 마음이 편하다.

1. 코스닥
2. 시가총액 1,000억 미만 주식
3. 테마주
4. 기타 작은 회사들

젊은 청춘,
적정가격을 이야기하다

인플레이션을 이용한 투자는 무조건 만사형통인가? 당연히 아니다. 무조건 사면 안 된다. 가격을 보고 사야 한다. 아무리 훌륭한 기업이라도 비싸게 사면 기업에는 좋지만, 우리 개미들에게는 아무 소용이 없다.

역사적으로도 우량주식이라고 해서 가격에 상관없이 매수하면, 그 자체가 투기가 된다는 사실을 증명하는 사례가 있었다. 미국에서 일어난 우량주 투기매매이다.

'니프티피프티, 우아한 50종목'이 바로 그것인데 1969년부터 1973년까지 미국에서 성장주에 상처 입은 투자자들이 눈을 돌린 우량기업을 가리킨다. 수십 년간 안정적인 수익을 창출하고, 미래보다 현재 그리고 과거에 항상 좋은 실적을 보여준 일등기업들을 지칭하는 말이다. 당시 미국시장에서는 이런 우량주 50여 개가 연일 급등하면서 그 자체로 하나의 거품을 만들기 시작했다.

인플레이션주라고 해서 무작정 매수를 해서는 안 된다. 우리의 경기는 계속 순환하면서 움직이고 그 속에서 거품은 필연적으로 발생하기 때문이다.

우리는 종목군을 4가지로 나누어 보았다.

1. 인플레이션 이용 주식(인플레이션주) 2. 유틸리티 주식(유틸리티주)
3. 경기순환형 주식(경기순환주) 4. 경영자를 믿는 주식(경영자주)

"가격은 어떻게 결정되는가?"

앞장에서 우리는 기본적 분석에 대해 회의적인 생각을 했었다. 이유는 PER이 굉장히 상대적이라는 개념이며, 시대에 따라 달라질 수 있는 지표라는 것과 PBR 또한 절대적이지 않고, 개인이 청산가치까지 생각하면서 매매하는 건 명백한 오버라고 말했다.

하지만, 그것은 PER과 PBR을 맹목적으로 따르면 안 된다는 말이지 그것을 참고자료 자체로도 쓸모없다는 소리가 아니다. PER과 PBR은 현재 일반적으로 기업을 평가할 때, 가장 유용한 지표이다. 단지 그것이 절대적이 되어서는 개미들이 함정에 빠지기 쉬워서 약간의 구박을 한 것이다.

우리는 PER을 얼마까지 적절하다고 생각하는가?

PER이 현재 20이면 이 기업에 투자하면, 20년 만에 원금을 회수한다고 생각하면 된다. 연 4%의 복리 이자이다. 연 4%나 5% 정도는 국채까지도 필요 없이 적금에만 넣어도 누릴 수 있는 복리의 마술이다. PER이 20이 되는 주식은 연 4%의 수익이 난다. 하지만, 연 4% 정도는 은행에 적금만 들어도 날 수 있는 수익이다. 적금밖에 되지 않는 수익을 얻으려고 기업에 투자하는 위험을 감수하려면 그만한 이유가 있어야 한다.

PER 20이라는 수치가 무조건 과대평가라는 말을 하자는 게 아니다.

하지만, 어떤 이유로든지 PER이 20을 넘어가는 기업에 자본을 투입한다면, 기업을 평가하는 스스로의 이유가 반드시 있어야 한다.

PER이 20을 넘어간다고 무조건 과대평가라고 할 수 있는가? 그러면 한 가지 여기서 생각해 보자. 가격과 가치는 일치하는가?

우리는 왜? 금을 귀하게 여기는가? 우리는 왜? 명품 가방을 그토록 비싸게 사는가? 그리고 동남아시아에서 만든 줄 뻔히 아는 운동화에 나이키라는 상표를 붙이는 순간, 가격이 3배로 뛰는가? 나에게 특별한 추억이 담긴 물건과 조상님의 유품을 가격으로 매길 수 있는가?

기업의 예를 들어 보자. NHN의 인터넷 검색 사이트인 '네이버'에는 어떤 PER이 합당한가? 자연 독점적 기업인 '네이버'는 인터넷을 이용하게 된다면 결국은 사용하게 되는 서비스다. 또한, 앞으로의 성장도 가늠할 수 없다. 얼마든지 긍정과 부정으로 나눌 수 있다. 전망에 의해서 얼마든지 달라질 수 있는 것이 PER의 원리이다.

'엔씨소프트'라는 기업을 생각해 보자. 게임산업의 절대 강자, 엔씨소프트는 어떤 PER이 합당한가? 게임을 하는 사람이라면, 누구든지 즐길 수밖에 없는 자연 시장 독점력을 가진 '엔씨소프트'는 기업의 전망에 따라 얼마든지 긍정과 부정을 나눌 수 있다. 이 또한 전망에 의해 얼마든지 달라질 수 있는 것이 PER의 원리이다.

이 두 산업은 적절한 PER을 매기기가 어렵다. 가장 큰 이유는 새로운 산업이기 때문에 기존의 산업과는 미래를 추정할 수 있는 방식 자체가 다르다. 'POSCO'의 철 생산량과 판매량은 어느 정도 예측할 수 있다. '코카콜라'의 매출액도 어느 정도 추정할 수 있다. '신세계'의 매출 또한 어느 정도 예측할 수 있지만, 기존의 산업과 다른 새로운 산업인 인터넷 검색사이트인 네이버와 엔씨소프트라는 게임산업은 미래수익의 추정치를 어떻게 잡아야 하는가?

어떤 애널리스트는 NHN을 보고 이미 포화시장이라 말할 수 있고, 다른 애널리스트들은 중국과 일본에 진출해서 막강한 수입원 창출이 예상된다고 하고, 또한 국내 검색에서 더욱 독점적 위치를 공고히 한다고 말할 수 있다. 엔씨소프트의 게임산업 같은 경우도 얼마든지 세계로 확장될 가능성을 예견할 수 있고, 아니면 비관적인 관측 또한 할 수 있다.

PER이라는 것은 과거와 현재도 중요하지만, 미래의 요소 또한 매우 중요하게 본다. 어차피 미래의 수익이 높아지면 PER은 자연적으로 낮아지기 때문이다. PER이라는 것이 당장 현재 요소보다는 미래 요소가 내재되어 있다는 사실을 우리는 생각하고 있어야 한다. 그래야, 주가가 대세상승기에 들어섰을 때, 주가가 폭등하면서 PER이 예상보다 높아지고 말도 안 되게 올라가도 우리는 이성적 능력으로 참을 수 있다.

'저건 다 미래의 잠재적 수익치를 너무 장밋빛으로 보는 거야~.' 하고.

"가격은 어떻게 결정되는가?"

우리는 기업을 획일적으로 보고서 가격을 매길 수가 없다. 왜냐하면, 모두가 같은 상품이나 같은 기업의 산업이 아니기 때문이다. 어떤 산업은 미래의 산업 전망을 어느 정도 가늠할 수 있는가 하면, 어떤 산업은 미래의 전망 자체가 하나의 꿈이고 희망이 될 수도 있다. 다음 기업의 산업 구성과 앞으로의 매출과 영업이익을 예측해 보자.

1. POSCO   2. 삼성화재   3. 신세계
4. 엔씨소프트   5. NHN   6. 하나투어

이 산업을 획일적으로 적용하여 'PER이 10 이하일 때 매수 PER이 20일 때 매도로 한다.'라고 말할 수 있는가?

일단 POSCO와 삼성화재 그리고 신세계와 같은 기존의 산업은 미래의 매출과 영업이익 추정치가 가능하다. 그 때문에 현재 상태가 고평가인지 저평가인지를 어느 정도 가늠할 수 있다. 하지만, 새로운 산업인 NHN이나 엔씨소프트는 어떤 식으로 미래의 매출과 영업이익을 추정해야 하는가? 현재 유저(users)들을 미래 수익으로 계산하는가? 아니면 앞으로 더 확장해서 새로운 더 많은 유저를 포함시키는가?

하나투어 같은 경우는 경기 확장기와 경기 침체기에 따라 회사의 영업이익이 극도로 갈린다. 또한, 환율의 영향도 지대하다. 하나투어 같은 국외여행 회사의 PER은 어느 정도가 적정선인가?

우리는 기준을 만들 수 있는가? 또한, 기준을 만든들 기준은 영원불변한 것인가?

우리는 투자를 할 때 PER을 사용해야 한다. 하지만, 그것 또한 결코 쉬운 일이 아니며, 산업마다 각기 다르게 평가해야 한다. '미래의 잠재적 매출과 영업이익을 예측할 수 있는가?'를 판단하고 그것을 판단할 수 있다고 생각하면 그 산업에 맞게 합리적으로 PER을 비교해야 한다. 또한, '미래의 잠재적 매출과 영업이익을 예측할 수 있는가?'라는 물음에 합리적으로 대답할 수 없다면, 그것은 PER이라는 수치가 거의 무용지물이 된다. 오직 그 회사는 경영자가 어떻게 운영하느냐에 따라 달라진다.

또한, 기업은 주식으로만 이루어진 것이 아니다. 기업은 순자산이라는 개념이 있는데 PBR은 회사의 주가가 순자산에 비해 몇 배나 평가되는지 알 수 있는 개념이다.

1. 순자산이 500억인 회사가 시가총액이 1천억이라면 PBR은 2가 된다.

2. 순자산이 500억인 회사가 시가총액이 500억이라면 PBR은 1이 된다.

3. 순자산이 500억인 회사가 시가총액이 250억이라면 PBR은 0.5가 된다.

3번의 경우는 이론상 주식을 현재 가격으로 모두 매수할 수 있다면, 250억 원으로 500억짜리 회사를 통째로 사는 경우가 된다. 하지만, 이론적일 뿐이다. 일단 지분을 취득하려고 하면 주가는 저절로 올라간다. 250억 원에 500억짜리 회사를 뺏도록 대주주가 가만히 있을 리가 없기 때문이다.

또한, 재무제표상의 실질적인 부채를 계산해야 한다. 자산이 아닌 순자산으로 계산하는 PBR은 정확한 부채를 알고 있어야만 청산가치를 추정할 수 있시만 우리 개미는 그저 간략한 PBR이라는 수치로 '아, 시가총액이 기업의 순자산에 비해 얼마 정도 평가받고 있구나…' 하는 정도만 알 수 있을 뿐이다.

정확한 청산가치를 구하려면 고난도의 회계 과정이 필요하다. 생업에 종사하는 우리 개미들이 주식을 매수할 때, 청산가치까지 고려하면서 '회사가 망하면 나의 보통주로 얼마 정도는 보상받을 수 있겠구나!'라고 생각하면서 투자한다는 거 자체가 명백한 오버다. 하지만, PBR이라는 수치는 대략적으로 기업이 순자산과 비교하면 얼마 정도의 시가총액이 형성되어 있는지 알 수 있게 해준다. 간편한 수치로서 우리는 절대적이지는 않지만, 참고자료로 아주 유용하게 활용할 수 있다.

안타깝고 속상하다 단정 짓고 싶지만, 단정 지을 수 없다. PER은 얼마에, PBR은 얼마면 매수구간, 얼마면 매도구간이라고 딱 정하고 싶지만 그럴 수 없다는 것을 잘 알기에 그저 참고자료로 이용하는 것이다. PER이 15면 '아, 기업의 연 순이익과 비교하면 15배 정도로 주가가 형성되어 있구나!', PBR이 2이면 '아, 기업의 순자산에 비해 2배 정도로 주가가 형성되어 있구나!' 정도는 생각하고 있어야 한다. 이익과 비교하면서 그리고 순자산과 비교하면서 주가가 어느 정도 가격에 형성되어 있는지 '추정치' 정도로 알고 있어야 한다. 그리고 그 가격이 비싼지 싼지는 전적으로 스스로 결정해야 한다.

젊은 청춘의 실전투자학

'포트폴리오 이론'을 일일이 설명하지 않아도 우리는 주식을 성격에 따라 직관적으로 적당히 배분해야 한다는 것을 이미 알고 있다. 우리는 다음의 4가지 종류로 주식을 나누어 보고, 어떻게 적절하게 배분할지 스스로 결정해 보자.

표4. 모델별 포트폴리오 구성

모델 1

인플레이션주 (인플레이션 주식)	유틸리티주	경기순환주	경영자주
85%	5%	5%	5%

모델 2

인플레이션주	유틸리티주	경기순환주	경영자주
70%	10%	10%	10%

모델 3

인플레이션주	유틸리티주	경기순환주	경영자주
60%	10%	20%	10%

모델 4

인플레이션주	유틸리티주	경기순환주	경영자주
50%	20%	20%	10%

이와 같이 포트폴리오를 스스로 결정해서 배분해 보아야 한다. 인플레이션주의 비중을 기준으로 삼고, 최저 50% 비중으로 선택하되 자신의 성향이 보수적인지 공격적인지 파악하고 그에 알맞게 채권과 비슷한 경기방어주(유틸리티주) 그리고 경기순환주 그리고 경영자밖에 믿을 게 없는 주식(경영자주)에 적절하게 배분한다. 사실 우리가 제일 편하게 투자하는 방법은 '모델 1'이다. 인플레이션주만 넣어두면 다들 심심해 하고 지루해하기 때문에 조금 섞어 주는 정도로 다른 주식을 넣어 준다.

1. 인플레이션주 → 풍요의 시대에 함께 풍요를 누리기 위한 투자
2. 경기방어주(유틸리티주) → 심리적 안정을 갖기 위한 투자
3. 경기순환주 → 경기확장 구간에 투기를 막기 위한 투자
4. 경영자주(경영자 주식) → 대박의 환상과 신기술의 꿈과 희망에 대한 투자

개미들의 투자방법

1. 우리는 애덤 스미스의 '보이지 않는 손'에 움직이는 증권시장의 원리를 파악하고 있어야 한다. 증권시장은 모든 기관과 세력, 심지어 국가, 그리고 우리 개인들이 모두 자기의 수익만을 위해 싸우고 있으며, 전쟁터와 다름없다는 사실을 명심하고 또 명심해야 한다.

2. 우리가 어떤 기술이나 방법으로 시장을 초과해서 계속 수익을 낼 수

있는 방법이나 기술이 없다고 생각해야 한다. 시장을 이기길 포기해야 한다. 시장을 이길 수는 없지만, 시장을 이용해서 부자가 되는 방법을 선택할 수는 있다. 인플레이션을 이용한 투자가 바로 그것이다.

3. 각 기업의 질적, 양적 요소를 파악하여 인플레이션을 이용할 수 있는 기업인가 생각해야 한다. 앞서 설명한 인플레이션주의 정의를 살펴보고, 그것이 추상적이라 생각하면 워런 버핏이 가지고 있는 주요 기업들과 비교해 본다(예. 코카콜라, 질레트, 나이키 등). 그리고 인플레이션주를 투자 기준 대상으로 삼는다.

4. 인플레이션주를 중심으로 삼되 경기방어주인 유틸리티주와 경기순환주 그리고 그 외 코스닥이나 테마주 그리고 벤처회사와 같은 경영자주를 구분해야 한다.

5. PER과 PBR을 이용해 과거의 가격과 현재의 가격 그리고 미래의 가격의 적정성을 생각한다. 현재의 주가가 과거의 이익에 비해 얼마나 평가를 받으며, 과거의 순자산에 비해 얼마의 평가를 받으며, 과연 앞으로는 어떻게 평가받을 것인지 생각해 보아야 한다. 그리고 스스로의 적정가격을 생각해 본다.

6. 자신의 성향을 파악해 인플레이션주와 경기방어주, 경기순환주 그리고 경영자주의 비율을 어떤 식으로 배분할지 스스로 결정해 봐야 한다.

7. 매도는 언제 하는가? 인플레이션주는 가능하면 평생 투자한다고 생각하고 매수해야 한다. (지금 체제에서 화폐가치는 지속적으로 하락한다. 다른 말로 인플레이션을 막을 수 없으며, 이는 필연적이다.) 경기방어주 또한 매도시점을 정할 필요가 없다. 경기순환주만 적절히 섞어 주면서 시장의 심리와 반대로 매매하는 것이 가장 효과적이다. 경영자주는 경영자의 꿈과 희망에 투자

한다고 생각하고 매수해야 한다.

재테크 책을 쓰고 있는 나는 글의 말미에 와서 어쩌면 겨우 한다는 말이 스스로 투자하라는 말밖에 없는 것 같아서 그저 가슴이 아프다. 방법을 가르쳐 주고 싶다. 이렇게 하면 돈을 번다. 이렇게 하면 금방을 떼돈을 벌 수 있다고 말하고 싶고, 내가 직접 해서 수익을 창출할 방법을 기술하고 싶지만, 그것은 그저 우리의 꿈이며 희망밖에 되지 않는다는 사실을 그 누구보다 잘 알기에 나는 결국 투자방법에 대해서 많은 비판을 하는 것이고, 어느 것도 결코 진실이 되지 않는다는 사실만을 재차 이야기하고 강조하고 있다.

진실은 결국 우리 개미의 입장에서는 어떤 기술이나 방법으로도 시장을 이길 수 있는 방법이 없다는 것이다. 기대수익률이 크면 그만큼 분명히 위험은 커지게 마련이다. 한두 번은 성공할 수 있으나 결국은 망해버리는 것이 방법이며 기술이다.

"우리는 시장을 이길 수 없다. 하지만, 시장을 이용해 부자가 될 수는 있다."

인플레이션으로 인해 재산을 야금야금 강탈당할 것인가? 아니면 인플레이션을 이용해 부자가 될 것인가?

젊은 청춘,
실전투자 사례를 경험하다

인플레이션을 이용할 수 있는 주식의 예

1. 삼성화재

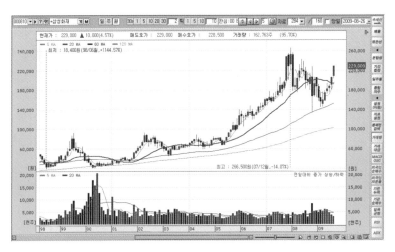

투자를 하는 우리는 모든 정보와 기업에 비판적인 사고를 지녀야 한다.

삼성화재라는 회사는 우리나라 시가총액 30위 안에 드는 대형 회사이다. 그리고 모두가 아는 보험회사이다. 우리는 살아가면서 보험을 들 수밖에 없다. 간단한 예로 자동차보험을 생각해 보자. 우리는 여기서 성인이 되면 누구나 이용해야 하는 보험업의 점유율이 어떤 회사가 제일 높은가에 대해서 고민을 해 볼 필요가 있다. 현재 삼성화재는 명실 공히 대한민국 보험 점유율 1위 회사다.

하지만, 삼성화재는 우리가 투자대상으로 바라볼 때 꼭 인플레이션을 이용할 수 있는 회사라고 말할 수 있는가?

1. 지속적으로 인류에게 필요한 산업인가?
2. 갑자기 정부의 입김이 작용할 수 있는가?
3. 현재 시장의 점유율 상황은 언제까지 계속될 것인가?
4. 양적 성장과 더불어 질적 성장으로 계속적인 경쟁우위를 차지할 수 있는가?

이런 것들에 대해서 고민해 봐야 한다. 과거에는 보험에서는 삼성화재가 점유율 1위다. 2위인 현대해상과 규모의 차이가 상당하다.

차트를 보여 주는 이유는 삼성화재가 과거 10년 동안 거의 1,000% 상승했다는 것을 보여주기 위해서다. 10년에 1,000%면 도대체 얼마의 수익률인가?

삼성화재는 별다른 기복 없이 꾸준히 성장해 간다. 보험업은 경기를 타는 업종이 아니다.

2. 신세계

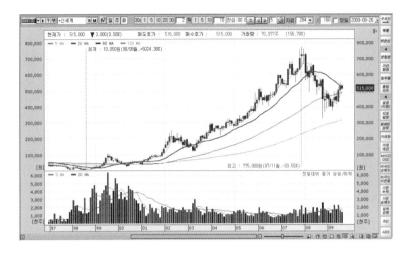

신세계는 우리나라 내수 할인마트의 대표인 이마트와 백화점을 장악하고 있는 회사이다. 신세계는 세계적인 유통업체인 '월마트'마저도 우리나라에서 쫓아낼 정도로 강한 사업구조를 갖고 있는 회사다. 하지만, 우리 투자자는 늘 비판적이어야 한다. '과연 신세계는 인플레이션 주식이 될 수 있는가?'에 대해서 생각해 보아야 한다.

1. 인류가 존재하는 한 계속해서 필요한 산업인가 ?
2. 갑자기 정부의 입김이 작용할 수 있는가?
3. 다른 경쟁업체 때문에 시장의 점유율이 떨어지지 않는가?
4. 양적, 질적인 성장 때문에 계속해서 경쟁우위를 차지할 수 있는가?

이런 것들에 대해서 생각해 보자. 이마트를 떠올려 본다. 차트를 보여주는 이유는 신세계가 과거 10년 동안 1,000% 상승했다는 사실을 보여

주기 위해서다. 실로 엄청난 수익이다. 앞으로는 어떻게 될 것 같은가? 신
세계는 별다른 기복 없이 꾸준히 성장해 간다.

3. LG생활건강

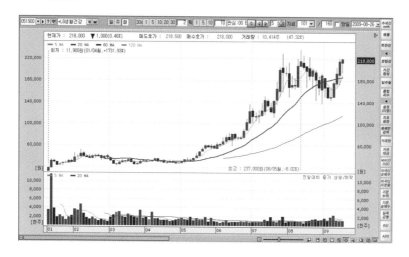

LG 생활건강은 쉬운 회사(우리에게 환상과 기대를 하게 하는 기술산업이나 첨단산
업이 아니라, 돈을 버는 구조가 뻔히 보이는 회사)다. 매출구성을 보면 생활용
품 60%, 화장품 40%다. 기초적인 생활용품은 계속해서 가격이 상승할
수 있다. 생활용품은 분야별로는 치약/칫솔 등의 구강용품, 비누/피부관
리/바디클린저 등의 피부용품, 샴푸/린스/헤어케어 등의 모발용품, 세탁
세제/섬유린스 등의 세탁용품, 기저귀/물티슈 등의 지류용품, 주방 및 주
거세제 등의 주거용품으로 나눈다. 그 밖에 화장품은 '후', '수려한', '오
휘' 같은 상품이 있다. 이 회사는 인플레이션을 이용할 수 있겠는가?

1. 인류가 존재하는 한 계속해서 필요한 산업인가?

2. 질적, 양적인 성장 때문에 경쟁우위를 지속적으로 차지할 수 있는가?

이런 것들에 대해서 생각해 보자. 시장경쟁에서 절대적인 것은 없다. 치열한 시장경쟁에서 살아남으려면, 회사는 지속적으로 광고해야 하며, 경쟁우위를 차지하려면 역시 질적인 성장을 이루어야 한다. 사회는 변화하고 기술도 발전하고 시대마다 기술표준과 우리의 가치관 또한 변해버리기 때문이다. LG생활건강은 어떠한가? 지속적으로 물건을 잘 팔 수 있으며, 다른 회사보다 가격 결정력을 가질 수 있겠는가?

4. 오리온

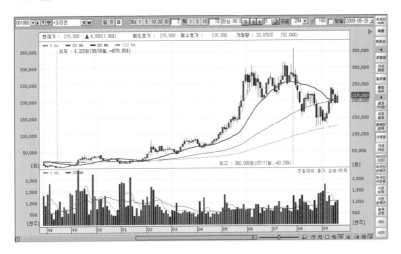

오리온은 쉬운 회사다. 과자 회사이기 때문이다. 요즘 과자가 얼마나 비싼지, 우리에게 물가상승을 가장 피부에 와닿게 하는 회사이다. 다음은 주요 매출구성이다.

스낵(포카칩·오감자 등)	28.70%
비스킷(고소미·초코칩·다이제 등)	24.90%
기타(초코송이·자일리톨·통아몬드 등)	18.00%
파이(초코파이·케이크·오뜨 등)	14.80%
기타 등등	13.60%

과연 오리온은 인플레이션을 이용할 수 있는가? 오리온의 차트를 보면서 과거부터 지금까지의 상승 모습을 한번 보자. 1998년부터 2009년까지 대략 10년의 가격을 보면서 적금을 드는 것이 안전한지 아니면 과자를 사모으는 것이 안전한지 생각해 보자.

경기순환 주식의 예

1. 대림산업

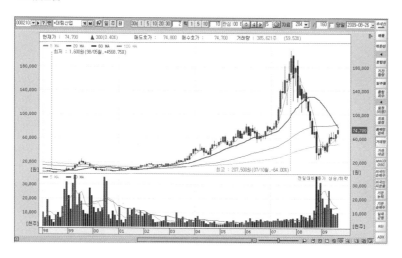

대림산업은 우리나라 5위의 시공능력을 자랑하는 건설사다. 대형회사라고 보기엔 주가 등락폭이 얼마나 극심한지 알 수 있다. 경기변동업종이기 때문이다.

건설 경기는 인플레이션을 효과적으로 이용할 수 없다. 계속해서 사용할 수 있는 소비재 산업이 아니기 때문이다. 멀쩡한 건물을 때려 부숴 다시 지을 순 없다. 코카콜라는 계속 소비해야 하고, 오리온의 과자도 만날 사먹고, LG생활건강의 생활용품도 계속해서 사용하지만, 건설경기는 유행과 때가 있다. 그 유행을 맞이하면 주가는 천정부지로 올라 가고 유행이 지나가면 주가는 급락한다.

대림산업은 최고점 20만 원을 찍고, 거의 2만 원 수준까지 추락한다. 하나만 생각해 보자. 언제 다시 20만 원까지 올라갈 수 있겠는가? 경기순환주의 무서운 점은 경기 활황기에는 장밋빛 미래만 생각하고, 경기가 바닥일 때는 극도로 비관적이게 된다. 우리 개미가 매매하다 보면, 투기와 투매가 반복된다. 우리 개미는 경기순환주에 보수적으로 대응해야 한다.

2. 두산중공업

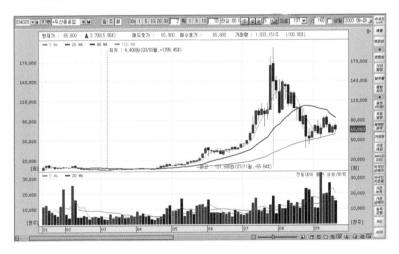

두산중공업 또한 경기순환주이다. 큰 사업을 중심으로 하는 탓에 경기의 확장구간과 바닥구간에서 앞으로의 기대치에 의해 주가가 심하게 출렁거린다. 다음은 주요 매출구성이다.

NSSS, BOP, CLP, CPTS, TURBINE, ROTOR, BOILER, HRSG	65.90%
아파트건설, 도로공사, PLANT 설비·설치공사 등	12.60%
주조, 단조, 금형공구강 등	10.60%
담수설비	6.20%
하역설비, 화공설비, 방산 등	4.70%

큰돈을 벌이는 사업을 많이 하지만, 큰돈을 벌어 들이려면 큰 계약을 맺어야 한다. 큰 계약은 경기 확장구간에서 많이 이루어지고, 반대로 경기 바닥국면에서는 계약이 잘되지 않으며, 심지어 계약이 파기되기도 한다. 그때 회사 미래의 기대치는 극도로 침체된다.

유틸리티 주식의 예

1. 한국전력

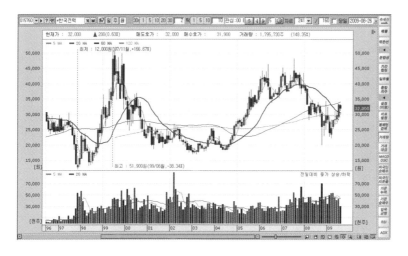

한국전력의 차트를 보면 과거 10년 동안, 2만 원에서 4만 원 사이의 박스
권에 있음을 알 수 있다. 우리는 어떤가? 이 차트를 보면서 더 많이 올라
야 한다고 생각하는가?

전기를 독점으로 공급하는 한국전력이 인플레이션을 가장 효과적으로
이용할 수 있을 것 같지만 한국전력은 공공재의 성격이 강한 전기를 생
산하는 곳이다. 한국전력의 영업이익이 급등하려면 전기세가 올라가야
한다. 우리는 어떤가? 전기세가 많이 올라가기를 원하는가?

2. SK텔레콤

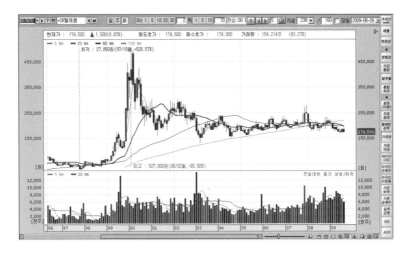

SKT뿐만 아니라, 다른 통신회사도 차트 모양은 비슷하다. IT붐이 일던 1999년부터 버블로 인해 급등했을 뿐이다. 그 뒤로 주가는 움직이지 않는다. 요즘엔 한국이 다른 선진국에 비해 이동통신 요금이 상대적으로 비싸다는 소리가 들리고 있다. 정부가 이동통신사에 전화비 인하를 요구하면 주가는 어떻게 되겠는가?

통신사의 주가가 올라 가면, 우리의 휴대폰 요금이나 인터넷 요금도 올라 가야 한다. 우리는 어떤가? SKT가 최고 영업이익을 내면서 주가가 폭등하기를 원하는가? 이렇듯 정부에 의해 규제받을 수 있는 공공재 산업은 희소성의 원리를 극대화할 수 없기 때문에 인플레이션을 효과적으로 이용할 수 없다.

THE INVESTMENT OF YOUTH

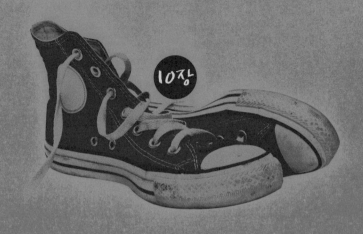

새로운 시작을 위해서

젊은 청춘, 위험의 정체를 파악하다 · 젊은 투자자
가 말하는 투자의 진실과 비밀 · 젊은 청춘, 추상적이
고 상징적인 투자를 설명하다 · 젊은 청춘의 또 다른 시작

젊은 청춘,
위험의 정체를 파악하다

이 책을 다 읽은 우리 개미들은 이제 새로운 관점에서 증권시장을 바라봐야 한다. 먼저 무엇이 우리를 그토록 위험하게 했는지? 그리고 진실이 무엇인지? 이에 대한 진지한 고민이 필요하다.

　첫째로 스스로 투기와 투자를 구분할 수 있는지 생각해봐야 한다.

　둘째로 '돈 님'의 마력에서 벗어나도록 스스로에 대한 '돈의 철학'을 만들어야 한다. 나에게 돈은 무엇인지, 이 체제에서 돈은 무엇인지, 돈은 어떻게 만들어지는지…. 그리고 돈을 이성적으로 대할 수 있는지? 아니면 사랑과 두려움의 대상인지 스스로 정의를 내려야 한다.

　셋째로 가치에 대한 철학을 만들어야 한다. 나의 땀과 열정이 담긴 나의 돈이 과연 어떤 가치를 위해 투자되어야 하는지……? 가치 또한 스스로 결정해야 한다.

　넷째로 우리를 혼란스럽게 하는 군중심리를 피하려면, 실제적·화폐적 경기변동의 원인과 투기를 부추기는 각종 언론매체들에 대해 진지하게 고민해봐야 한다.

다섯째로 이것을 바탕으로 기업을 분석하는 기본적 분석(양적 분석), 기술적 분석(심리 분석), 그리고 숫자로 계산할 수 없는 질적 분석을 고민해봐야 한다.

사실 이 밖에도 투자에서 고려되어야 하는 것은 매우 많다. 내가 여기 이 책에서 다루지 않았던 각종 기업체의 채권 발행의 문제점과 파생매매의 문제점 그리고 각종 신용평가 기관의 문제점 등등…. (이와 관련된 내용은 추후에 출간될 것이다.)

이것이 바로 우리를 그토록 위험스럽게 했던 많은 요소이다.

투자란 모든 것을 생각한 다음 해야 한다. 숲 보고 나무를 봐야 하며, 나무를 보고 다시 숲을 봐야 한다. 하지만, 우리 개미가 막상 투자를 하다 보면, 눈앞의 꿈과 환상만을 바라보게 된다. 그리고 얼마 지나지 않아 그 꿈과 환상은 고통과 아픔, 절망으로 다가온다.

젊은 투자자가 말하는 투자의 진실과 비밀

증권시장에서 나는 열정만 가지고 온몸을 '불' 살랐다. 나는 이곳에서 꿈을 보고, 사랑을 보고, 희망을 봤으며, 아픔을 느꼈고 고통을 받았으며 절망에 빠졌다. 젊은 시절 불타는 열정만큼 투자를 가장한 온전한 투기를 했으며, 이러한 무모하고 미련스러운 행동은 결국 나를 투기로부터 완전히 자유롭게 해줬다. 아무리 공부하고 노력해봐야, 투기는 투기일 뿐이라는 사실을 죽을 만큼 아파하며 뼈를 깎는 고통 속에서 눈물을 삼키며 경험으로 체득했다.

같은 개미로서 주식시장을 온몸으로 느껴본 내가 우리 모든 개미에게 하고 싶은 말은, '우리는 시장을 결코 이길 수 없다.'라는 것이다. 불가능하다. 이게 내가 말하고 싶은 진실이며 비밀이다.

단기간에 돈을 더 벌 수는 있다. 아주 잠깐……. 그만큼 무리한 투자를 감행했고 큰 위험을 짊어졌기 때문에 돈을 벌 수는 있다. 하지만, 그 위험은 언제든지 터질 수 있는 시한폭탄 같은 존재이다.

또 다르게 해서 단기간에 벌 수도 있다. 하지만, 그것은 나쁜 짓이다. 인위적으로 시세를 조정하든지 다른 사람에게 사기를 치면, 단기간에 잠시 더 벌 수도 있다. 하지만, 그런 행위의 최후는 순탄하지 않을 것임을 나는 안다.

시장과 맞서 싸우지 말고, 시장을 따라가야 한다.

우리 개미에게 투자란 기대수익률과 위험을 고려해서 이성적으로 자본을 투자하는 행동이 아니라, 풍요의 시대를 함께 누리기 위한 인플레이션을 활용한 것이 되어야 한다.

우리 개미에게 투자란 애초부터 불가능하다. 우리는 돈을 이길 수 없다. 가치를 정할 수 없으며 세상의 거짓과 진실조차 구별하지 못한다.

"시장을 이길 수는 없지만, 우리는 시장을 이용할 수는 있다. 우리는 시장을 이용해야 한다."

워런 버핏이 체제 자체를 이용했듯이 우리 또한 이 체제에 순응하며, 세상의 발전만큼 풍요를 함께 누리면 된다. 세상의 발전은 우리 개미들이 각자 맞는 일에 온 힘을 다하면서 만들어진다. 우리는 증권시장을 이길 수는 없다. 하지만, 아이러니하게도 우리 모두가 바로 이 시장을 만들어낸다. 우리 모두가 일하지 않으면 증권시장은 사라질 수밖에 없다.

우리가 온 몸을 다해 맡은 일에 최선을 다한다면, 일한 만큼 세상은 분명 발전하게 되어 있고, 그 속에서 우리는 풍요를 함께 누리면 된다.

우리 개미에게 '재테크'란 돈을 벌려고 하는 것이 아니라, 돈을 지키려고 하는 것이다. 아니 돈을 지키려고 해야 한다. 투자라는 위험부담을 지지 않고, 돈을 지키기만 해도 우리는 금방 부자가 될 수 있다. 지금의 우리 문명은 문명 탄생 이후 최고의 속도로 발전하고 있기 때문이다.

투자 전체를 보면서 부분을 봐야 하고, 부분을 보면서 전체를 바라봐야 한다. 그리고 그저 바라보면 되는 것이 아니라, 모든 사물을 자신의 철학으로 재해석해야 한다.

이 모든 것을 정확하게 설명할 수는 없다. 하지만, 내가 의도한 것은 '관념적으로나마 그리고 직관적으로나마 우리 개미가 투자하려면 정확히 어떤 것들을 생각하고, 이해해야 하는지?', '증권투자는 왜 그토록 혼란을 주는지?' 등을 함께 이야기하고 싶었다. 이를 위해 지금까지 많은 주제를 다루었다.

젊은 청춘,
추상적이고 상징적인 투자를 설명하다

"너 자신을 알라." — 소크라테스

글을 거의 마무리 짓고 전체적인 내용을 퇴고하면서 나 자신에게 계속 묻는다.

"이 부분을 이렇게 막 써도 되는 건가?"

1. 투기와 투자의 구분

2. 투자의 어려움

3. 돈에 대한 철학

4. 가치에 대한 철학

5. 금본위제

6. 비금본위제인 채무화폐

7. 케인스의 철학

8. 실물적 · 화폐적 경기변동

9. 언론과 금융기관의 횡포

10. 워런 버핏의 투자방법

11. 기술적 분석의 철학

12. 기본적 분석의 철학

13. 투자의 재정의

14. 우리가 진정 생각해야 하는 방향

15. 우리가 투자해야 하는 방법

장마다 함부로 다루면 안 된다는 걸 그 누구보다도 잘 알고 있고, 나 자신 스스로 아직 얼마나 부족한지도 그 누구보다 잘 알고 있는 나는 글을 다 쓴 다음 두려움이 앞선다.

사실 이 한 주제, 한 주제가 각각 책 한 권 이상의 주제이며 분량이다. 이런 모든 주제를 연결해 버린 나는 두려움이 앞선다. 실제로 나 또한 각 장, 각 주제를 쓸 때 그와 관련된 많은 글을 읽고, 많은 책을 참고하면서 내가 경험한 사실 속에 담갔다가 다시 글로 뱉어냈다. 많은 책을 참고하면서 이 부분, 이 주제가 얼마나 심오한지, 그리고 이 부분의 연구를 위해 얼마나 많은 전문가가 불철주야로 노력하는지 누구보다 잘 알고 있다.

그래서 계속해서 나 자신에게 묻는다.

"이 부분, 이 주제를 이렇게 막 써도 되는가?"

재테크와 주식 그리고 경제 전반을 다루면서 글을 쓰려고 마음먹었던, 나는 머릿속이 매우 복잡했었다. 한 부분, 한 주제를 함부로 다루면 안 된다는 것을 누구보다 잘 알고 있었다. 한 가지, 한 주제를 분리해서 다루기에는 '투자'에 대해 설명하기가 너무 어려웠다. 내가 경험한 투자

세계는 너무나 복합적인 세계였기 때문이다. 우리 개미의 관점에서 기본적인 지식 없이, 다른 듯하지만 같고, 같은 듯하지만 다른 이 세계를 표현해야 했다.

"어떻게 표현해야 하나?"

"어떻게 글로 적어야 하나?"

사실 이 고민 탓에 잠을 잘 때도, 밥을 먹을 때도 머릿속엔 글에 대한 생각뿐이었다. 심지어는 꿈에서도 글 생각뿐이었다. 자고 일어나서 첫 마디가 "아! 이렇게 구상하면 되겠다."라고 혼잣말로 중얼거릴 때가 한두 번이 아니었다.

'진실은 거짓이 되고, 거짓은 진실이 되는 투자의 세계'를 표현하기 위해 그리고 주식시장이 어떤 이유로 전쟁터라고 하는지 생생하게 이야기하기 위해 우리 개미들에게 이곳이란 공간이 정말 만만치 않다는 것을 말하고자 어떻게 써야 할지 늘 고민했다.

사실 처음에는 지금보다 훨씬 많은 글이 있었다. 예를 들어, 금본위제를 설명할 때 어떻게 금본위제가 만들어지고 폐지되었는지, 브레턴우즈 체제(미국 달러만이 금과 일정한 비율로 바꿀 수 있고, 각국 통화가치는 미국 달러와 비율을 정하는 체제) 등 여러 가지 역사적 과정을 하나하나 적어 가다 보니, 도저히 감당이 되지 않을 정도의 분량과 지루함이 나를 짓눌렀다.

'독자들을 지루하게 하려면, 모든 걸 다 적으면 된다.'라는 말을 어디선가 들은 것 같다. 글을 직접 써보니 절로 이 말에 동감이 된다. 모든 걸 다 적으려고 하다 보니 내가 말하고자 하는 주제를 잊어버리고, 역사적 사실에만 집착하게 되었다. 결국, 나는 지루한(?) 글을 통째로 다 들어 내

버렸다.

"개미들은 어떤 방법과 기술로도, 장기적으로 시장 초과수익을 낼 수 없다."

"주식시장은 투기판이 아닌, 우리 모두의 꿈과 희망의 공간이다."

이 책의 핵심적인 주제는 바로 이 두 가지다. 이 두 가지 주제를 가지고 관념적으로 그리고 실제로 공감할 수 있는 글을 적으려고 노력했다.

증권시장에서 어떤 요인들이 우리 개미들을 힘들게 하는지? 또 우리 개미들은 전쟁터 같은 증권시장에서 진실과 거짓을 구분할 수 있는지? 우리는 왜 시장을 이길 수 없는지? 그리고 증권시장의 공간이 단순한 투기판이 아니라, 우리 모두의 꿈과 희망의 공간이 되려면, 우리가 증권시장을 어떻게 바라봐야 하는지? 이것에 대해 공감대 형성을 위해 나는 노력했고 앞으로도 노력할 것이다.

젊은 청춘의 또 다른 시작

글을 이렇게 마무리하니 이제야 머리가 맑아진다.

아직은 갈 길이 까마득하지만, 그래도 이제 하나의 출발선을 다시 만들어 내는 기분이 든다. 마치 1학년에서 2학년으로 올라가는 기분이다. 하지만, 두려움이 앞선다. 저 수많은 주제를 함부로 다루었다는 생각을 떨쳐버릴 수가 없고, 과연 내가 설명하는 글이 맞기나 한 건지조차 상당히 의문이 들기 때문이다. 두렵고 두렵지만……, 내가 아는 한 가지는 여기서 두려워하고 주저앉는다면, 나의 도전과 공부는 이걸로 끝이라는 것이다.

수많은 구박을 듣고, 무엇이든 다시 배우려고 노력해야 한다. 나 자신도 알고 있다. 내가 지금 알고 있고, 옳다고 믿는 건 앞으로 내가 배워야 할 것들의 50분의 1조차도 되지 않는다는 것을…. 나는 결국 앞으로 50분의 49를 채우려고 이렇게 글을 마무리 짓는다.

지금 나는 도서관에서 글을 쓰고 있다. 이 한 권의 책을 쓰려고, 나는 모든 열정을 쏟아 부었다. 고개를 들어 도서관 주위를 둘러보는 순간, 수많은 책이 나를 압도한다. 저 많은 책을 만들려고 얼마나 많은 사람이 얼마나 많은 고생했을까? 나를 압도하는 도서관에 진열된 수많은 책을 보며, 우리의 문명을 다시금 실감한다.

주식시장에서 나는 나만의 꿈과 희망을 보았다. 수많은 기업과 엄청난 자금의 흐름이 있는 주식시장은 나를 완전히 매료시켰다. 그곳에서 나는 열정을 품었다. 그곳에서 난 우리가 가야 할 길을 봤다.

"경기가 좋다는 말은 무엇인가?" vs. "경기가 안 좋다는 말은 무엇인가?"

내가 생각하기에 경기가 좋다는 말은, 공급과 수요가 잘 맞아 들어간다는 것이다. 공급업자는 공급하기 위해 열심히 일하고, 새로운 제품을 만들고, 수요자들은 열심히 물건을 사는 것이 바로 경기가 좋다는 것이다. 공급이 부족하거나 수요가 부족할 때, 우리는 경기가 안 좋다고 말한다.

여기서 공급과 수요를 연결해 주는 것이 바로 '돈'이다. 공급자는 더 많은 돈을 벌려고 노력하고, 수요자는 돈이 있어야 물건을 소비할 수 있다. 모두가 돈을 벌고 싶어 하는 지금의 세계는 공급초과의 세상이다. 그만큼 다들 열심히 살아간다는 뜻이다. 여기서 수요는 늘 문제가 된다. 공급이 제아무리 많아도 물건을 사주는 사람이 없다면, 공급자의 열정과 노력은 물거품이 되고 만다.

우리의 돈은 금과의 연결고리를 떨쳐 버리고, 우리의 이성으로 재창조된다. 지금의 돈이란 재정적자나 기타 신용창조로 얼마든지 만들어낼 수 있기 때문이다. 하지만, 돈을 마구 찍어서 수요자에게 준다면, 열심히 일하던 공급업자는 '어? 내가 일한 대가로 받는 게 그냥 종이인가?'라고 생각하게 될 것이다. 공급자인 나는 열심히 일하는데 수요자는 일을 안 하고, 자꾸 내 물건을 거저 가져가는 것처럼 생각하게 된다. 그렇게 된다면 공급자가 일하려고 하겠는가?

경제가 잘 돌아간다는 것은, 간단히 공급과 수요자가 적절하게 맞아 들어가면서 돈의 가치가 적절하게 유지되는 상태를 말한다. 우리는 얼마든지 돈을 찍어낼 수 있으나 가치가 동반되지 않는 돈은 그저 '적절하지 않은 인플레이션'을 만들어 낼 뿐이다. 인플레이션이란 돈의 가치가 하락하는 것을 말한다. 가치가 동반되지 않는 인플레이션은 우리 모두를 힘들게 한다.

여기서 바로 '보이지 않는 손'의 시장경제냐 아니면 정부의 간섭이냐가 결정된다. 하지만, 어디까지 적절하게 자유로운 균형을 맞추고 또 어디까지 적절하게 통제되어야 할지 그것은 누구도 섣불리 답을 내릴 수 없다. 이것 역시 시장상황에 따라 달라진다.

"시장의 경제냐?" vs. "정부의 통제냐?"
"개방이냐?" vs. "보호주의냐?"
"성장이냐?" vs. "분배냐?"

바로 이 주제들이 항상 경제의 핵심이 되며, 여기에서 문제는 어느 사람도 앞으로의 일을 장담할 수 없다는 것이다. 사회는 끊임없이 변화하고 발전하기 때문이다. 하지만, 분명한 것은 경제적 현상의 모든 원인은 우리가 주체가 되며 결국 이 문제는 우리 모두의 합의를 통해 해결할 수 있다. 숫자로 돈을 만들어 내고, 숫자로 모든 것을 대입할 수 있는 우리의 지성으로 효율성과 생산성은 극대화된다. 또한, 부족하나마 우리는 숫자로 대부분 삶을 이성적으로 통제할 수 있다.

이성적 사고와 통제는 결국 우리 모두에게 더 낳은 내일의 미래를 열어준다. 우리는 무엇이든 조절할 수 있다. 돈은 숫자며 우리의 이성이기 때문이다. 양적 성장의 한계에 도달한 우리나라는 더 낳은 미래를 위해 질적 성장의 길을 찾아갈 것이다. 당분간은 많은 시행착오를 겪겠지만, 그것만이 우리 모두가 살길이라는 것을 우리 모두는 알고 있기 때문이다.

"정의는 반드시 승리한다. 당장은 좀 아닌 것 같지만…"
"투자는 반드시 승리한다. 당장은 투기가 좋은 것 같지만…"

우리는 모두 투자를 해야 한다. 그것이 우리 돈의 가치가 손상되지 않고, 우리가 모두 한 단계 더 나아가는 방법이며 방향이기 때문이다. 이것이 내가 증권시장을 결코 포기할 수 없었던 이유이다. 우리가 모두 잘살아가는 방법을 찾아내는 일….

이제야 나는 증권시장이 다르게 보인다. 이 속에서 나는 더 이상의 두려움은 사라지고 없다. 예전에 이곳은 망망대해였고, 나에게 아픔과 고통, 절망의 공간이었지만, 더는 공포의 공간이 아니다. 나에게는 인제 나침반이 있기 때문이다.

이곳에서 나는 우리 모두의 꿈과 희망을 보고 있다. 돈은 어떻게 다루어져야 하는지, 돈은 어떻게 통제되어야 하는지 또 투자의 자금은 어디로 흘러가야 하는지, 우리 모두가 나아가야 할 방향은 어디인지, 이제는 좀 알 것 같다. 하지만, 나침반이 있는 것만으로는 부족하다. 우리는 열심히 노를 저어 나침반이 이끄는 그곳으로 함께 가야 한다.

결국, 투자의 결과와 수익은 우리 모두가 노를 젓는 결과라는 사실을 잊어서는 안 된다. 우리 모두가 만들어 가야 한다. 돈의 물줄기를 통제하고 조절해서 모든 사람이 열심히 일하고 소비하며 또한 경쟁에서 제외된 사람들에게는 따뜻하게 손을 내미는 그런 세상을 말이다. 이것을 위해 나는 계속 노력할 것이고, 부족한 것을 지속적으로 채워나갈 것이다.

이런 모든 것을 혼자 알아낼 수 없다는 사실 또한 누구보다도 잘 알고 있다. 그 때문에 앞으로 온갖 구박을 받을 각오로 이렇게 글을 마무리한다.

나는 나 자신을 알고 있다. 아무리 노력해도 나의 지금 수준은 이 정도밖에 안 된다. 여기서 더 나아가려면 많은 사람의 사랑과 구박이 있어야만 가능하다. 그리고 부족하지만, 아직도 계속 성장하기 위해 노력하고 있다. 그 구박이 결국 나를 성장시킬 것임을 알기에 더욱더 그렇다.

내가 죽음의 공포를 겪고, 망망대해의 돛단배를 탔을 때 무서워하고 아팠던 만큼 성장한 것처럼 말이다.

"아픔만큼 성장한다."라는 이 말을 난 정말 좋아한다. 마지막으로, 젊고 젊은 내가 약해 빠진 소리를 하고 싶지 않지만, 이 글이 나의 '유서'가 되지 않은 것에……, 그저… 감사하고…, 또 감사할 뿐이다. 죽음의 문턱에서 나를 살린 건 모두의 '사랑'이었다. 나를 믿고 사랑해주는 모든 사람에게 그저 감사하단 말을 하고 싶다.

그 아픔과 절망, 후회, 뼈를 깎는 듯한 반성의 시간 속에서 나를 사랑으로 감싸 안아 준 모든 사람에게 더 큰 사랑으로 보답하고 싶다. '내가 가장 힘들 때, 손을 내밀었고……, 그때 모두가 나의 손을 잡아주었다.'라는 사실을 나는 절대 잊지 않는다. 더 큰 사랑으로 보답하기 위해 더 열심히 노력할 것이다. 그리고 노력하기 위해 끊임없이 도전할 것이다.

뜨거운 늦여름,
나는 흐르는 눈물을 주체할 수 없었다

2009년 8월 29일. 나는 이 책을 완성시켰다. 꼬박 일 년이 넘게 집필 작업에만 매달리면서 난 모든 글을 노트북에 저장해 두었다. 그리고 2009년 8월 29일 글을 다 완성하고 노트북에 저장해둔 글을 프린트하기 시작했다. 한 장씩 한 장씩 프린터기에서 나오는 1년이 꼬박 넘게 쓴 나의 글을 바라보고 있었다. 프린터가 작동하면서 A4용지는 한 장씩 한 장씩 쌓여갔다. 그리고 한 권의 사본으로 만들어지고 있었다.

난 그저 바라보고만 있었다.
'와~ 후련하다!', '와~ 이제 끝났다!' 그런 생각도 없었다. 아무 생각 없이 그저 한 장씩 한 장씩 인쇄되어 가는 나의 글을 보면서 나의 눈에서 눈물이 흘러내렸다. 한 장씩 인쇄되어가는 대략 A4 250장 분량의 글…….
주체할 수 없는 눈물은 한동안 한없이 흘러내렸다.
스무 살부터 증권매매를 하기 시작했고, 그 길은 말로 표현할 수 없을 만큼 힘들고, 외롭고, 고독했다. 꼭 주식투자라는 일을 시작했기 때문이 아니라, 대한민국에서 또래와 같이 행동하지 않고, 스스로 길을 개척한다는 것이 얼마나 힘든 일인지 굳이 내가 말하지 않아도 우리는 다 알고 있다. 난 주위 모든 사람의 우려와 걱정을 온몸으로 받아들이고 설득시키면서 나의 길을 걸어왔다. 그래서 나에게 주식시장은 '성공'과 '돈'의 대상이 아니다. 이곳은 나의 '꿈'과 '열정' 그리고 '사랑'이 담긴 곳이다.

그 누구도 나에게 주식을 가르쳐 준 사람은 없다. 그리고 그 누구도 나에게 책을 써보라고 권한 사람도 없다. 모든 걸 스스로 결정하고, 추진하고, 실패를 할 때마다 눈물을 삼키면서 한 걸음씩 걸어왔다. 그랬다, 난 항상 온몸과 마음이 피투성이가 된 상태로 나의 꿈을 걸어왔다.

책이 완성되고 1년이 넘는 집필 작업이 끝났다고 해서 달라질 건 아무것도 없었다. 나에게 책이 완성되고 나서는 출판이라는 또 다른 큰 과제가 남아 있었기 때문이다. 사본이 완성되자마자 다음날 나는 사본 11개를 만들어 주요 대형출판사에 투고하기 시작했다.

그렇게 인연이 된 다산북스. 뜨거운 늦여름 긴소매에 넥타이까지 매고 정장을 차려입은 나는 땀을 뻘뻘 흘리며 다산북스 사무실로 혼자 찾아갔다. 그래서 만나게 된 '임영묵' 팀장님, 사본을 들고 무작정 찾아온 나에게 팀장님은 무척이나 열정적으로 많은 질문을 하고 진지하게 대해주었다. 나와 '임영묵' 팀장님은 서로 한눈에 알아봤다고 생각한다. 그것은 서로의 '열정'이다. '열정'을 가득 품은 사람은 서로를 알아보게 마련이다. 그 열정은 서로를 호감으로 대하게 하고, 그 호감은 출판계약을 만들게 해주었다. 다시 한 번 '임영묵' 팀장님에게 감사드린다는 말을 전하고 싶다.

그리고 만난 지 2시간 만에 서둘러 출판계약서에 사인하게 했던 샤방한(?) 웃음이 가득하신 다산북스 '김선식' 사장님. 사장님께서는 나에게

"주영 씨 미래에셋증권도 저렇게 크게 된 지 얼마 안 됐어요. 주영 씨도 곧 국가에 큰일을 하게 될 겁니다. 나중에 시간 없다고 얼굴도 안 보여 주시면 안 돼요~."라는 말씀을 해주시며 나의 '열정'을 지지해 주셨다. 이 글을 빌어 출판을 허락해 주신 '김선식' 사장님에게도 감사의 말을 전하고 싶다.

'열정'은 기적을 만들어 낸다. 내가 살아온 날들이 나에겐 기적이다. 그리고 이렇게 내가 책을 출판하게 된 것도 기적이다. 처음에 쓰기 시작한 이 글은 거의 '유서' 수준이었다. 고통과 고독 그리고 절망의 나날을 거치며 많은 눈물 흘렸지만 그래도 결국 나는 웃는다. 그리고 그 많은 시련은 나를 더욱더 강하게 만들고, 나에게 또 다른 새로운 삶의 진실로 다가가게 해주었다.

이 책을 1권이라고 할 때, 1권은 주식시장의 '위험의 원인'과 '투자의 진실' 그리고 '해결방안에 대한 전체적인 통찰력'에 관한 이야기다. 이 책을 통해 독자들은 주식시장의 전반적인 위험과 전반적인 투자방안에 대한 방향과 감(?)을 잡을 것이다. 하지만, 내 욕심으로는 충분하지 않다.

그래서 나는 2권, 3권, 4권을 계획하고 있다.

1권이 〈위험한 투자의 통찰력〉 부분이라면, 2권은 〈실전매매의 방법과 한계 그리고 투자방안〉으로 기술적 분석, 기본적 분석, 파생매매의 실전매매 사례와 방법, 한계 등에 대해 생각해 볼 것이다. 3권은 〈대한민국의 산업구조〉로 대한민국의 산업구조를 정리하면서 코스피 200을 중심으로 인플레이션주와 유틸리티주, 경기순환주 그리고 경영자를 믿는 주식을 구체적으로 나누면서 개미들의 투자방안을 알아볼 것이다. 4권은 〈대한민국의 '부'의 원천〉으로, 대한민국의 '부'의 원천에 대해서 이야기하면서 앞으로 우리가 무엇을 생각하고, 무엇에 투자할 때 대한민국이 일류국가로 나아가는지, 우리가 모두 진정한 '부'를 위해 무엇을 바라보아야 하는지에 대해서 생각하는 시간을 가지게 될 것이다.

"나에게 이 책은 끝이 아니라, 단지 시작이다."

20대인 내가 앞으로 본격적으로 투자의 일을 시작하면서 겪게 될 고통과 고독은 상상을 초월할 것이다. 지금까지의 10배, 100배 이상의 고통과 고독이 따를 것이다. 자본주의 시대에 돈은 단지 돈으로 존재하는 것이 아니다. 돈은 우리에게 '땀'이고 '피'며 '눈물'이다. 수많은 사람의 땀과 피와 눈물 같은 돈을 책임지고 운용하면서 나 또한 한없이 눈물 흘리며 고독할 것이다. 하루하루 기도하고, 하루하루 반성하며, 하루하루 최선을 다해 공부하고, 그리고 어떤 상황에서도 여유와 웃음을 잃지 않을 것이다.

"모든 걸 스스로 결정하고 판단하면서 이 길을 걸어온 나는 내가 하는 일이 무엇인지 똑똑히 알고 있다.

나에게 이 길은 '성공'과 '큰돈'이 있는 공간이 아니다.

나에게 이 길은 '고난'이며, '고독'이며, '상처'이며, '절망'이다.

그럼에도 불구하고 내가 이 길을 가려는 이유는, 결국은 증권시장인 이곳에 대한민국 모든 국민의 꿈과 희망과 사랑 그리고 땀과 피와 눈물이 담겨 있기 때문이다. 큰 열정과 큰 포부를 가진 대한민국 청년으로서 한번 도전해볼 만하지 아니한가? 증권시장은 내가 목숨을 걸 만한 가치가 있는 공간이다."

이주영

● 참고문헌

1 고병권 저, 《화폐, 마법의 사중주》, 그린비, p.24.

2 고병권 저, 《화폐, 마법의 사중주》, 그린비, p.21. 재인용.

3 고병권 저, 《화폐, 마법의 사중주》, 그린비, p.6.

4 팀 하포드 저, 김명철 역, 《경제학 콘서트》, 웅진지식하우스, p.77.

5 쑹훙빙 저, 차혜정 역, 《화폐전쟁》, 랜덤하우스코리아, p.412. 재인용.

6 쑹훙빙 저, 차혜정 역, 《화폐전쟁》, 랜덤하우스코리아, p.360.

7 쑹훙빙 저, 차혜정 역, 《화폐전쟁》, 랜덤하우스코리아, p.303.

8 쑹훙빙 저, 차혜정 역, 《화폐전쟁》, 랜덤하우스코리아, p.420.

9 John Maynard Keynes, 《The Economic Consequences of the Peace》, Harcourt, Brace and Home, 1919, p.235, 재인용.

10 Ayn Rand, Alan Greenspan, 《Capitalism, The Unknown Ideal》, Signet, 1986, p.35, 재인용.

11 쑹훙빙 저, 차혜정 역, 《화폐전쟁》, 랜덤하우스코리아, pp.405~406.

12 로버트 스키델스키 저, 고세훈 역, 《존 메이너드 케인스 2》, 후마니타스, p.340.

13 로버트 스키델스키 저, 고세훈 역, 《존 메이너드 케인스》, 후마니타스, p.30.

14 로버트 L. 하일브로너 저, 장상환 역, 《세속의 철학자들》, 이마고, pp.350~351.

15 로버트 스키델스키 저, 고세훈 역, 《존 메이너드 케인스》, 후마니타스, p.20.

16 로버트 스키델스키 저, 고세훈 역, 《존 메이너드 케인스》, 후마니타스, pp.638~639.

17 John Maynard Keynes, 《A treatise on money》, Macmillan, pp.148~149.

18 로버트 스타인 저, 김현구 역, 《그린스펀 따라잡기》, 시아출판사, pp.87~90.

19 쑹훙빙 저, 차혜정 역, 《화폐전쟁》, 랜덤하우스코리아, p.435.

20 John Maynard keynes, 《The Economic Consequences of the Peace》, 1919.

21 쑹훙빙 저, 차혜정 역, 《화폐전쟁》, 랜덤하우스코리아, p.455.

22   Murray N. Rothbard, 《The Mystery of Banking》, E P Dutton, p.61.

23   쑹홍빙 저, 차혜정 역,《화폐전쟁》, 랜덤하우스코리아, p.480.

24   쑹홍빙 저, 차혜정 역,《화폐전쟁》, 랜덤하우스코리아, p.346.

25   티머시 빅 저, 김기준 역,《워렌 버핏의 가치투자 전략》, 비즈니스북스, p124.

26   제리 멀러 저, 서찬주· 김성환 역,《자본주의의 매혹》, 휴먼앤북스, p.69. 재인용.

27   앤드류 킬패트릭 저, 안진환· 김기준 역,《워렌 버핏 평전 1 인물》, 윌북(willbook), p.154.

28   앤드류 킬패트릭 저, 안진환· 김기준 역,《워렌 버핏 평전 1 인물》, 윌북(willbook), p.157.

29   티머시 빅 저, 김기준 역,《워렌 버핏의 가치투자 전략》, 비즈니스북스, p.124.

30   앤드류 킬패트릭 저, 안진환· 김기준 역,《워렌 버핏 평전 1 인물》, 윌북(willbook), p.485.

31   박경철 저,《시골의사의 주식투자란 무엇인가 2》, 리더스북, p.62.

32   에드워드 챈슬러 저, 강남규 역,《금융투기의 역사》, 국일증권경제연구소, p.293.

33   로버트 스키델스키 저, 고세운 역,《존 메이너드 케인스》, 후마니타스, p.28.

34   벤저민 그레이엄, 데이비드 도드 저, 박동욱 역,《벤저민 그레이엄의 증권분석》,
     국일증권경제연구소, p.35.

35   벤저민 그레이엄, 데이비드 도드 저, 박동욱 역,《벤저민 그레이엄의 증권분석》,
     국일증권경제연구소, p.43.

36   벤저민 그레이엄, 데이비드 도드 저, 박동욱 역,《벤저민 그레이엄의 증권분석》,
     국일증권경제연구소, p.405.

37   벤저민 그레이엄, 데이비드 도드 저, 박동욱 역,《벤저민 그레이엄의 증권분석》,
     국일증권경제연구소, p.527.

38   벤저민 그레이엄, 데이비드 도드 저, 박동욱 역,《벤저민 그레이엄의 증권분석》,
     국일증권경제연구소, p.546.

39   앤드류 킬패트릭 저, 안진환,김기준 공역,《워렌 버핏 평전 1 인물》, 윌북(willbook),
     pp.324~325.

40   벤저민 그레이엄, 데이비드 도드 저, 박동욱 역,《벤저민 그레이엄의 증권분석》,
     국일증권경제연구소, p.593.

41 벤저민그 레이엄, 데이비드 도드 저, 박동욱 역,《벤저민 그레이엄의 증권분석》, 국일증권경제연구소, pp.134~135.

42 폴 크루그먼 저, 김광전 역,《폴 크루그먼 경제학의 진실》, 황금사자, pp.9~10.

43 폴 크루그먼 저, 김광전 역,《폴 크루그먼 경제학의 진실》, 황금사자, p.244.

44 폴 크루그먼 저, 김광전 역,《폴 크루그먼 경제학의 진실》, 황금사자, p.243.

45 폴 크루그먼 저, 김광전 역,《폴 크루그먼 경제학의 진실》, 황금사자, p.232.

46 최진기 저,《지금 당장 경제공부 시작하라》, 한빛비즈, p. 319.

47 폴 크루그먼 저, 김광전 역,《폴 크루그먼 경제학의 진실》, 황금사자, p.33.

48 John Maynard Keynes,《The Economic Consequences of the Peace》, Harcourt, Brace and Home, 1919, p.235, 재인용.

49 Ayn Rand, Alan Greenspan,《Capitalism, The Unknown Ideal》, Signet, 1986, p.35, 재인용.

50 벤저민 그레이엄, 데이비드 도드 저, 박동욱 역,《벤저민 그레이엄의 증권분석》, 국일증권경제연구소, p.731.